미라클 모닝

밀리어네어

미라클 모닝 밀리어네어

초판 1쇄 발행 2019년 4월 1일
초판 6쇄 발행 2022년 9월 30일

지은이 할 엘로드, 데이비드 오스본
옮긴이 이주만

펴낸이 조기흠
편집이사 이홍 / **책임편집** 송병규 / **기획편집** 유소영, 정선영, 박의성, 박단비
마케팅 정재훈, 박태규, 김선영, 홍태형, 임은희 / **디자인** 이창욱 / **일러스트** 최광렬 / **제작** 박성우, 김정우

펴낸곳 한빛비즈 (주) / **주소** 서울시 서대문구 연희로2길 62 4층
전화 02-325-5506 / **팩스** 02-326-1566
등록 2008년 1월 14일 제 25100-2017-000062호

ISBN 979-11-5784-324-4 13320

이 책에 대한 의견이나 오탈자 및 잘못된 내용에 대한 수정 정보는 한빛비즈의 홈페이지나
이메일(hanbitbiz@hanbit.co.kr)로 알려주십시오. 잘못된 책은 구입하신 서점에서 교환해드립니다.
책값은 뒤표지에 표시되어 있습니다.

hanbitbiz.com **facebook.com/hanbitbiz** **post.naver.com/hanbit_biz**
youtube.com/한빛비즈 **instagram.com/hanbitbiz**

미라클 모닝 밀리어네어

할 엘로드 · 데이비드 오스본 지음 | 이주만 옮김

한빛비즈
Hanbit Biz, Inc.

헌사

세계 곳곳에서 풍요로운 인생을 꿈꾸는
모든 사람에게 이 책을 바친다.

당신이 믿는다면, 그리고 실천한다면
기적은 당신의 생각보다
가까이 다가와 있을 것이다.

할 엘로드 & 데이비드 오스본

내 삶의 기적, 백만장자의 무기

라이프 세이버

LIFE S.A.V.E.R.S

태양이 당신에게 아침의 기적을 선사하는 데 걸리는 시간

8분

태양에서 출발한 빛은 초속 35만km의 속도로 1억 5천만km를 8분 동안 날아와서 당신에게 아침의 기적을 선사한다. 태양이 어둠을 걷어내고 생명에게 희망과 따스함을 전하기 위해서는 8분의 시간이 필요하다.

라이프 세이버로 부자의 아침을 시작하는 데 걸리는 시간

6분

라이프 세이버로 백만장자들이 실천하는 부자가 되는 6가지 원칙을 깨닫고 부자의 아침을 완성하는 데 걸리는 시간 6분. 백만장자의 무기 라이프 세이버로 미라클 모닝을 실천하면서 부의 원칙을 깨달을 수 있다.

내 삶의 열정과 희망을 발견하는 시간

6분 미라클 모닝

하루 6분이면 라이프 세이버의 여섯 가지 이점을 모두 누리면서 미라클 모닝을 실천할 수 있다.

- **1분(S): 눈을 감은 채 고요하게 침묵의 시간을 즐긴다.**
  이 시간은 산만한 생각을 잠재우고 오늘 하루에 집중하는 시간이다.

- **2분(A): 가장 중요한 확신의 말을 읽는다.**
  성취 목표, 목표가 중요한 이유, 실행 방안과 시기를 되새기고 다짐한다.

- **3분(V): 오늘 완수해야 하는 중요한 과제를 시각화한다.**
  실수 없이 완벽하고 깔끔하게 실행에 옮기는 모습을 이미지화한다.

- **4분(E): 눈을 뜨자마자 바로 할 수 있는 운동을 실행한다.**
  팔벌려뛰기 50~60회 또는 푸시업을 한다. 활기차게 하루를 시작한다.

- **5분(R): 책을 들고 한 단락이든 한 쪽이든 읽는다.**
  1년이면 20권 분량의 책을 읽고 있는 자신을 발견하게 될 것이다.

- **6분(S): 일기장을 꺼내 감사하게 여길 만한 것을 한 가지라도 적는다.**
  또 오늘 당신이 달성하고 싶은 가장 중요한 성과를 적어보자.

S·A·V·E·R·S

1

S

침묵

Silence

매일 아침 목표를 되새기며 조용하게 하루를 시작하는 것이 얼마나 큰 힘이 되는지 배우는 시간이다. 고요히, 평화롭게, 그리고 천천히, 깊이 호흡하며 기적의 여정을 인도해달라는 기도나 명상을 해보라.

"삶에 더 이상 끌려다닐 수는 없다고 생각했어요.
그래서 명상을 시작했죠.
명상을 하면서 하루하루 사는 속도를 늦추는 데 도움을 받았어요."

셰릴 크로

S·A·V·E·R·S

2

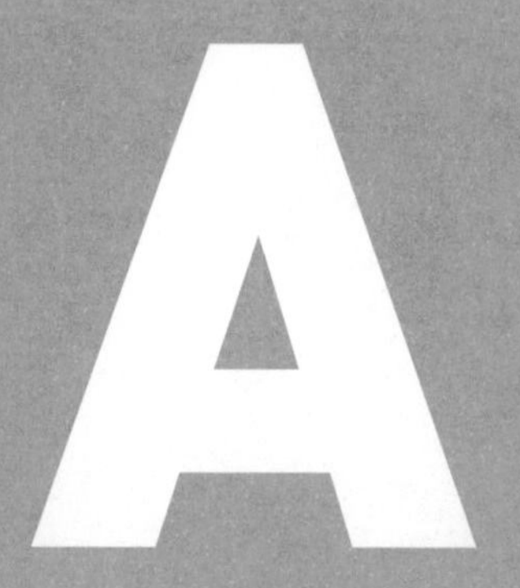

확신의 말

Affirmation

나의 무한한 가능성과 우선 과제들을 상기시키는 다짐과 확신의 말을 큰 소리로 읽는다. 어떤 사람이 되고 싶은지, 무엇을 성취하고 싶은지, 그 목표를 어떻게 이룰 것인지 반복해서 얘기할 때 우리 잠재의식은 신념과 태도를 바꿔나간다.

"자기 자신을 바라보는 관점이 인생을 이끌어가는 방식에
지대한 영향을 끼친다."

캐롤 드웩

S·A·V·E·R·S

3

시각화

Visualization

매일 아침 최상의 성능을 발휘하는 자기 모습을 시각화할 때 잠재의식을 더욱 강하게 자극해 성공을 앞당길 수 있다. 날마다 시각화를 실천하면서 생각과 감정, 태도를 꿈꾸는 비전과 일치시키면 목표를 달성하려는 동기를 유지할 수 있다.

"우리가 가장 겁내는 것은 자신이 무능하다는 사실이 아니다.
우리가 가장 겁내는 것은 자신이 측량하지 못할 만큼 유능할지도 모른다는 사실이다."
마리앤 윌리엄슨

S·A·V·E·R·S

4

운동

Exercise

건강을 유지하고 체력을 키우려면 꾸준히 운동할 필요가 있다. 하루 일과로 심신이 지치기 전에, 새로운 핑계거리를 궁리하기 전에 운동을 해야 한다. 핑계거리를 구상할 여유가 없도록 날마다 운동하는 습관을 기르자.

"가파른 언덕을 얼마나 잘 뛰어오르는지만 보고서도
그 사람의 뇌 활동 속도와 인지 전환 능력을 짐작할 수 있다."

스티븐 매슬리

S·A·V·E·R·S

5

R

독서

Reading

아침마다 최소 열 쪽은 꾸준히 읽기를 권한다. 하루에 열 쪽이 별 거 아닌 듯 보여도 1년이면 3,650쪽을 읽게 된다. 이는 대략 200쪽짜리 책 열여덟 권에 해당하는 분량이다. 이 정도면 당신을 한 차원 더 발전시켜 성공에 한층 더 빨리 다가갈 수 있다.

"성공은 단서를 남긴다."

토니 로빈스

S·A·V·E·R·S

6

쓰기

Scribing

일기에는 무엇이든 적을 수 있다. 읽고 있는 책에 관해 기록하거나, 감사할 일, 하루 동안 해야 할 4~5가지의 일을 계획해도 좋다. 하루를 기분 좋게 시작할 수 있는 내용을 써보자. 일기를 쓰면 자기 생각에 집중할 수 있고, 한 해를 마감할 때 그동안의 내 생각과 행적을 새롭게 통찰할 수 있다.

"살 만한 가치가 있는 삶은 기록할 가치가 있다."

토니 로빈스

차례

2부 무엇이 백만장자를 만드는가

AM
06:00

서문 1

내가 미라클 모닝 밀리어네어를 만났을 때

몇 해 전, 비영리단체 원 라이프 풀리 리브드1 Life Fully Lived에서 주최하는 한 행사에 강연자로 초청받은 적이 있다. 그날 특별 연사로 소개된 사람은 처음 들어본 이름이었는데, 행사 참석자들은 하나같이 그 사람이 행사의 백미를 장식할 것이라고 입을 모았다. 그 사람에게 흥미가 생겼다.

데이비드 오스본David Osborn이 특별 연사로 연단에 올랐고, 진정성 있고 솔직하며 전문가로서 사회 공헌에 힘쓰는 그에게 (행사장에 있던 다른 사람들과 마찬가지로) 이내 마음을 빼앗겼다.

〈인생에 승부를 걸 시간Wealth Can't Wait〉이라는 제목으로 진행된 강연에서 데이비드는 불안한 젊은 날을 보내던 청년이 자수성가한 백만장자가 되기까지의 이야기를 들려주었다. 데이비드는 실제로 자신이 어떻게 재산을 형성했는지 그 과정을 하나하나 투명하게 공개했고, 청중은 그의 이야기에 고무되었다. 당시 그의 순자산만 7천만 달러에 육박했으니 그가 모은 재산은 그야말로 '엄청났다.'

여러 백만장자를 만나봤지만 그만한 재산을 모은 사람은 처음이었다. 그리고 다른 사람들도 경제적 자유를 누릴 수 있도록 자신이 아는 전문지식을 그토록 진솔하게, 또 기꺼이 (무료로) 나눠주는 사람도 처음이었다. 내 호기심은 점점 더 커졌다.

데이비드의 강연을 들으면서 그가 고번던스GoBundance(풍요롭고 멋진 인생을 지향하는 남성들이 함께하는 조력 모임)의 공동 설립자라는 사실도 알게 되었다. 데이비드는 나에게 조만간 미국 시에라네바다 산맥에 위치한 타호Tahoe 호숫가에서 열릴 고번던스 모임에서 강연을 해달라고 요청했다. 그와 더 많은 시간을 보내고 싶었던 나는 그 요청을 수락했다. 그때까지는 나와 데이비드는 물론, 가족들까지 서로 소중한 우정을 키워가게 될 줄은 생각지도 못했다.

고번던스 모임 이후 우리 가족은 텍사스주 오스틴으로 이사를 왔고, 데이비드의 집은 우리 집에서 자동차로 15분밖에 걸리지 않는 거리에 있었다. 내 아내와 데이비드의 아내는 절친한 사이가 되었다. 딸들도 단짝 친구가 되었다. 아이들은 같은 학교(액튼 초등학교Acton Academy)에 다닌다. 얼마 전에는 데이비드 부부가 우리 집과 같은 거리에 있는 주택을 한 채 매입하면서 우리는 이웃사촌이 되었다. 이런 속도라면 우리가 한 집에 함께 사는 것도 시간문제일 듯싶다.

2016년 10월, 내가 생존율이 30퍼센트밖에 되지 않는 혈액암(급성 림프모구 백혈병)에 걸렸다는 진단을 받았을 때, 데이비드와 그의 아내 트레이시는 물심양면으로 나와 우리 가족을 적극 지원했다. 그들은 1년이 넘도록 매주 우리에게 식사를 보내주었고 나를 병원까지 태워다주었다. 심지어 내가 가야 할 곳이 있다면 어디든 자신들의 자가용 비행기로 데려다주겠다고 했다. 암으로 아버지를 여읜 데이비드는 내 처지를 공감하며 자신의 경험을 바탕으로 치료에 필요한 길잡이 역할을 했다. 내가 데이비드와 그의 가족들에게 느끼는 고마움을 한마디로 표현해야 한다면 "그 고마움은 이루 다 말로 할 수가 없다."는 것이다.

나는 데이비드가 얻은 지혜를, 나를 비롯하여 모든 사람과 나누고 싶어서 함께 책을 집필하자고 제안했다. 내가 보기에 데이비드야말로 진정한 의미에서 '부유한' 삶을 실현한 사람이다. 부유한 삶은 은행 계좌에 찍혀 있는 숫자나 자신이 소유한 순자산만으로 결정되지 않는다. 진정으로 부유한 삶은 자신이 무엇보다 소중하게 여기는 것들, 곧 자신의 가치관에 부합하는 삶을 사는 것이다. '경제적 자유'는 이런 중요한 가치 중 하나일 뿐이다. 그리고 부유한 삶이 무엇인지 데이비드 오스본만큼 제대로 보여주는 사람은 없다.

그와 함께한 집필 과정은 내가 생각했던 것보다 훨씬 더 만족스러웠다. 일 때문에 시간을 정하고 만날 때와는 다르게 집필에 대한 논의를 위해 수시로 만나면서 그전에는 보지 못했던 서로의 아주 세세한 습관과 생각을 발견하고 나눌 수 있었다.

내가 데이비드 오스본을 통해 발견한 부자를 만드는 가치관과 습관의 비밀을 독자들도 이 책에서 발견하기 바란다. 그리하여 당신도 백만장자들처럼 아침을 시작하고, 가슴 뛰는 하루를 살기 바란다.

할 엘로드 Hal Elrod

백만장자는
모두 아침형 인간이다

오늘도 나는 아침 5시 17분에 일어났다. 결코 '자랑하기' 위해 하는 말이 아니다. 나는 사는 동안 적잖은 세월을 올빼미족으로 지냈다. 고교 시절을 돌아보면 10시나 11시까지 잠을 잘 수 있었던 주말 아침이 기분 좋게 떠오른다. 대학 시절에는 강의 중에도 잠을 자기 일쑤였고, 시험 기간이 되면 밤을 새워 공부하곤 했다.

사업을 시작하고 나서도 이런 습관은 계속되어서 세상이 잠든 시간에 일을 한 다음에 잠자리에 들었다. 안 될 건 뭐야? 내게는 밤 시간이 생산성이 가장 높은 시간이었다. 그러면 아침에는? 세상이 나를 내버려둘 때까지 잠을 잤다.

물론 나는 얼마 지나지 않아 몇 가지 사실을 새롭게 알게 되었다.

첫째, 세상은 자고 싶은 만큼 잠을 자도록 나를 '내버려두지' 않았다. 세상사는 대부분 낮 동안에 돌아갔고, 올빼미족답게 밤에 일을 하면 할수록 그 시간들이 내 발목을 잡았다. 내가 아무리 밤에 생산적으로 일한다고 해도 낮에 좀비 같은 몰골로 사업에 지장을 초래하는 행태는 부자가 되는 지름길과는 거리가 멀었다.

둘째, 한 가지 더 중요한 깨달음은 이론의 여지는 있으나, '아침 시간과 재산 형성 사이에 상관관계가 있다.'는 사실이다. 세상은 늦잠을 자는 일이 거의 없을뿐더러 대부분의 백만장자는 '결코' 늦잠을 자지 않는다.

사업을 하면 할수록 아침 시간과 돈 사이의 상관관계가 더 뚜렷하게 눈에 들어왔다. 하루 중 아침 시간을 꾸준하게 활용할수록(시간을 어떻게 활용했는지 본문에서 상세하게 설명할 것이다.) 나의 순자산은 갈수록 늘어났다.

나만 그런 게 아니다. 이 책에서도 보겠지만, 백만장자들의 습관을 조사해보면 부유한 사람들 중에 아침 일찍 일어나는 사람이 유난히 많다는 사실을 알게 된다. 여기에는 그만한 이유가 있다. 아침 시간과 돈 사이에는 공통점이 많기 때문이다.

돈에 대해 얘기할 때 개인 재무 분야에서 우리 사회에서 가장 널리 알려진 조언은 '먼저 자신에게 투자하라.'는 원칙이다. 즉 돈이 들어오면 '다른 곳에 지출하기 전'에 저축할 돈을 따로 챙겨두라는 말이다. 이 원칙은 세상에서 돈을 모으는 데 가장 강력한 도구가 복리 이자라는 사실을 전제한다. 하지만 투자할 돈이 전혀 없는 사람이라면 이렇게 좋은 도구도 무용지물이다. 소득이 생겼을 때 저축할 돈을 '먼저' 떼어 놓지 않으면 이런저런 곳에 모두 소비하고 만다.

시간도 이와 비슷하다. 자기계발은 세상에서 가장 강력한 도구다. 돈 관리와 마찬가지로 자기계발에서 무엇보다 중요한 것은 시간 관리다. 그런데 '나중에' 하겠다고 제쳐두는 사람에게 자기계발은 요원해 보인다. 돈이 항상 새 주인을 찾아 당신 곁을 훌쩍 떠나버리듯이 당신의 시간도 그렇게 사라져버릴 것이다. 월급을 어느새 다 써버리고 푼돈만 남았을 때 저축하려면 이미 늦다. 마찬가지로 해가 중천에 떴을 때 가장 중요한 일을 시작하려면 그때는 이미 늦은 것이다.

'미라클 모닝Miracle Morning(이 책의 공동 저자인 할 엘로드의 전작인 《미라클 모닝》에서 말하는 아침 시간의 기적을 말한다.-옮긴이)'에서 말하는 원리 역시 '먼저 자신에게 투자하라.'는 원칙과 같다. 기적 같은 아침 시간에 우리는 지혜를 얻고 생산성을 높이고 명료한 사고력을 기른다. 아침 시간을 활용하는 일은 하루 중에서도 알짜 시간을 골라 자신에게 투자하는 것과 같아서 투자 수익을 극대화할 수 있다.

세상에는 부동산과 연금, 주식시장과 창업에 이르기까지 수많은 투자 상품이 있지만 그중에서도 최고의 투자 상품은 언제나 '자기 자신'이다. 그리고 최고의 수익률을 올리는 도구는 매일 아침 해가 뜰 때마다 어김없이 우리 앞에 나타난다.

부자가 되고 싶다면, '부자가 되는 시간'을 축적해야 한다. 나에게 집중하고, 나의 원칙을 세우는 하루를 시작하는 '부자가 되는 시간'은 아침이다. 아침에 부자가 될 준비를 마친 사람만이 부자로 만들어줄 일과 사람으로 가득한 하루를 맞이할 수 있고, 마감할 수 있다. '내일 아침은 또 어떻게 일어나야 할까.'를 걱정하며 잠자리에 드는 사람이라면 오늘 아침을 허투루 보내지 않았는지, 부자의 아침과 전혀 다르게 독촉받거나 허망한 아침을 보내지 않았는지 자문해보기 바란다.

혹자는 "아침에 일찍 일어나는 사람이라고 모두 부자는 아니던데요." 라고 말할 수도 있다. 그러면 나는 이렇게 묻겠다.

"맞습니다. 아침에 일찍 일어난다고 모두 부자가 될 수는 없죠. 그런데 말입니다. 혹시 해가 중천에 떠서야 일어나는, 아침을 늦게 시작하는 그런 부자를 본 적 있나요?"

데이비드 오스본David Osborn

백만장자처럼 아침을 맞이하라

이 책에서 다루는 핵심은 다음 세 가지다.

첫째, 부자가 되는 삶을 선택한 사람들이 어떤 이들인지, 그들의 중요한 습관들을 파악하여 설명한다. 그들의 습관을 배우고 나면 당신도 그들의 삶을 본뜰 수 있다. 간단하다('쉽다'는 말이 아니다. 그래도 원리는 간단하다).

둘째, 이 습관들을 몸에 익혀 당신이 '매일 가장 먼저 하는 일'로 만들었을 때 발생하는 가치(거기에는 엄청난 가치가 있다.)가 무엇인지 설명한다. 이 습관을 아침 시간이 아니라 나중에 실천할 수도 있지만, 그 선택이 어떤 결말을 맞을지 여러분 모두 잘 알 것이라고 생각한다. 당신도 알게 되겠지만 아침 시간은 질적으로 특별하다. 아직은 그 가치를 상상할 수 없겠지만 아침 시간은 매우 소중하다. '그저' 일찍 일어난다고 해서 부자가 되지는 않는다. 하지만 빈털터리가 되느냐, 백만장자가 되느냐를 결정짓는 중요한 시간이 아침 시간이라고 말해도 결코 과장이 아니다.

셋째, 이 책에서는 실전에 바로 활용할 수 있는 방법을 제시한다. 당신은 '아침형 인간'이라는 특별한 생명체가 되는 데 필요한 기술을 배우게 될 것이다. 아침 시간이 얼마나 중요한지 몇 번이고 강조한다 해도 당신이 늦게 일어나 그 시간을 활용하지 못한다면 아무 소용이 없다. 다행인 점은 '아침형 인간이 되는 것은 기술의 문제이고, 이 기술은 습득 가능하다.'는 사실이다. 당신은 실제로 아침형 인간이 '될 수' 있다. 아침에 일어나서 신나고 활기찬 하루를 시작할 수 있다. 당신은 일찍 일어나는 새가 될 수 있다. 그 방법을 알려주는 것이 우리가 할 일이다.

이 세 가지 핵심 사항을 이해하고 실천한다면 (단순히 부자가 되는 데 그치지 않고) 세상을 경험하는 방식 자체에 근본적인 변화를 일으킬 수 있다. 아침 시간을 장악하는 사람은 하루 전체를 장악한다. 그리고 자신이 원하는 조건대로 세상과 관계를 맺을 수 있다. 외부 자극에 기계적으로 '반응하며' 살지 않고 주도적으로 행동할 수 있다.

남들이 아니라 자신이 '직접' 의제를 설정하고 이끌어가는 하루가 어떤 모습일지 상상해보자. 자신에게 중요한 일들이 무엇인지 또렷하게 보이고, 한 단계 한 단계 밟아나갈 때마다 신명 나는 하루! '미라클 모닝'이 제공하는 하루는 바로 그런 하루다. 경제적 풍요를 실현할 가능성이 눈앞에 보일 뿐만 아니라, 평온함이 넘치는 가운데 자신의 인생을 스스로 통제하고 지배하는 하루!

우리는 지금 출발점에 서 있다. 그리고 지금 아침 시간을 활용하는 법을 배우는 것부터 시작하자. 당장 내일 아침부터 실천해보자. 아침 시간을 활용하는 법부터 배운다면 이 책을 끝까지 읽을 때까지 기다릴 필요 없이 당장 내일부터 하루 중에 중요한 시간을 자신에게 투자할 수 있다. 그리고 백만장자들이 어떻게 재산을 모았는지 이 책을 통해 구체적인 방법을 계속 배워나갈 수 있다.

이 책을 읽기에 앞서 유의할 사항이 있다. '마법은 아침 시간에 일어난다.'는 사실을 잊지 말아야 한다. 부자가 되는 데 필요한 마음가짐을 키워야 하는 시간도 아침이고, 백만장자가 되는 프로젝트를 진행하면서 자신의 꿈과 열정, 재능을 쏟아야 하는 시간도 아침이다. 아침 시간에 이 모든 것이 시작된다.

아침 일찍 일어나야 한다는 말에 혹시 긴장되는 사람이 있다면, 겁낼 것 없다. 아침 일찍 일어나는 문제로 계속 골머리를 앓는 사람이 있다면 이 사실을 기억하자. 문제의 원인은 아침 시간 자체에 있는 게 아니라 하루의 나머지 시간에 있다. 자신의 인생이 만족스럽지 못한 사람이라면 활력에 넘쳐 잠자리를 박차고 일어나지 못할 것이다. 잠자리에서 일어날 이유가 '아예' 없다고 말할 수 있을지도 모른다. 내 생각에는 수많은 사람이 이렇게 느끼고 있으며, 바로 이런 까닭에 수많은 사람이 아침 일찍 일어나는 것을 힘들어한다.

우리의 여정은 이 악순환의 고리를 끊는 것에서 출발한다. 먼저 아침 시간이 왜 그토록 중요한지 이해하고, 그런 다음 아침에 일어나는 방법과 매일 아침 시간을 활용해 부를 쌓는 방법을 배울 것이다.

많은 사람이 "삶이 나아지면 아침 일찍 일어나고 싶겠죠." 혹은 "일단 잘살게 되면 내 습관을 바꿀 거예요."라고 말한다. 장담하건대 이런 사람들은 인과관계를 정반대로 오해하고 있는 것이다. 삶이 나아져서 아침형 인간이 되는 게 아니다. 아침에 일어날 때마다 삶이 나아지는 것이다.

이 책은 당신을 위한 책이다. 만약 당신이 더욱 풍요로운 인생을 살기로 결정했다면, 그러니까 한층 더 생산적인 아침과 더 많은 부를 바라지만 어떻게 해야 하는지 잘 모르겠다면, 이 책이 길을 알려줄 것이다. 당신이 더 많은 것을 소유하기로 기꺼이 마음만 먹는다면 이 책은 당신이 더 많은 것을 '소유하도록' 도울 것이다.

《미라클 모닝 밀리어네어》에 오신 것을 환영한다. 시작해보자.

MIRACLE MORNING
MILLIONAIRES

1부

백만장자의 아침 습관

WHY & HOW

왜 아침 시간이 중요한가
어떻게 아침 시간을 되찾을 것인가

아침이 중요한 이유

"밤마다 흡족한 마음으로 잠자리에 들려면
아침마다 각오를 다지며 일어나야 한다."
-조지 로리머George Lorimer, 미국 출신의 언론인 겸 작가

데이비드 오스본은 젊은 시절에는 늦잠 자기를 밥 먹듯이 했다. 하지만 지금은 아침 7시가 되도록 잠에서 깨지 못하면 놀라운 사건으로 여겨질 정도다. 밤늦도록 일한 다음 날에도 아침 일찍 일어나는 걸 보면 습관이 된 것이다.

하루의 일정이 이렇게 바뀌게 된 이유는 그가 책임질 일이 늘어나면서 밤늦도록 일하고 늦잠을 자는 방식이 더 이상 통하지 않는다는 사실을 깨달았기 때문이다. 그동안 그는 제 역할을 하지 못했다. 밤늦게까지 일했기 때문에 다음 날에는 생산적으로 일할 수 없었다. 또 아침에 식구들과 대화를 나누기도, 회사를 제대로 경영하기도, 세상과 교류하기도 힘

들었다. 세상은 그에게 더는 흡혈귀처럼 살지 말라고 요구했다.

이 같은 자각이 변화를 일으키는 촉매제가 되었다. 순전히 필요에 따라 데이비드는 아침형 인간으로 살게 되었다. 그런데 아침형 인간으로 지내다 보니 일찍 일어나 분주한 일상을 관리하는 것 외에도 훨씬 많은 이점이 있음을 알게 되었다. 아침 시간에 숨겨진 비밀을 오랫동안 알지 못하다가 새로 발견한 기분이었다. 덕분에 그는 더 많은 일을 할 수 있게 되었을 뿐 아니라, 그 비밀을 깨닫지 못했다면 '아예' 해내지도 못했을 일을 성취하게 되었다.

오랜 세월 미라클 모닝을 실천하며 많은 돈을 벌어들인 지금, 그에게 미라클 모닝은 억지로 하는 일이 아니라 '하고 싶어서' 하는 일이 되었다. 어떻게 미라클 모닝을 모르고 살았는지 지금은 도무지 이해되지 않을 정도다.

첫 단추를 잘 꿰어야 한다

아침 시간의 마법 중 하나는 하루의 방향을 결정짓는 것이다. 매일 아침 삶의 목적을 찾고, 자신을 단련하고, 성장에 필요한 영감을 불어넣는 것으로 시작하면 나머지 하루도 동일하게 움직인다는 사실을 알게 된다. 이를 실행함으로써 당신은 원하는 결과를 향해 착착 나아가는 기분을 느끼게 될 것이다. 그리고 다른 일에 주의를 빼앗기지 않고, 목표 지향적인 하루를 보낼 수 있다. 아침을 제대로 시작하면 당신은 성공을 향한

하루를 보장받는 셈이다.

현재 당신이 보내는 아침은 어떤 모습인지 미라클 모닝과 한번 비교해 보자. 대부분의 사람이 아침을 맞이하는 모습은 둘 중 하나다.

첫째로 '허둥대는' 아침이다. (마지못해) 눈을 뜬 순간부터 당신은 정해진 일과를 쫓아가기 바쁘다. 제시간에 출근하기는 글렀고 머릿속이 부산하다. 바지도 채 입지 못했는데 벌써 지각이다. 해야 할 일은 넘치는데 시간이 너무 부족하다.

둘째로 '무감각한' 아침이다. 딱히 추구하는 목표도 없고 열정도 없이 늦잠을 자고, 미루고 미루다가 '겨우' 일을 시작한다. 일을 시작하고 나서도 뭔가 조금이라도 재미있어 보이는 게 나타나면 금세 주의를 빼앗긴다. 그리고 무슨 일을 해도 도무지 보람을 느낄 수 없다. 목적지 없이 그저 표류하는 기분으로 하루를 보낸다.

허둥대는 아침을 맞는 사람들에게 하루는 마치 길고 긴 소방훈련 같다. 혼잡하고 수선스럽고 늘 쫓기는 기분으로 하루를 보낸다. 한편 무감각한 아침을 맞는 사람들에게 하루는 마치 세상에서 가장 느린 자동차를 몰고 가는 중에 충돌 사고를 당할 직전인데 어느 페달을 밟아야 하는지 혹은 운전대를 어느 방향으로 돌려야 하는지 아무 생각이 없는 상황과 같다.

이 두 가지 유형의 사람들에게는 항상 돈 문제가 도사리고 있다. 이들은 돈이 부족해서 스트레스를 받고, 대체 돈은 어디에서 생기는 건지 의아하기만 하다. 자신의 경제적 삶을 통제할 수 없는 데서 무력함을 느낀다. 매일 무슨 일을 하든 경제적 부담감에서 오는 스트레스가 더욱 압박감을 가중시킨다.

어느 유형에 해당하든 아침 시간을 활용하지 못하는 사람들은 잠에서 깨어나자마자 무섭게 들이닥친 세상을 맞이하게 된다. 하루를 늦게 시작하는 사람들은 잠에서 깨어난 순간 이미 하루를 '망친' 것이나 다름없다. 만약 당신이 어떤 목표나 방향이 없는 채로 매일 잠에서 깬다면, 사는 동안 사실상 어떠한 진전도 이루지 못할 것이라고 장담한다. 당신이 맞이하는 아침이 둘 중 어떤 방식이든 침대에서 일어나고 싶지 않다는 것은 매한가지다.

만약 세 번째 선택이 있다면 어떨까?

당신이 맞는 아침이 달라진다면? 아침 시간이 다르게 '느껴진다면?' 넌더리나는 아침이 아니라 열정과 활력이 넘치는 가운데 잠에서 깰 수 있다면? 어수선한 아침이 아니라 고요하고 평온한 가운데 자신과 재정 문제, 삶을 개선하는 일에 온전히 한 시간을 보낼 수 있다면 어떨까?

미라클 모닝을 실천하면 당신이 상상만 했던 정돈되고 명료한 공간이 머릿속에 펼쳐진다. 그 시간에 당신은 품위와 위엄을 되찾고, 자신을 통제하여 꿈꾸던 삶을 창조할 수 있다.

아침 시간이 왜 그토록 중요한가

아침 일찍 일어나 자신만의 의식을 치르는 행위에 어떤 힘이 있는지 탐구하는 사람일수록 목표를 이루며 부를 쌓을 가능성이 높다. 이 말을 곧이곧대로 믿을 필요는 없지만, 일찍 일어나는 새가 벌레 외에도 얻는 게 많다는 사실을 보여주는 증거가 속속 드러나고 있다. 미라클 모닝을 실천할 때 당신이 직접 경험할 중요한 장점은 다음과 같다.

- **선제 대응력과 생산성이 올라간다.** 독일 하이델베르크 교육대학의 생물학 교수 크리스토프 란들러Christoph Randler는 2010년 7월, 〈하버드 비즈니스 리뷰〉에 자신의 연구 결과를 발표했다.
  "아침 시간에 생산성이 가장 높은 사람들은 저녁 시간에 생산성이 가장 높은 사람들보다 성공적으로 커리어를 쌓는 데 유리하다. 선제 대응력이 좋기 때문이다."
  〈뉴욕타임스〉가 선정한 베스트셀러 작가이자 세계적으로 저명한 기업가인 로빈 샤르마Robin Sharma는 이렇게 말했다.
  "전 세계에서 생산성이 높기로 손꼽히는 사람들을 조사해보면 공통점이 하나 있다. 그들은 대개 아침형 인간이다."
- **향후 발생할 문제를 예측하고 미연에 방지한다.** 란들러는 아침형 인간은 다른 사람들보다 모든 면에서 유리한 위치에 서게 된다고 추론했다. 아침형 인간은 "여러 문제를 더 잘 예측하여 최소화할 수 있고, 주도적으로 해결책을 찾아 나가고, 성공적으로 경력을 쌓으면서 향후 더 많은 소득을 올릴 수 있다." 란들러의 말에 따르면 아침형 인간은 앞으로 발생할 문제를 미리 예상해 세련되고 여유롭게 해결할 수

있다. 이는 자녀 문제와 직장 문제, 인간관계와 돈 문제에 이르기까지 예기치 못한 사건이 일어날 때마다 필연적으로 발생하는 스트레스를 줄이는 데 아침 시간이 결정적 역할을 한다는 뜻이다.

- **전문가답게 계획을 세운다.** 계획을 세우지 않는 것은 실패를 계획하는 것과 같다. 특히 부자가 되는 일과 관련해서 이보다 더 적절한 말은 없다. 아침형 인간은 하루를 계획하고 그날 발생할 문제점을 예측해 이에 대비할 시간뿐 아니라, 계획을 수립할 시간을 확보한다. 반대로 늦잠을 자는 사람들은 하루 일을 그저 운에 맡기고, 외부 자극에 그때그때 반응할 뿐이다. 알람 소리에 곧바로 일어나지 않고 소음을 참으며 잠을 계속 자려고 할 때 더 스트레스를 받는다. 그렇지 않은가? 해가 뜰 때 (혹은 해가 뜨기 전에) 잠자리에서 일어나는 사람은 활기차게 하루를 시작할 수 있다. 다른 사람들이 하루를 자신의 통제하에 두기 위해 분주하게 움직이며 애쓰는 동안 (그리고 실패를 경험하는 동안) 아침을 일찍 시작한 사람들은 침착하고 차분하게 평정심을 유지하며 계획대로 하루를 움직인다.
- **더 많은 활력을 얻는다.** 미라클 모닝을 맞이하려면 (거의 모든 사람이 소홀히 다루는) 아침 운동도 빼놓지 말아야 한다. 겨우 '몇 분'의 아침 운동이 하루 동안 긍정 에너지를 넘치게 한다. 뇌에 공급되는 혈액이 풍부해지면 한결 명료하게 생각하고, 일의 중요한 우선순위에 집중할 수 있다. 또 온몸에 있는 세포에 신선한 산소가 공급되어 활기가 넘친다. 운동을 하는 사람들이 그렇지 않은 사람들보다 더 기분이 좋

고, 몸 상태도 좋고, 잠도 잘 자고, 더 생산적으로 일하는 이유이다. 일찍 일어나는 새가 더 많은 이점을 얻는다. 최근 스페인 바르셀로나대학의 연구진은 (새벽에 일어나는 종달새 유형인) 아침형 인간과 (밤늦게 일하고 아침에 늦잠을 자는 올빼미 유형인) 저녁형 인간을 비교 조사했다. 여러 차이점이 있지만 몇 가지만 살펴보면 아침형 인간은 저녁형 인간보다 더 끈기 있고 피로나 좌절, 난관을 헤쳐나가는 힘이 더 큰 것으로 나타났다. 결과적으로 아침형 인간은 불안감이나 우울증, 약물남용 가능성이 감소하고 삶에 대한 만족도가 더 높았다.

여러 연구 결과와 전문가들의 주장을 종합해볼 때 아침 시간은 (거의 모든 점에서) 중요하다. 이미 부를 쌓은 사람의 관점에서 이야기하자면 미라클 모닝을 실천할 때 당신은 '백만장자 되기 프로젝트'에서 엄청난 이점을 얻게 될 것이다. 다음 항목을 살펴보자.

- 생산성
- 선제적 대응 능력
- 소득 증가
- 일일 계획 수립
- 활력 증가
- 긍정적 마음가짐과 회복 탄력성

부자가 되는 데 필요한 요소를 이만큼 정확하게 열거한 목록은 없다. 그리고 이 요소들은 '연구 결과에 따르면' 전부 아침 시간과 연관이 깊다. 이쯤 되면 아침 시간에 마법 같은 힘이 있다는 사실에는 의심의 여지가 없을 것이다. 오히려 다음과 같은 의문이 떠올라야 한다.

"아침 시간이 이토록 중요하다면 어째서 다들 일찍 일어나지 않는 것일까?"

이 질문은 핵심이자 2장에서 다룰 아침 기상 5단계를 실천에 옮기기 전에 반드시 먼저 답해야 하는 질문이다.

아침 기상이 어려운 진짜 이유

아침에 일찍 일어나지 못해 고생하는 사람들은 아마 내일 아침 알람이 울려도 결국 자신의 의지와 열정이 져버릴 것임을 경험상 예측하고 있다. 당신만 그러는 게 아니다. 새해가 되면 아침 일찍 일어나겠다고 결심하는 사람들이 많다. 하지만 늘 그렇듯 새해 다짐은 실패하기 일쑤다.

아침 일찍 일어나는 것으로 습관을 바꾸려면 당신이 미처 몰랐던 아침 기상과 관련된 몇 가지 원리를 먼저 이해해야 한다. 내일 아침부터 적용할 '아침 기상 5단계 방법론' 역시 이 기본 원리들을 토대로 한다.

수면은 습관이다

태어날 때부터 저녁 시간이 좋은 사람이 있고, 아침 시간이 좋은 사람이 있는 걸까? 이와 관련된 연구 결과를 본 적이 있다. 대부분의 사람에게 취향은 하나의 경향성일 뿐 유전적으로 결정되는 사항이 아니다. 마찬가지로 잠자는 습관도 유전적 요인이 아닌 취향에 의한 영향이다. 당신은 밤이나 아침에 '오랫동안' 똑같은 행동을 해왔을 것이다. 이처럼 오랜 세월 일관되게 반복하는 행위는 습관이 된다.

습관은 강력한 힘이다. 우리 뇌에는 일정한 습관에 따라 신경 패턴이 형성된다. 침대 옆 탁자 위에서 알람시계가 요란하게 울어대면 눈을 뜨려고 애를 쓴다. 이때 당신은 별 생각하지 말고 어제와 똑같이 행동하라고 지시하는 신경 패턴과도 맞서 싸우는 중이다.

다행히 습관은 바꿀 수 있다. 일찍 일어나는 일은 습득 가능한 기술이다. 자전거를 타거나 회사를 운영하는 방법을 배우듯 얼마든지 일찍 일어나는 법을 배울 수 있다. 앞으로 우리는 이 기술을 정확히 구사하는 방법을 배울 것이다.

아침에 일어났을 때의 기분은 그날 해야 할 일에 영향을 준다

고단하고 따분한 일, 혹은 정신적으로 감당하기 힘든 일을 해야 한다는 사실 때문에 "조금만 더 자자."라고 되뇌며 이불을 뒤집어쓰고 버틴 경험이 있는가?

신나게 하루를 맞이하며 잠에서 깨는 경험과 두렵게 하루를 맞이하며 잠에서 깨는 경험은 하늘과 땅 차이이다. 평소에 일찍 일어나는 사람들도 걱정이 앞서는 날을 맞이할 때는 이불 속에서 나오기 싫은 법이다.

이 문제는 다음 두 가지 방법으로 해결할 수 있다.

첫째, 매일 설레는 기분으로 아침에 일어날 수 있는 유인을 제공한다. 다시 말해, 당신의 재정 상태와 건강, 기분, 삶을 향상시키는 자신만의 시간을 주도한다.

둘째, 미라클 모닝을 실천할수록 당신이 맞이할 하루는 점점 더 근사해진다! 미라클 모닝 효과를 보기 시작하면 당신의 삶에 변화가 생길 것이고, 이불 속에서 미적거리는 시간도 줄어들 것이다.

이기적인 사람이 될까 봐 고민한다

침대에서 무사히 빠져나왔다고 해서 끝이 아니다. 놀랍게도 미라클 모닝을 방해하는 또 하나의 장벽이 버티고 있다. '아침 시간을 매일 자신만을 위해 쓰는 것은 이기적'이라고 교묘하게 자신을 설득하는 소리가 들린다. 이른바 자기 방해Self-sabotage 행위다.

우리는 성공하려면 자기 자신을 가장 마지막에 챙겨야 한다는 가르침을 받으며 자랐다. 먼저 가족, 직장, 공동체를 돌보고 '그러고 나서' (남는 시간이 있다면) 자신을 돌보라고 한다.

여기서 문제는 자신을 자꾸 뒷전으로 미루다 보면 자신만의 목표가 그대로 '소멸'된다는 데 있다. 해야 할 일이 너무 많아서 자신을 돌볼 시간 같은 건 결코 얻지 못한다. 그렇게 시간이 지나면 결국 지치고, 울적해지고, 지난 일이 억울하고, 앞으로 어떻게 살아야 하는지 막막해진다.

이 얘기가 자신의 얘기처럼 들리는가?

비행기가 이륙하기 전 승무원의 안내 방송을 들을 때마다 매우 좋은 조언이라고 생각한다. 승무원은 비행기에서 비상상황이 발생하면 주변 사람을 돕기 전에 자신부터 산소마스크를 착용해야 한다고 안내한다. 산소가 부족해 자신이 먼저 의식을 잃는다면 아무도 도울 수 없기 때문이다.

이 원칙은 자기계발과 부를 쌓는 일에도 동일하게 적용된다. 자신의 필요를 계속 묵살하는 행위는 곧 경제적으로 '의식을 잃고 쓰러지는' 지름길이다. 그러므로 다음 사항을 유념하자.

- 자기 자신을 돌보지 않으면 남을 도울 수 없다.
- 건강이 급격히 나빠지고 있으면 생산적인 사람이 될 수 없다.
- 필요한 기술을 배우고 익히는 데 시간을 내지 않고, 재정적 목표를 달성하는 데 필요한 사고방식을 기르지 않으면 부자가 될 수 없다.

'아침 시간을 활용하라.'는 원칙은 자신이 먼저 산소마스크를 착용하라는 이치와 같다. 아침 시간은 모든 문제를 푸는 열쇠다. 아침 시간은 당신이 간절히 원하는 인생의 진로를 정하고, 삶을 통제할 수 있는 조종간이다. 비행기 조종사는 바로 당신이다. 그러므로 조종간을 붙잡을 사람은 다른 누구도 아닌 바로 '당신 자신'이다. 하지만 당신이 잠들어 있다면 비행기를 조종할 수 없다.

이 세 가지 사항은 미라클 모닝을 실천할 때 당신이 무엇보다 깊이 마음에 새겨야 하는 나침반이다. 다른 수많은 사람이 해냈으니 당신도 해낼 수 있다. 스스로를 도우라. 당신을 도울 사람은 당신 자신뿐이다.

아침 일찍? 그게 될까

당신이 마음속으로 '네, 옳으신 말씀입니다.' 이렇게 생각하고 있다면 당신은 여전히 아침 일찍 일어나는 것에 회의적이다. 그 심정은 십분 이해한다. 아침 시간이 중요하다는 말에 맨 처음 보인 반응은 '이론상'으로는 매우 '훌륭하다'일 것이다. 하지만 당신은 이렇게 반문하고 싶을 것이다.

"어쩔 도리가 없다. 이미 하루 24시간을 쪼개고 쪼개어 27시간처럼 살고 있다. 도대체 무슨 수로 한 시간 더 일찍 일어나라는 말인가?"

이 질문에 이렇게 되묻고 싶다.

"어떻게 아침 일찍 일어나지 않을 수 있는가?"

아침 시간으로 당신의 삶을 바꿀 수 있다. 아침은 당신에게 하루 중 최악의 시간이 될 수도 있고, 기적을 일으키는 시간이 될 수도 있다.

아침 일찍 일어나는 것에 대해 회의적인가? 미라클 모닝의 요지는 취침 시간을 한 시간 줄여서 고된 하루를 한 시간 더 연장하는 것이 아니다. 아침 일찍 일어나는 것도 핵심이 아니다. 미라클 모닝의 본질은 '더 기분 좋게' 일어나는 데 있다.

세계 곳곳에서 수많은 사람이 미라클 모닝을 맞이하고 있다. 이들 중 다수가 올빼미족이었다. 하지만 이들은 기적 같은 아침을 만들어 '승승장구'하고 있다. 한 시간 일찍 일어났기 때문이 아니다. 자신에게 '꼭 필요한' 시간을 아침에 보내고 있기 때문이다. 당신도 할 수 있다. (아무래도 시간이 없다고 생각하는 사람들은 잠시만 기다려 달라. 3장에서 '6분짜리' 미라클 모닝 실천 방안을 제시하겠다. 단 6분이다. 그만한 시간도 내지 못할 사람이 있을까.)

이 말에 여전히 회의적인 사람들에게 해주고 싶은 말이 있다. 아침에 한 시간 (혹은 그 이상) 일찍 일어나기에서 가장 힘든 것은 '처음 5분'이다. '처음 5분'은 포근한 이부자리를 박차고 일어나 하루를 시작할지, 아니면 '다시 알림'을 설정하고 잠을 청할지, 이 선택을 가름하는 시간이다. 이 중차대한 순간에 내린 결정에 의해 당신의 하루가 달라지고, 일의 성패가 결정되고, 인생이 바뀐다.

눈을 뜨고 맨 처음 맞는 5분은 미라클 모닝으로 백만장자가 되기 위한 출발점이다. 우리가 아침을 이겨내면, 하루를 이길 수 있다. 이제 '매일 아침'을 이겨내야 할 때다!

이런 과정을 통해 "나는 아침형 인간이 아니야."라고 말하던 사람이 "아침에 일어나니 참 좋군!"이라고 말하는 사람으로 변화할 수 있다. 당신은 수차례 시행착오를 거치면서 자기 안의 늦잠꾸러기를 이길 방법을 찾아내 결국 일찍 일어나는 습관을 몸에 배도록 할 것이다.

아침은 그냥 중요한 정도가 아니라, 상상하지도 못할 만큼 귀하고 소중한 시간이다. 아침은 당신의 삶을 변화시킬 힘을 지니고 있다.

다음 두 장에 걸쳐 (아침형 인간을 한 번도 꿈꿔본 적이 없는 사람이라도) 더 쉽게, 더 신나게 아침에 일찍 일어나는 방법을 소개할 것이다. 아침 시간의 효과를 극대화하는 '여섯 가지 아침 습관'은 많은 사람이 그 효과를 입증한 역사상 가장 강력한 자기계발 방법이다.

tip

아침형 백만장자

50년이 넘도록 사업을 하면서 나는 아침 일찍 일어났을 때 하루 동안 더 많은 일을 수행하고, 따라서 인생에서도 더 많은 일을 성취할 수 있음을 알게 됐다.

나는 세계 어디를 가든 아침 5시경에는 일어나려고 한다. 일찍 일어나면 운동도 하고, 가족과 시간도 보낼 수 있으며, 사업을 시작하기에 최상의 컨디션을 유지할 수 있다.

아침형 인간으로 사는 것은 그만큼 일을 열심히 하는 사람이라고 세상에 알리기 위해서가 아니다. 자신의 사업을 성공시키기 위해 힘이 닿는 한 모든 역량을 동원하려는 자세다. 또한 이를 위해 대부분의 사람이 잠든 시간인, 동틀 녘에 일어나는 것을 즐길 수 있는 자세다.

—리처드 브랜슨Richard Branson

단 5분이면 아침형 인간이 된다

"아침에 알람을 끄고 나서 '다시 알림' 버튼을 누르는 행위는
곰곰이 생각해보면 말이 되지 않는다.
이는 '아침에 일어나기가 끔찍하게 싫어. 그래서
이 짓을 계속하는 것이라고' 말하는 것과 같다."
-드미트리 마틴Demetri Martin, 코미디언

지금까지 제대로 이해했다면, 당신은 내일 아침을 낙관해야 한다. 아니, '기대감'에 부풀어야 한다. 내일 아침 일찍 이부자리를 박차고 일어나는 모습을 상상하거나, 아니면 이제는 쓸 일이 없을 알람시계에 먼지가 쌓일 일을 걱정해야 한다.

하지만 내일 알람이 울리면 무슨 일이 일어날까? 요란한 알람 소리에 단잠이 날아갈 때 잠에서 깨고 싶은 의욕은 어느 정도 생길까? 따뜻한 침대를 벗어나 싸늘한 공기를 마주해야 할 때 과연 신이 날까?

막상 기상 시간이 되면 전날에 넘치던 의욕이 싹 사라지리라는 것을 우리는 잘 알고 있다. 아침이 사라진 자리에는 언제나 그랬듯이 '합리화'

라는 영악한 동반자가 등장한다.

이 녀석은 교묘하게 우리를 조종한다. 전날 밤의 다짐만 생각해보면 당연히 일찍 일어나 하루를 지배할 것 같다. 하지만 아침이 되면 어느새 그 다짐은 흐지부지되어 버린다. 조금만 더 자도 괜찮다고 자신을 설득하는 데 걸리는 시간은 단 몇 초밖에 되지 않는다. 그다음 장면이야 익히 아는 대로다. 뒤늦게 일어나 허둥지둥 나갈 준비를 해보지만 일터에 지각하고, 인생에서도 지각한다. 그리고 이런 하루가 다시 반복된다.

아침에 일찍 일어나는 일은 쉽지 않다. 그 어느 때보다 의욕이 넘쳐야 하는 때(하루가 시작되는 첫 순간)에 의욕이 썰물처럼 빠져나가곤 한다.

만약 당신이 새로 발견한 '이 순간' 느끼는 열정과 미라클 모닝의 힘을 내일 아침에 활용할 방법이 있다면 어떨까? 바로 그 방법을 알아보는 것이 이번 장에서 다룰 주제다. 다시 말해, 아침에 일찍 일어나고 싶은 의욕을 높이고 머릿속에 떠오르는 핑곗거리를 모조리 없애는 방법을 알려줄 것이다.

앞으로 설명할 5단계 기상 습관은 《미라클 모닝》에서 제시한 기상의욕등급Wake-Up Motivation Level: WUML을 향상시키는 핵심이다. 이 기상의욕등급이 높을수록 알람이 울릴 때 바로 일어날 확률이 높다. 당신이 할 일은 어떤 수단을 강구해서든 기상의욕등급을 높여 몇 번이고 다시 알림을 설정하는 악순환에서 벗어나는 것이다.

당신이 할 일은 다행히 생각만큼 가혹하거나 어렵지 않다.

알람이 울리면 바로 일어나는 5단계 과정

당신의 기상의욕등급이 낮다면 이는 알람시계가 울릴 때 좀 더 눈을 붙이고 싶은 마음밖에 없음을 의미한다. 보통 사람들은 대개 그렇다. 하지만 이번 장에서 소개할 '5단계 5분' 과정을 실천하면 기상의욕등급을 끌어올려 신나는 기분으로 하루를 맞이하게 될 것이다.

5단계 5분 과정, 이거면 충분하다.

1분: 잠자기 전에 기분 좋은 아침을 계획하라

아침에 일찍 일어나려면 먼저 알아둘 게 있다. '당신이 아침에 처음으로 떠올리는 생각은 보통 잠들기 직전에 떠올린 생각과 동일하다.'는 사실이다. 예를 들어보자. 당신에게는 틀림없이 다음 날 아침 일어날 생각에 너무 흥분해서 잠 못 들었던 경험이 있을 것이다. 크리스마스 아침이어서 밝기를 기다리던 어린 시절 혹은 멀리 휴가를 떠나기로 한 날 아침을 기억하는가? 당신은 알람시계가 울리자마자 눈을 번쩍 뜨고 침대에서 나와 아침을 맞았을 것이다. 왜일까? 당신이 (잠들기 전에) 다음 날 아침에 대해 기분 좋은 기대감을 가졌기 때문이다.

반면에 '내일 6시에 일어나야 한다니, 맙소사! 너무 피곤하겠다.'라고 생각하며 잠들었다고 해보자. 이튿날 아침 알람시계가 울릴 때 당신은 '세상에, 벌써 6시야? 말도 안 돼. 더 자고 싶단 말이야!'라는 생각이 제일 먼저 떠오를 것이다.

다시 말해, 당신이 맞이하는 아침은 일정 부분 자기 충족적 예언의 산물이다. 당신의 아침을 아침답게 만드는 주체는 알람시계가 아니라 '당신' 자신이다.

당신이 1단계에서 할 일은 (매일 저녁 잠자리에 들기 전에) 기다려지는 아침을 적극적으로 창조해내는 일이다. 긍정적인 성과를 미리 그려보고 스스로 믿고 다짐하는 시간을 갖는 것이다.

신나는 기분으로 아침을 맞이하는 데 필요한 계획을 창조하기 위해 무슨 말을 해야 할지 구체적으로 도움을 받고 싶다면 '잠들기 전에 읽는 확신의 말'을 참고하기 바란다www.miraclemorning.com.

2분: 잠자리에서 나와 알람시계를 끈다

아직 알람시계가 침대 가까이 있다면 지금 당장 침대에서 되도록 멀리 치우도록 하자. 그러니까 아침에 알람시계가 울리면 침대에서 나와 몸을 먼저 '움직여야만' 한다는 얘기다. 움직임은 에너지를 만들기 때문에 침대에서 나와 걷는 행위는 아침 잠을 깨우는 데 효과적이다.

사람들은 대부분 손이 닿는 곳에 알람시계를 둔다. 다시 눈을 붙이는 데 이보다 더 좋은 조건은 없다. 하지만 눈을 뜨고 첫 몇 분은 기상의욕 등급이 가장 낮은 때로 알람시계가 가까이 있으면 기상 습관을 바꾸기 매우 어렵다. 손닿을 거리에 알람시계를 두는 것은 편하게 다시 알림을 설정하고 잠들 수 있는 지름길이다. 실제로도 무의식중에 알람시계를 끌 가능성이 높다! 요란하게 울리는 알람시계를 직접 꺼놓고도 꿈속에서 일어난 일로 확신할 때도 적지 않다(장담하지만 당신 혼자만 그런 경험을 한 게 아니다).

알람시계를 끄기 위해 어쩔 수 없이 잠자리에서 나오게 만드는 전략은 기상의욕등급을 올림으로써 아침형 인간으로 변신하도록 자신을 준비시키는 것이다.

침대에서 나왔다고 해도 이때 기상의욕등급을 따져보면 1~10점 중에서 5점 정도다. 잠기운이 여전히 남아 있는 상태여서 언제고 몸을 돌려 침대로 들어가고 싶은 유혹을 느끼게 된다. 여기서 당신은 즉시 다음 단계로 넘어가 기상의욕등급을 더 끌어올려야 한다.

3분: 양치질을 한다

잠자리에서 나와 알람시계를 껐으면 곧장 욕실로 들어가 이를 닦자.

"예? 이를 닦는다고요?"

당신이 무슨 생각을 하는지 알고 있다. 여기서 핵심은 눈을 뜨고 첫 몇 분 동안 아무 생각 없이 몸을 움직이면서 당신의 몸이 깨어날 시간을 벌어야 한다는 것이다.

알람시계를 끄고 나면 곧바로 욕실에 들어가 이를 닦고, 따뜻한 물(찬물이면 더 좋다.)로 얼굴을 씻자. 이 단순한 행위가 당신의 기상의욕등급을 좀 더 끌어올려줄 것이다.

상큼한 치약 향이 입 안에 가득하다면 다음 단계로 넘어가자.

4분: 물 한 잔을 마신다

아침에는 무엇보다 수분을 공급하는 게 중요하다. 6~8시간이 넘도록 물을 마시지 않았으니 약간 탈수 상태일 것이고, 몸은 피로감을 느낀다. 사람들이 (하루 중 어느 때고) 피로감을 느낄 때 사실은 수면이 아니라 수분이 필요한 경우가 많다.

일어나면 곧바로 물 한 잔 혹은 물 한 병(전날 밤에 머리맡에 미리 물병을 준비해두고 아침에 눈뜨자마자 마셔도 좋다.)을 마시면 몸이 편안해진다. 이렇게 해야 간밤에 빼앗긴 수분을 다시 보충할 수 있다.

몸에 수분을 보충하면 기상의욕등급을 한 단계 상승시켜 다음 단계로 넘어갈 수 있다.

5분: 운동복으로 갈아입거나 샤워를 한다

5단계에는 두 가지 방법이 있다.

첫 번째는 운동복으로 갈아입는 방법이다. 이렇게 하면 침실에서 나와 미라클 모닝 실천 단계로 곧바로 넘어갈 수 있다. 잠들기 전에 운동복을 챙겨두거나, 운동복을 입은 채 잠을 자는 방법도 있다(농담이 아니다).

두 번째는 샤워를 하는 방법이다. 정신이 번쩍 들 정도로 기상의욕등급을 끌어올리는 데 좋은 방법이다. 내 경우는 운동복으로 갈아입는 쪽인데 아침 운동이나 산책을 끝내고 나면 어차피 샤워를 해야 하기 때문이다. 하지만 많은 사람이 아침 샤워를 선호한다. 샤워를 하면 잠을 깨는 데 효과적이고 상쾌한 기분으로 하루를 시작할 수 있다.

선택은 당신 몫이다. 만약 운동복으로 갈아입는 방법이 효과가 없으면 샤워를 하면 된다. 샤워를 하고 나면 다시 침실로 돌아가 눈을 붙이기가 '매우' 힘들어진다.

어떤 방법을 선택하든 이 5단계만 밟고 나면 기상의욕등급이 높아져 별 어려움 없이 잠에서 깨어나 미라클 모닝을 실천할 수 있다.

이 5단계 과정을 통해 활기차게 잠에서 깨는 방법과 기상의욕등급이 0점에 가까운 상태에서 알람시계만으로 침실에서 벗어나는 방법을 비교해보자. 알람시계에만 의지하는 쪽이 훨씬 힘들다. 이 5단계를 실천하면 비몽사몽간에 다시 잠들 핑곗거리를 궁리하는 대신 5분여 만에 추진력을 얻을 수 있다.

첫 5분을 버티지 못해 늘 침대를 나오지 못하고 다시 잠을 청하는 사람들이 많을 것이다. 하지만 아침에 눈을 뜨고 나서 일부러 몸을 움직여 잠기운을 몰아내고 나면 하루 내내 목표에 따라 충실하게 살아가는 것이 훨씬 쉬워질 것이다.

미라클 모닝을 위한 아침 기상 팁

이 5단계 5분 과정으로 수많은 사람이 효과를 보고 있다. 이 외에도 아침에 쉽게 일어날 수 있게 해주는 다양한 팁이 있다. 미라클 모닝을 실천하는 사람들에게서 들은 몇 가지 정보를 살펴보자.

- **잠들기 전에 읽는 확신의 말을 이용한다.** 미라클 모닝 사이트www.miraclemorning.com의 '잠들기 전에 읽는 확신의 말'을 참고하자. 이 글을 침대 곁에 두고 매일 밤 잠들기 전에 긍정적인 다짐을 하는 것이다. 이렇게 잠재의식을 조정하면 다음 날 알람이 울렸을 때 다시 눈을 붙이고 싶은 유혹을 보다 쉽게 이기고 활기차게 일어날 수 있다.
- **침실 조명에 불이 들어오도록 설정한다.** 미라클 모닝 커뮤니티의 한 회원은 침실 조명에 타이머를 설정해두었다고 한다(온라인이나 동네 가전기기 판매점에서 구매할 수 있다). 알람이 울리면 침실 전등에 자동으로 불이 환하게 들어온다. 근사한 아이디어다! 침실이 어두우면 다시 잠들기 쉽지만, 불이 환하게 켜지면 우리 몸과 정신은 이제 일어날 시간임을 인지한다. (조명 타이머는 사용하지 않아도 상관없지만 알람시계가 울리면 반드시 곧바로 방 안에 불을 켜는 것이 좋다.)
- **침실 보일러가 켜지도록 설정한다.** 미라클 모닝 커뮤니티의 또 다른 회원은 겨울이면 기상 시간 15분 전에 난방기가 켜지도록 타이머를 설정해둔다고 한다. 아침에 일어날 즈음 실내 온도를 따뜻하게 해두면 추워서 다시 이불 속으로 들어가는 일을 방지할 수 있다.

지금까지 '알람이 울리면 바로 일어나는 5단계 과정'을 살펴봤다. 이보다 좋은 아이디어가 있으면 자신에게 맞게 제외하거나 수정해도 좋다.

당장 행동에 옮겨라!

결단을 내릴 때다.

미라클 모닝을 실천하려고 준비하는 당신에게 지금 이 순간은 중대한 전환점이다. 아침 시간의 힘을 발견해나가는 일에 헌신할지 말지를 결정할 순간이다.

지금 당신 앞에는 갈림길이 놓여 있다.

미라클 모닝의 길로 가면 자신에 대한 기대를 품고 매일 아침 일찍 일어나 활기차게 삶을 재창조할 수 있다. 당신이 처한 현실과 바라는 풍족한 삶 사이에 존재하는 간극을 메우는 길이다. 반면, 그 옆에는 그저 잘 되기를 바라며 지금까지 해오던 대로 사는 길이 있다.

당신이 마음만 먹으면 '지금' 바로 달라질 수 있다. 꾸준하게 그리고 힘들이지 않고 아침 일찍 일어나려면 지금까지 살펴본 단계별 전략을 실행해 기상의욕등급을 효과적으로 높이면 된다.

기다릴 필요가 없다! 내일 아침이나 취침 시간까지 기다리지 말고, 당장 다음의 3가지 전략을 실행하자.

- **당장 평소 기상 시간보다 30~60분가량 앞당겨 알람을 맞추고, 30일간 그대로 실행한다.** 간단하다. 지금부터 30일 동안 30~60분만 더 일찍 일어나는 것부터 시작하자. 그리고 일정표를 꺼내 미라클 모닝 방법론에 따라 실행하며 시간을 기재한다. '내일 아침'이 그 첫 번째 날이

되어야 한다. 이 책을 다 읽을 때까지 기다릴 필요 없다. 새로운 시작을 미루기 위한 핑계일 뿐이다!

- **미라클 모닝 커뮤니티**MyTMMCommunity.com**에 가입한다.** 이곳에 가면 아침형 인간을 지향하는 20만 명 정도의 회원들과 서로 마음을 나누고 도움을 주고받을 수 있다. 이들 가운데 많은 사람이 오래전부터 미라클 모닝을 실천하며 놀라운 결실을 맺고 있다.
- **미라클 모닝을 함께 실천할 짝을 찾는다.** 미라클 모닝을 실천하는 여정을 함께할 사람(배우자나 가족, 친구, 동료 혹은 미라클 모닝 커뮤니티에서 만난 회원)을 찾아 미라클 모닝을 실천하는 습관이 몸에 밸 때까지 서로 격려하고 지원하고 지켜보는 것이 좋다.

만약 이러한 제안에 거부감이 생긴다면 아마 예전에 기상 습관을 바꾸려고 애쓰다가 실패한 경험이 있기 때문일 것이다. 그런 사람은 '13장 미라클 모닝 30일 과정'을 먼저 읽어보자. 이 책의 마지막 장인 13장에서는 미라클 모닝을 실천하는 것에 대해 느끼는 저항감을 극복할 사고방식과 전략을 소개하고 있다. 뿐만 아니라 새로운 습관을 실천하고 이를 꾸준하게 지키는 데 가장 효과적인 절차도 소개한다. 그러니까 당신이 이 책을 끝까지 읽고 나서 떠나게 될 여행을 미리 맛보기로 살펴봐도 좋다는 얘기다. 13장을 먼저 읽는 사람들은 이미 결말을 알고 미라클 모닝 여행을 시작하는 것이다.

인생을 바꿀 투자 기회

1장을 보면서 당신은 아침 시간의 가치에 대해 진지하게 생각해볼 시간을 가졌을 것이다. 수많은 미라클 모닝 회원의 증언을 비롯해 모든 증거를 고려할 때 하나의 강력한 화두가 남는다.

'아침을 시작한다.'가 아니라 '아침을 창조한다.'라는 얘기인가?

당신이 살아갈 인생은 어떤 모습일까. 하루를 시작하는 아침은 인생의 모습을 결정짓는 가장 중요한 시간이다. 설레는 기분으로 아침에 눈을 뜨고, 자신이 세운 목표에 따라 활기차고 생산적으로 아침 시간을 보내는 사람들은 인생에서 성공할 가능성이 높다.

하지만 대부분의 사람은 알람이 울리면 몇 번이고 다시 알림을 재설정하고 해야 할 일을 미루면서 아늑한 이불 속에서 마지막까지 버틴다. 겉으로는 드러나지 않지만 별 탈 없어 보이는 이 행동이 정작 우리의 잠재의식에는 해로운 암시를 보낼 수 있다. 그 결과 잠재의식 속에 잘못된 믿음이 형성된다. 부자가 되는 것을 비롯해 삶에서 바라는 여러 소망을 성취하는 데 필요한 일을 실행하는 것은 고사하고, 아침에 이불을 박차고 일어나는 자제력조차 자신에게는 없다는 믿음이다.

알람이 울리거든 인생을 바꿀 첫 번째 투자 기회가 왔다고 생각하자. 아침은 하루하루가 우리에게 베푸는 선물이자, 이불 밖으로 나올 자제력이 있음을 증명하는 과제이다. 또한 자기계발에 시간을 투자할 수 있는 기회다. 우리는 세상의 다른 사람들이 잠들어 있을 때 자신이 바라는 삶을 창조할 수 있는 역량 있는 사람으로 성장할 기회를 잡아야 한다.

알람이 울리면 침대에 누워 눈을 더 붙일지, 아니면 곧바로 자리에서 일어날지 잠깐 사이에 결정해야 한다. 이 처음 몇 초 동안 자신을 통제하게 되면 향후 당신의 인생에 큰 이익으로 돌아올 것이다. 이것이 부를 쌓기 위한 첫 번째 투자 전략이다.

***

어떻게 아침형 인간으로 탈바꿈했는지 (그리고 그 과정에서 내 삶을 어떻게 변화시켰는지) 묻는 사람들에게 나는 5단계 5분 과정을 차례차례 실행했다고 답한다. 이 과정대로 하면 알람이 울렸을 때 (심지어 '새벽에도') 이전보다 수월하게 일어날 수 있다. 이 전략을 실행하지 않았다면 나는 아직도 알람을 무시하고 내내 잠을 자거나, 아니면 다시 알림을 설정하고 잠을 청하고 있을 것이다. 그보다 더 나쁜 건 아침형 인간이 아니라는 굳은 믿음으로 가능성을 스스로 가로막고 있었을 것이라는 점이다. 그리고 수많은 기회를 놓치고 말았을 것이다.

아침형 인간으로 탈바꿈하는 것이 도저히 불가능하게 느껴지는 심정은 공감한다. 나 역시 예전에는 수시로 다시 알림을 설정하고 늦잠을 잤다. 그러니 당신도 할 수 있다. 미라클 모닝 실천 방식을 그대로 실행한다면 당신도 성공할 수 있다.

기상 습관과 관련해서 매우 중요한 전언이 하나 있다. '당신은 달라질 수 있다.'는 것이다. 대부분의 백만장자가 처음부터 부자가 아니었듯이 대부분의 아침형 인간은 처음부터 아침 일찍 일어나도록 타고난 사람들은 아니다. 이들은 자신의 힘으로 달라졌다. 당신도 해낼 수 있다. 올림픽에 나가는 마라톤 선수처럼 극한의 의지력이 필요한 일이 아니다.

아침 일찍 일어나기는 당신이 하루하루 실천할 수 있는 일이며, 이 일을 반복한다면 당신의 '정체성'이 바뀔 것이다. 그러면 당신은 머지않아 아침을 즐기는 사람이 될 것이다. 그리고 힘들이지 않고 아침에 일어나게 될 것이다.

믿기지 않는가? 의심의 끈을 내려놓고 내일 아침부터 5단계 5분 과정을 실행에 옮겨보라. 이를 실행한 사람들의 삶을 바꿔놓은 것처럼 당신의 삶도 바꿔놓을 것이다. 오늘부터 30일 동안 알람을 평상시보다 30~60분 더 일찍 설정하자. 이는 일어나야 하는 시간에 억지로 일어나지 않고 일어나고 싶은 시간에 일어나기 위해서다.

미라클 모닝 방법론으로 하루를 시작할 때가 왔다. 당신 자신은 물론, 자녀와 가족을 놀라운 수준으로 끌어올리기에 적합한 사람으로 변화할 수 있다.

일찍 일어나서 그 시간에 무엇을 할 것인가? 다음 장에서 보게 되겠지만, 지금은 미라클 모닝의 모든 단계를 알기 전까지 아침 시간에 이 책을 계속 읽도록 하자.

tip

아침형 백만장자

나는 100번 중 95번은 8시간 동안 잠을 자고, 그 결과 100번 중 95번은 잠에서 깰 때 알람이 필요 없다. 잘 만큼 자고 자연스럽게 일어나는 것이 내게는 하루를 시작하는 더없이 좋은 방법이다.

내가 아침마다 하는 의식의 핵심은 대부분 뭔가를 하지 않는 것이다. 그러니까 아침에 눈을 뜨면 스마트폰을 보는 것으로 하루를 시작하지 않는다. 일단 잠에서 깨면 심호흡을 하면서 내가 지닌 것을 돌아보며 감사하고, 하루를 맞이하기 위해 결의를 다진다.

나는 오래전부터 일상에서 여러 작은 변화를 만들어냈다. 일례로, 로스앤젤레스에 살 때는 아침 산책과 걷기를 즐겼다. 나는 새로운 실험에 열린 사람이다. 머지않아 틀림없이 일상의 습관으로 만들고 싶은 새로운 뭔가를 또 익히고 있을 것이다.

알람 버튼은 절대 신뢰하지 않는다. 알람을 이용해야만 할 때는 일어나지 않으면 안 되는 마지막 시간에 맞춰둔다.

—아리아나 허핑턴Arianna Huffington

부자들의 아침 습관 라이프 세이버

: 잠재력을 실현하지 못한 당신의 인생을 구원하는 6가지 습관

"매일 아침 라이프 세이버를 실천하는 일은 하루를 시작하기에 앞서 매일 내 몸과 마음, 영혼에 로켓 연료를 주입하는 일과 같다."
-로버트 기요사키Robert Kiyosaki, 베스트셀러《부자 아빠 가난한 아빠》의 저자

나는 두 차례 큰 시련을 겪었다(첫 번째는 자동차 사고로 6분간 죽음을 경험했을 때고, 두 번째는 2008년 경기 침체로 사업이 실패했을 때다). 당시 나는 어찌할 바를 몰랐고 무기력했다. 내가 아는 선에서 여러 방법을 써봤지만 효과가 없었다. 내가 시도한 모든 방법이 상황을 개선하지 못했다. 나는 다음 단계로 도약하고 싶었고, 가장 빠르고 효과적인 전략을 찾기 시작했다. 그리고 세계에서 가장 성공한 사람으로 손꼽히는 사람들이 이용하는 자기계발 방법들을 연구하며 가장 좋은 방법을 탐구해나갔다.

탐색 끝에 나는 시대에 관계없이 지구상에서 언제나 그 가치를 입증받은 자기계발 방법 여섯 가지를 찾아냈다. 이 방법을 실천하는 사람들은

한결같이 좋은 결실을 맺었다.

먼저 어느 방법을 사용해야 가장 빠르게 자신의 성공을 가속화할지 고민했다. 그리고 아주 단순한 질문 하나로 돌파구를 찾았다. '만약 내가 이 방법을 전부 사용하면 무슨 일이 벌어질까?'

그리고 실험에 돌입했다. 거의 매일 여섯 가지 방법을 전부 실천에 옮긴 지 두 달이 채 안 되어 말 그대로 '기적 같은' 성과를 경험했다. 소득을 두 배 이상 늘렸으며, 조깅을 싫어해 1킬로미터 이상 달려본 적이 없던 나는 훈련을 거쳐 83킬로미터 울트라마라톤 경주에 참가했다. 이 여섯 가지 방법은 인생의 가장 밑바닥에서 나를 구해냈을 뿐 아니라 신체와 정신, 감정과 영혼 측면에서 또 다른 차원으로 역량을 끌어올리는 최상의 방법이었다.

데이비드 오스본 역시 사업을 하며 이와 유사한 도약을 경험했다. 다행히 자동차 사고 같은 극적인 사건은 없었지만, 그의 삶을 변혁한 계기가 있었다. 그는 아침 시간을 장악함으로써 재산 형성에 영향을 미쳤다는 사실은 이미 알고 있었다. 하지만 결정적 차이를 만들어낸 요인은 단순히 일찍 일어나는 일이 아니라, 아침마다 실천한 '매우 구체적인 행위'였다.

그가 백만장자가 되기까지 아침 시간은 크게 영향을 미쳤으며, 그 중심에는 내가 라이프 세이버LIFE S.A.V.E.R.S라 칭한 여섯 가지 방법이 있었다.

간단히 정리해보자. 지금까지 나는 아침이 중요한 이유를 설명하고, 아침형 인간이 되는데 필요한 도구를 제시했다.

이제 당신이 던져야 하는 질문은 자명하다.

'아침에 일어나면 무엇을 할 것인가?'

이 장에서 이 질문에 답하고자 한다.

백만장자의 무기 '라이프 세이버(LIFE S.A.V.E.R.S)'

매일 아침 실행하는 라이프 세이버는 단순하지만 매우 효과적인 자기계발 도구라고 장담할 수 있다. 라이프 세이버를 실천하면 명료한 사고를 기르는 시간을 확보할 수 있다. 세부사항에 얽매이지 않고 조감도를 그리듯이 자신의 인생을 관찰할 수 있게 되면 자신의 방식대로 삶을 계획하고, 그 계획대로 인생을 꾸려나갈 수 있다.

라이프 세이버의 여섯 가지 과정은 매일 아침 당신의 신체와 정신, 감정과 영혼을 최상의 상태에 올려놓는 데 목적이 있다. 매일 이런 상태에서 하루를 시작한다면 당신은 지속적으로 자신을 계발하고 한결같이 좋은 기분을 유지하면서 언제나 최고의 기량을 발휘하게 될 것이다.

당신은 이렇게 말할 수도 있다.

"시간이 없어요. 매일 아침 간신히 나갈 준비를 끝내고 문밖으로 나서는 판인데, 어떻게 여섯 가지나 되는 과정을 실천할 수 있겠어요?"

내 말을 믿어도 좋다. 나 역시 그랬다. 미라클 모닝 방법론을 실천하기

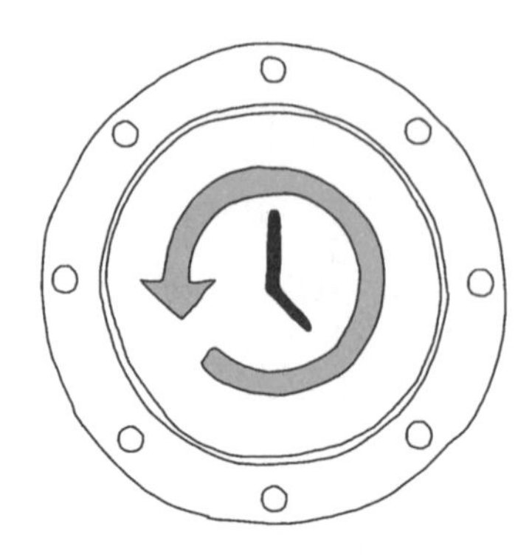

'라이프 세이버는 시간을 멈추거나 늘려주는 능력이 있다.'

전까지 아침에 눈을 뜨면 아수라장이었다. 옷을 차려입고, 밥을 먹고, 그날 첫 일과를 위해 문을 나서기까지 항상 시간이 모자랐다.

하고 싶은 일은 고사하고, 진즉에 마무리했어야 하는 일에도 짬을 내지 못할 형편이라고 항변하고 싶은 기분일 것이다. 나 역시도 미라클 모닝을 알기 전까지는 당신과 마찬가지로 '시간이 없었다.' 하지만 이제 예전보다 시간도 더 많고, 더 부자가 되었으며, 마음은 더 평온하다.

'미라클 모닝을 실천하면 당신에게도 시간이 생긴다.'

이것이 당신이 직접 체험해야 할 미라클 모닝의 비밀이다. 라이프 세이버는 당신의 참모습을 발견하고, 의무감이 아니라 목적의식을 품고 아침에 일어나도록 도와줄 도구다.

라이프 세이버를 실천한다면 우선순위를 명확히 직시하고 가장 생산성이 높은 방식으로 하루를 운용하는 방법을 찾게 될 것이다. 이렇게 하루를 보내다 보면 당신은 더 많은 일을 해낼 것이고, 돌발 상황은 줄어들 것이고, 더 활력이 생겨날 것이다. 다시 말해, 라이프 세이버는 당신에게서 시간을 빼앗는 게 아니라 더 많은 시간을 벌어주는 도구다.

세이버S.A.V.E.R.S의 각 글자는 지구상에서 가장 성공한 사람들이 실천하는 최상의 습관을 대표한다. 일류 영화배우와 세계 정상급 운동선수부터 최고경영자와 기업가에 이르기까지 성공한 사람들이라면 세이버 습관 중에서 어느 하나라도 효과가 없다고 말하는 사람은 없다.

미라클 모닝이 매우 효과적인 이유도 라이프 세이버 때문이다. 세이버는 인간의 의식이 발달한 이후로 수세기에 걸쳐 입증된 최상의 습관 여섯 가지를 각자 필요에 맞춰 조정하도록 하나의 방법론으로 정리한 아침 의식이다. 당신은 여섯 가지 습관이 발휘하는 획기적인 효과를 모두 활용할 수 있다.

세이버S.A.V.E.R.S는 각각 다음을 나타낸다.

- 침묵Silence
- 확신의 말Affirmations
- 시각화Visualization
- 운동Excercise
- 독서Reading
- 쓰기Scribing

세이버는 재산을 형성하는 데 매우 강력한 도구다. 이 여섯 가지 방법을 이용해 당신만의 새로운 미라클 모닝 의식을 만든다면 그 효과가 극대화되어 자기계발을 촉진할 수 있다. 세이버 실행 방안은 당신이 살아가는 방식이나 하는 일, 추구하는 목표에 따라 조정 가능하다. 내일 아침에 일어나 맨 먼저 세이버를 실행에 옮겨보자.

이제, 세이버S.A.V.E.R.S를 항목별로 자세히 살펴보자.

첫 번째 S: 침묵(Silence)

대부분의 사람이 알람 소리로 하루를 시작한다. 그들에게 (어쩌면 당신에게도) 하루의 시작을 알리는 첫 소리는 휴대전화나 시계에서 기분 나쁘게 울려 퍼지는 고음일 것이다.

여기에 '소음 아닌 소음'이 계속해서 이어진다. 손닿는 곳에 놓인 휴대전화는 이메일과 통화, 소셜미디어, 문자 메시지 그리고 그날의 뉴스가 도착할 때마다 시끄러운 소리로 자신의 존재를 알리려고 대기 중이다.

잠시 짬을 내 우리가 보내는 하루를 제3자의 시선으로 살펴보자. 왜 우리는 무엇인가를 처리하기 위해 아침부터 밤까지 허둥지둥 뛰어다니며 애를 먹는가? 왜 그토록 하루를 버거워하는가?

세이버의 첫 번째 글자 S는 '침묵Silence'이다. 매일 아침 목표를 되새기며 조용하게 하루를 시작하는 것이 얼마나 큰 힘이 되는지에 대해 배우는 시간이다. 침묵의 시간에 당신은 스트레스가 감소하고 사고가 명료해져 가장 중요한 일에 집중할 수 있게 된다.

여기서 침묵이 '아무것도 하지 않음Nothing'을 뜻하는 말이라고 생각한다면 한참 잘못 짚었다. 미라클 모닝에서 말하는 침묵은 고도의 (의식적인) 행위이며, 침묵을 실행하는 방법에는 여러 가지가 있다. 특별한 순위 없이 몇 가지를 소개하면 다음과 같다.

- 명상
- 기도
- 성찰
- 심호흡
- 감사하기

세계에서 가장 성공한 사람으로 손꼽히는 사람들 중에는 매일 침묵의 시간을 갖는 이들이 많다. 예를 들어, 오프라 윈프리가 명상을 한다는 사실(또 그녀가 라이프 세이버의 항목을 거의 모두 실천한다는 사실)은 전혀 놀랍지 않다. 뮤지션인 셰릴 크로Sheryl Crow와 폴 매카트니를 비롯해 케이티 페리Katy Perry 역시 초월명상을 실천한다. 영화계와 방송계 스타인 제니퍼 애니스톤Jennifer Aniston, 엘런 드제너러스Ellen DeGeneres, 제리 사인펠드Jerry Seinfeld, 하워드 스턴Howard Stern, 카메론 디아즈Cameron Diaz, 클린트 이스트우드Clint Eastwood, 휴 잭맨Hugh Jackman은 모두 날마다 명상을 한다고 밝혔다. 억만장자로 꼽히는 레이 달리오Ray Dalio와 루퍼트 머독Rupert Murdoch도 날마다 명상을 실천한 덕분에 부를 이루었다고 밝혔다. 당신도 매일 명상하는 습관을 기르면 이들처럼 결실을 맺을 수 있다.

배우 겸 가수인 크리스틴 벨Kristen Bell은 〈쉐이프*Shape*〉 매거진과의 인터뷰에서 이렇게 말했다.

"매일 아침 10분씩 명상 요가를 해보세요. 운전대만 잡으면 야수로 돌변하는 문제든, 남자 문제든, 직장 문제든, 어떤 문제가 있을 때 명상을 하면 모든 게 순리대로 풀립니다."

낯선 영역이라고 해서 겁먹을 것 없다. 명상은 그 형태가 매우 다양하다. 안젤리나 졸리Angelina Jolie는 〈스타일리스트*Stylist*〉 매거진과의 인터뷰에서 이렇게 말했다.

"아이들과 함께 바닥에 앉아 한 시간가량 색칠을 하거나 트램펄린에서 뛰는 행위가 나에게는 곧 명상입니다. 자신이 정말 좋아하는 일, 자신을 행복하게 해주는 일을 하면 돼요. 그 일을 하는 게 명상입니다."

침묵이 주는 선물

분주하게 사는 사람들이 겪는 가장 흔한 부작용 중 하나가 스트레스다. 부를 일구는 과정에서도 이 스트레스는 피할 수 없다. 일정에 없는 불쑥 끼어든 사람 때문에 우리는 언제라도 주의를 빼앗길 수 있으며, 자신이 계획한 일정을 젖혀두고 급한 불부터 꺼야 할 때도 있다. 함께 사는 가족 그리고 함께 일하는 동료와 직원들은 우리를 열 받게 만드는 묘한 재주를 지니고 있다고 생각할 수 있다. 하루를 허둥지둥 시작하는 사람일수록 쉽게 주의를 빼앗기고 주위 사람들에게 예민하게 반응한다.

과도한 스트레스는 건강에 해롭다. 스트레스를 받을 때 사람은 신체를 보호하고자 투쟁하거나 도피 반응을 보이는데, 이때 분비되는 해로운 호르몬은 며칠이 지나도 몸속에 남는다.

미국 심리학 전문지 〈사이콜로지투데이*Psychology Today*〉 온라인 판의 기사에 따르면, '스트레스 호르몬인 코르티솔은 국민 건강을 위협하는 1순위 요소다. 과학자들은 오래전부터 코르티솔 수치가 증가할 때 학습과 기억 능력이 저하하고, 면역 기능과 골밀도가 감소하며, 체중과 혈압, 콜레스테롤 수치가 올라가고, 심장병 등에 걸릴 위험성을 높인다고 밝혔다. 스트레스에 영향을 받는 각종 질병의 목록은 계속 늘어나고 있다. 만성 스트레스와 코르티솔 수치의 증가는 수명을 낮추고, 우울증과 정신질환에 걸릴 위험성을 증가시킨다.'

어쩌다 한번 과도한 스트레스를 겪는 건 괜찮을 수 있지만, 대부분의 사람이 과도한 스트레스에 거의 항상 노출되어 있다는 데 문제가 있다. 당신은 하루에 어느 정도로 스트레스에 시달리는가? 당신이 품은 꿈이나 계획과 동떨어진 채로 발등에 떨어진 불부터 해결해야 하는 상황이 몇 번이나 발생하는가?

코르티솔이 과도하게 분비되는 하루를 보내는 사람들은 아침에 조용하게 명상함으로써 스트레스에 대한 1차 방어선을 형성할 수 있다.

명상을 통해 침묵하는 시간은 스트레스 호르몬인 코르티솔 수치를 낮추고 신체 기능을 향상시킨다. 미국국립보건원National Institutes of Health, 미국

의학협회American Medical Association, 메이오 클리닉Mayo Clinic 그리고 하버드대학과 스탠퍼드대학의 과학자들이 참여해 대규모로 실시한 연구 결과에 따르면, 명상은 스트레스를 줄이고 고혈압을 낮춘다. 또 세계적으로 저명한 정신과 의사인 노먼 로젠탈 박사Dr. Norman Rosenthal가 데이비드 린치 재단과 함께 실시한 최근 연구에 따르면, 명상을 실천한 사람들은 심장질환으로 사망할 가능성이 30퍼센트나 더 낮게 나타났다.

하버드대학에서 실시한 또 다른 연구에 따르면, 8주간 명상을 실천한 경우 '학습과 기억에 중요한 역할을 하는 것으로 알려져 있으며 자기 인지, 동정심, 자기 성찰과 연관된 구조인 해마의 회백질 밀도를 증가시키는 것으로 나타났다.'

비록 짧은 시간일지라도 명상을 하면 심신을 이완하고 정신을 집중하는 데 도움이 된다. 가수 셰릴 크로는 이렇게 말했다.

"삶이 달음박질치는데 거기에 더 이상 끌려 다녀서는 안 된다고 생각했어요. 그래서 명상을 시작했죠. 명상을 하면서 하루하루 사는 속도를 늦추는 데 도움을 받았어요."

그녀는 지금도 아침과 저녁에 20분씩 명상을 하고 있다.

타인을 돕기 전에 먼저 자신의 산소마스크를 확보하듯이, 침묵은 자신을 보호할 수 있는 여백을 제공한다. 침묵 명상을 실천하면 명료한 사고와 평온한 마음을 얻을 수 있다. 또한 스트레스를 완화하고, 인지 능력을 향상시키는 동시에 자신감을 키우는 데 도움이 된다.

명상 앱과 명상 가이드 프로그램

처음 해보는 일은 어렵게 느껴지듯, 한 번도 명상을 해본 적이 없다면 처음에는 명상을 하는 것이 힘들거나 어색하게 느껴진다. 명상에 처음 도전하는 사람이라면 안내자의 지도를 받으면서 시작하기를 권한다. 이를 위한 명상 앱 몇 가지를 소개하려고 한다. 아이폰 및 아이패드와 안드로이드 기기에서 사용 가능하다.

- 헤드스페이스Headspace
- 캄Calm
- 옴바나Omvana
- 심플리 빙Simply Being
- 인사이트 타이머Insight Timer
- 오크Oak

명상 앱마다 조금씩 차이가 있는데, 결정적인 차이는 목소리로 명상을 안내하는 앱이 있고 그렇지 않은 앱이 있다는 것이다.

만약 앱을 내려받을 기기가 없다면 유튜브나 구글 사이트에서 '명상 가이드Guided meditation'를 검색하면 된다. 명상 시간(예를 들어, '5분 명상 가이드')이나 주제(예를 들어, '자신감 향상을 위한 명상 가이드')를 중심으로 검색해도 좋다.

미라클 모닝 개인 명상

혼자서 명상해볼 것을 마음먹은 사람이라면 다음의 단계별로 소개하는 명상법을 참고하기 바란다. 처음 명상을 하는 사람이라도 미라클 모닝 시간에 따라 할 수 있는 간단한 명상법이다.

우선 시작하기에 앞서 기대를 품고 마음의 준비를 하는 게 중요하다. 마음을 잔잔히 가라앉히고 끊임없이 맴도는 생각을 물리쳐야 한다. 우리는 과거를 곱씹거나 미래를 걱정하느라 정작 현재를 충실하게 살지 못한다. 잠시 스트레스를 털어버리고, 자신이 안고 있는 문제에 대한 걱정을 내려놓고 현재에 주의를 집중한다. 당신이 소유한 것, 당신이 하는 일, 당신이 생각하고 받아들인 정체성보다 더욱 내밀한 차원에 존재하는 본질에 다가가 진짜 당신이 누구인지 발견하는 시간이다.

이런 말이 생소하게 들리거나, 뉴에이지 운동을 연상케 해서 부담스러울지도 모른다. 괜찮다. 마음을 열고 한번 시도해보기를 권한다. 다음에 소개하는 명상법은 매우 쉽다.

- 조용하고 편안한 장소를 찾아 의자나 소파, 방바닥에 앉는다. 방석을 깔고 앉아도 좋다.
- 책상다리를 하고 허리를 반듯하게 세워 앉는다. 눈을 감거나 아니면 앞쪽의 약 60센티미터 거리의 한 지점을 내려다본다.
- 호흡에 집중하며 천천히 깊게 숨을 들이쉰다. 코로 숨을 들이쉬고, 입으로 숨을 내쉰다. 제대로 호흡을 하면 가슴이 아니라 복부가 팽

창한다.

- 이제 호흡의 리듬을 찾는다. 속으로 3초를 세면서(하나, 하나 반, 둘, 둘 반, 셋) 천천히 숨을 들이쉬고, 다시 3초를 세며 호흡을 참는다. 그리고 3초를 세면서 천천히 숨을 내뱉는다. 호흡에 주의를 집중하면서 생각과 감정이 잠잠해지는 것을 느낀다.
- 생각을 비우려 해도 어느새 또 다른 생각이 비집고 들어올 것이다. 생각이 들어오면 이것을 알아차리고 다시 밀어내면서 계속 호흡에 주의를 집중한다.
- 지금 이 순간, 즉 '현재에 존재'하는 상태에 온전히 집중한다. 생각하지도 않고 행동하지도 않고 그저 그 순간에 머무는 것이다. 호흡을 계속 따라가면서 들숨에는 사랑과 평온이 깃든 긍정적인 에너지를 마시고, 날숨에는 모든 걱정과 스트레스를 내뱉는다고 상상한다. 고요를 음미하고, 그 순간을 즐긴다. 그저 호흡하면서 그 순간에 존재한다.
- 만약 끊임없이 잡념이 떠오르면 숨을 들이쉬고 내쉬는 동안 하나의 단어나 구절, 즉 만트라를 되뇌며 거기에 집중하면 도움이 된다. 예를 들어보자. (숨을 들이쉬며) "나는 자신감을 들이쉰다…." (숨을 내쉬며) "나는 두려움을 내쉰다…." 이때 '자신감' 대신에 당신에게 필요한 말(사랑, 믿음, 활력 등)로 대체해도 좋다. 또 '두려움'이라는 말 대신에 삶에서 버리고 싶은 말(스트레스, 걱정, 원망 등)로 대체해도 좋다.

명상은 매일 자신에게 줄 수 있는 좋은 선물이다. 미라클 모닝을 실천하는 수많은 사람이 명상 시간을 좋아하는 단계로 꼽았다. 이 시간에 그들은 일상의 스트레스와 근심으로부터 벗어나 자유롭고 감사한 마음을 경험하며 마음의 평온을 되찾았다.

명상의 시간을 당신이 겪는 문제로부터 벗어나 잠시 휴가를 떠나는 시간이라고 생각하자. 명상을 한다고 해서 그 문제가 사라지지는 않겠지만, 전보다 집중해서 문제를 해결할 역량을 갖추게 된다.

라이프 세이버 과정을 실천하는 사람들 중에는 침묵 명상 시간을 건너뛰고 눈에 보이는 구체적인 활동 단계로 바로 넘어가려는 경우가 많다. 침묵하는 시간을 가볍게 여겨 이런 유혹에 굴복하지 말고, 어떤 방식으로든 침묵 시간을 확보해야 한다.

침묵 시간을 어떤 형태로 보낼지는 당신이 결정할 몫이다. 나의 경우는 침대에서 침묵의 시간을 보낸다. 침대에서 일어나면 아내가 잠에서 깰 때가 많아 아내의 수면을 방해하고 싶지 않아서 선택한 방식이다. (다만 침대에서 침묵의 시간을 보내는 방식은 초보자에게는 쉽지 않다. 불을 켜지 않은 어두컴컴한 방에 누워 있으면 쉽게 잠이 드는 사람에게 권장하지 않는 방법이다. 만약 잠을 깨는 데 애를 먹는 사람이라면 2장에서 제시한 5단계 5분 과정을 실천하기 바란다.)

매일 아침 침대에 누워 내가 가진 것을 떠올리며 감사하는 마음을 연습한다. 비범한 삶을 일구는 데 반드시 필요한 자질은 감사하는 자세이다. 감사하는 마음이 습관이 될 때 감정에 휘둘려 일을 그르칠 확률이 줄어들고, 당신이 바라는 소망을 더 많이 실현할 수 있게 된다.

아침에 잠에서 깨어나면 침대에 누운 채로 눈을 감고 아이들과 아내, 건강 그리고 좋은 사업 파트너들을 생각하며 지금 누리고 있는 행복에 감사한다. 이 모두가 부를 쌓고 가치 있는 인생을 사는 데 없어서는 안 될 각자의 역할을 담당하고 있다고 생각하며, 모든 것에 감사한 마음을 갖는다.

두 번째 A: 확신의 말(Affirmation)

왜 어떤 사람들은 하는 일마다 능숙하게 처리하고, 당신은 꿈도 꾸기 힘든 성공을 꾸준하게 성취하는지 의문을 품어본 적이 있는가? 반면에 왜 어떤 사람들은 매번 실수를 저지르고, 오는 기회마다 족족 날려버리는지 의문을 품어본 적이 있는가?

거듭 강조하지만 이미 밝혀졌듯이 어떤 일에 성과를 창출해내는 원동력은 그 사람이 지닌 사고방식이다.

사고방식이란 개인의 신념, 태도, 감성지능을 모두 결합한 것이라고 정의할 수 있다. 캐롤 드웩Carol Dweck은 그녀의 책 《마인드셋*Mindset: The New Psychology of Success*》에서 이렇게 말했다.

"20년에 걸친 내 연구 결과에 따르면 자기 자신을 바라보는 관점이 인생을 이끌어가는 방식에 지대한 영향을 미친다."

사고방식은 부를 창출하는 데에도 매우 중요하다. 사고방식은 당신이 사용하는 언어나 자신감, 행동에 고스란히 묻어난다. 사고방식은 '모든 것'에 영향을 미친다. 사고방식이 훌륭한 사람은 백만장자가 되어가는 중이라고 확신할 수 있다.

백만장자가 되기까지 여러 차례 난관을 만나게 되는데, 그때마다 올바른 사고방식(자신감, 열정, 의욕)을 유지하는 것이 얼마나 어려운 일인지 경험을 통해 잘 알고 있다. 사고방식은 무의식중에 형성되기 때문이다. 우리는 잠재의식 차원에서 짜인 프로그램에 따라 특정한 방식으로 생각하고 믿고 행동하고 자신과 대화한다.

타인이 우리에게 하는 말과 우리가 자신에게 하는 말, 긍정적이든 부정적이든 우리가 살면서 겪은 모든 경험을 비롯해 여러 요인이 이 잠재의식의 프로그램에 영향을 미친다. 그리고 이렇게 형성된 사고방식은 돈과 관련된 우리의 정서, 생각, 행동은 물론이고 삶의 모든 영역에서 영향력을 발휘한다. 우리가 경제적으로 풍족한 삶을 원한다면 사고방식을 개선해야 한다는 뜻이다.

확신의 말은 이 작업을 수행하기 위한 도구다. 확신의 말을 되뇌면서 목표의식을 다지고, 목표를 실행하기에 알맞은 동기와 긍정적 사고방식을 강화한다. 어떤 사람이 되고 싶은지, 무엇을 성취하고 싶은지, 그 목표를 어떻게 이룰 것인지 자기 자신에게 반복해서 얘기할 때 우리의 잠재의식은 신념과 태도를 바꿔나간다. 새로운 방식을 굳게 믿고 실행에 옮긴다면 '확신의 말'을 하나하나 현실로 실현하게 될 것이다.

당신이 소망하는 모든 일을 성취할 수 있는 사람으로 보다 빨리 변화하는 데 다짐과 확신의 말이 (올바르게 실천한다는 전제하에) 매우 효과적인 도구라는 사실을 뒷받침하는 연구 결과가 많다. 하지만 이 과정을 실천하다가 실망한 사람들도 많아서 부당한 비난을 받기도 한다. 그렇다면 확신의 말을 습관으로 삼아 반드시 성과를 내는 방법을 알아보자.

옛날 방식으로 확신의 말을 실천하면 효과가 없는 이유

셀 수 없이 많은, 이른바 영적 지도자와 전문가들이 오래전부터 확신의 말을 이용한 자기 암시 기법을 가르쳤다. 하지만 그 방식은 유효하지 않은 것으로 드러났고, 이를 실천한 사람들은 실패할 수밖에 없었다. 확신의 말을 실천하는 사람들이 흔히 저지르는 두 가지 문제가 있다.

문제점 1. 자신에게 거짓말하는 것은 효과가 없다

"나는 백만장자다." – 진정으로 그렇게 느끼는가?

"나는 체지방률이 7퍼센트다." – 진심으로 그렇게 생각하는가?

"올해의 목표를 모두 달성했다." – 진짜로 그렇게 느끼는가?

대부분의 사람이 확신의 말을 실천하면서 효과를 거두지 못하는 가장 큰 이유를 꼽자면, 자신이 이미 대단한 존재가 되었거나 대단한 일을 달성한 것마냥 말을 지어내는 데 있다. 진실에 뿌리를 두지 않은 확신의 말을 되뇔 때마다 우리의 잠재의식은 그런 진술에 거부감을 느낀다. 자신을 속이는 말을 반복하는 행위는 과대망상에 빠지지 않은 지적인 인간에게는 결코 최적의 전략이 될 수 없다. 언제나 진실이 승리한다.

문제점 2. 수동적인 언어는 성과를 만들어내지 못한다

확신의 말 중에는 우리가 욕망하는 것이 실현될 것이라는 허황된 다짐으로 그저 기분을 좋게 만드는 경우가 많다. 예를 들어, 세계적으로 이름난 자기계발 전문가들이 돈과 관련해서 강조해온 확신의 말이 있다.

"나는 돈을 끌어당기는 자석이다. 돈이 내게 흘러들어오니 저절로 풍족해진다."

이런 종류의 확신의 말을 하게 되면 그 순간에는 마치 돈 걱정에서 벗어난 듯 안도감을 느낄 수 있다. 하지만 이는 거짓이기 때문에 어떤 소득도 생기지 않는다. 가만히 앉아서 마법처럼 하늘에서 돈이 떨어지기를 기다리는 사람들은 백만장자가 되지 못한다.

우리가 원하는 만큼 재산이 생기도록 하려면 (혹은 우리가 바라는 성과가 실현되도록 하려면) 실제로 뭔가 해야만 한다. 바라는 성과가 있다면 그에 일치하는 행동을 해야 한다. 그리고 확신의 말에는 목표 성과와 그것에 필요한 행동을 모두 기술하고 또 확언하는 내용을 담아야 한다.

성과를 만드는 '확신의 말' 작성하기

미라클 모닝에 적용할 확신의 말을 성과 중심으로 작성하고 실천에 옮기는 간단한 방법을 단계별로 살펴보자. 확신의 말은 우리 의식과 잠재의식에 영향을 미쳐 행동을 개선하므로 일상생활에서든 직장생활에서든 지금까지 경험하지 못한 성공을 거두게 할 것이다.

1단계: 자신이 달성하고 싶은 이상적인 성과와 그 이유를 파악한다

원하는 것을 단순히 확언하면 되는 것이 아니다. 사람들은 모두 뭔가를 원하지만 원하는 것을 모두 얻지 못한다. 전심전력을 다해 노력한 것만 얻을 수 있다. 백만장자가 되고 싶은가? 누군들 부자를 마다하겠는가? 꿈꾸는 행위는 누군가의 전유물이 아니므로 마음껏 꿈꿔도 좋다. 하지만 꿈꾸는 데 그치지 않고 백만장자가 되려면 어떤 일을 해야 하는지 정확하게 파악하고, 그 일들을 실행하는 데 매진한다면 어떻게 될까? 이 책에서 바로 그 얘기를 하고 있는 것이다.

• 방법

자신이 바라는 놀라운 성과(쉽지 않은 목표이지만 자신의 삶을 크게 향상시킬 수 있고, 이를 위해 기꺼이 헌신할 준비가 되어 있는 목표)를 구체적으로 적는다. 그 목표를 어떻게 달성할지 아직 생각나지 않는다고 해도 괜찮다. 목표를 기술하고 나서 그 목표에 매진하려는 이유를 추가해 선언문을 완성한다.

• 예시

"나는 가능한 한 건강하게 사는 일에 전적으로 헌신한다. 그래야 내가 하는 사업과 주변 사람들에게 충실하게 집중할 에너지를 얻기 때문이다."

"앞으로 12개월 안에 _______원에서 _______원까지 소득을 두 배로 늘리는 일에 헌신한다. 그래야 내 가족이 경제적으로 안정된 삶을 누릴 수 있기 때문이다."

2단계: 실행 방안과 목표 달성 시기를 구체적으로 기술한다

어떤 일에 매진할지 실행 방안을 다짐하지 않은 채 목표 성과만 단언하는 식으로 확신의 말을 작성하면 아무 의미가 없다. 바라는 목표만 다짐하게 되면 잠재의식을 속여 아무 노력도 없이 목표가 저절로 이루어질 거라고 착각하는 역효과를 낳을 수 있다.

• 방법

바라는 성과를 달성하기 위해 해야 하는 일이나 활동 혹은 습관을 구체적으로 명시하고, 언제 또 얼마나 자주 그 일을 실천할 것인지 분명하게 기술한다.

• 예시

"가능한 한 건강하게 살기 위해 일주일에 5일 헬스장에 가기로 다짐한다. 그리고 매일 아침 6시에서 7시 사이에 최소 20분간 러닝머신에서 운동하는 데 전념한다."

"소득을 두 배로 늘리기 위해 무슨 일이 있어도 영업 전화를 20통에서 40통으로 늘리고, 주 5일간 아침 8시에서 9시 사이에는 통화하는 일에 전념한다."

실행 방안은 구체적일수록 좋다. 횟수(얼마나 자주)와 분량(얼마나 많이), 실행 시간(해당 활동을 언제 시작해서 언제 끝낼지)을 정확하게 기술해야 한다.

3단계: 매일 아침 감정을 담아서 확신의 말을 되뇐다

확신의 말을 작성하고 미라클 모닝을 실천하는 이유는 그저 기분을 좋게 만들고자 함이 아니다. 우리가 바라는 성과를 달성하기에 알맞은 사고방식과 믿음을 잠재의식에 주입하는 것이다. 또한 매일 의식적으로 다짐을 반복함으로써 최우선 순위에 주의를 집중하고 목표 달성에 필요한 일을 실행하도록 만들기 위해서다.

확신의 말이 유효하려면 다짐을 되뇌는 순간에 감정을 이입해야 한다. 아무 감정 없이 확신의 말을 되뇌어서는 효과가 작을 수밖에 없다. 자신이 바라는 소망이 실현된다는 기대감에 부풀어도 좋고, 이 꿈을 반드시 실현하고 말겠다고 굳은 결의를 다져도 좋다. 확신의 말을 한 문장 한 문장 되뇌일 때마다 진심 어린 감정을 실어야 한다.

어떤 사람이 되어야 목표에 맞는 과제를 수행하고, 내가 바라는 성과를 달성할 수 있는지 알아야 한다. 다시 말하지만, 확신의 말은 마법이 아니다. 이 전략은 목표를 성취하는 과정에서 자신이 어떻게 변화해야 하는지 인식하고, 그런 사람이 되려고 노력할 때 효과가 있다. 내가 원하는 성과를 창출하는 힘은 다른 어떤 활동보다도 내가 어떤 사람이 되느냐에 달려 있다.

• 방법

매일 아침 미라클 모닝을 실천하며 확신의 말을 언제 읽을지 정한다. 확신의 말을 읽으면서 잠재의식을 다시 프로그래밍하고, 동시에 자신에게 가장 중요한 일과 목표를 실현하기 위해 전념하기로 한 일에 주의를 집중한다. 확신의 말은 반드시 매일 읽어야 한다. 확신의 말을 어쩌다 한 번씩 읽는다면 그 효과는 어쩌다 한 번씩 운동하는 것과 같다. 이 행동이 하루 습관으로 자리 잡았을 때 성과가 나타나기 시작할 것이다.

욕실은 확신의 말을 되풀이하기에 좋은 장소다. 확신의 말을 인쇄한 종이를 코팅해 욕실에 붙여두고 매일 샤워할 때마다 자연스럽게 그 글을 읽는다. 확신의 말을 상기할 수 있는 장소마다 선언문을 놓아두어도 좋다. 자동차의 햇볕 가리개 밑이나 유리에 붙여두자.

확신의 말을 자주 접할수록 잠재의식이 자극을 받아 사고방식과 행동이 바뀔 가능성도 커진다. 보드 마커로 거울 등에 직접 확신의 말을 적어보는 것도 좋다.

4단계: 확신의 말을 지속적으로 갱신한다

당신이 성장하고 발전하는 만큼 확신의 말도 그에 따라 진화해야 한다. 새로운 목표나 꿈이 생겼다면, 즉 인생에서 또 다른 놀라운 업적을 실현하기로 마음먹었다면 확신의 말에 그 내용을 추가하자.

예를 들어, 삶의 중요한 영역(재정, 건강, 행복, 관계, 양육 등)마다 확신의 말을 작성해두고 새롭게 깨우친 것이 있을 때 그 내용을 갱신한다. 또한 사고방식을 개선하기 위해 귀담아들을 만한 전략이나 철학이 담긴 인용문이 있는지 늘 눈여겨본다. 가슴을 울리고 영감을 주는 인용문이나 철학을 접할 때마다 이렇게 쾌재를 불러야 한다.

"아, 이런 점은 미처 생각하지 못했는데 이렇게 하면 부족한 부분을 크게 개선할 수 있겠구나."

그리고 그 내용을 확신의 말에 추가하자. 낙관적인 태도로 하루를 시작하고 싶다면 다음과 같이 긍정적인 사고를 할 수 있는 확신의 말과 구호를 사용해보자.

"오늘 하루 근사한 날이 될 것이다."
"오늘 하루 일이 술술 풀릴 것이다."
"나는 유용한 도구가 되어 좋은 성과를 이룰 것이다."

확신의 말들은 1인칭 시점에서 기술하고 자신이 처한 상황에 맞게 수정하는 게 좋다. 잠재의식을 변화시키려면 구체적으로 기술해야 한다. 즉 확신의 말을 새로 갱신할 때는 자신이 힘써 이루고자 하는 놀라운 성과의 내용과 그 성과를 내는 일이 왜 자신에게 중요한지 이유를 기술해야 한다. 또 그 성과를 내기 위해 구체적으로 무슨 일을 해야 하는지, 그리고 자신이 소망하는 (혹은 받을 자격이 있는) 놀라운 성과를 언제까지 성취할지 기간을 명시하는 게 무엇보다 중요하다.

최고의 부자가 되기 위한 확신의 말

확신의 말을 작성하는 공식에 따라 당신에게 도움이 될 수 있는 예시 문장을 소개하려고 한다. 깨달음을 주거나 공감이 되는 문장이 있으면 자유롭게 응용해도 좋다.

- 나는 누구 못지않게 가치 있고, 역량 있으며, 부자가 될 자격이 있다. 오늘 나는 행동으로 이 사실을 입증할 것이다.
- 나의 현재 상황은 과거에 내가 살았던 결과다. 하지만 앞으로 내가 있을 자리는 오늘부터 내가 선택하는 행동에 달려 있다.
- 나는 매일 30~60분 동안 미라클 모닝과 세이버 습관을 실천하는 데 매진할 것이다. 또한 쉬지 않고 나를 개조해 삶에서 원하는 것들을 성취할 수 있는 사람이 될 것이다.
- 나는 날마다 새로운 것을 배우고, 내 역량을 향상하는 데 집중할 것이다. 여기에 유용한 책을 매달 적어도 한 권 이상 읽을 것이다.
- 나는 매일 최적의 상태에서 기능하기 위해 필요한 과제를 실천하며, 이 과정에서 나를 끊임없이 개선할 것이다.
- 나는 집중력을 잃지 않고, 심신을 건강하게 유지하고, 건전한 관점을 유지하기 위해 매주 그리고 매달 '전자기기를 사용하지 않는' 기간을 정해두고 이를 힘써 실천할 것이다.
- 나는 매일 20분씩 운동에 매진할 것이다.

확신의 말을 어떻게 작성하는지 몇 가지 사례를 살펴봤다. 여기서 공감하는 내용이 있으면 그대로 써도 좋지만, 앞에서 설명한 4단계 공식에 따라 직접 작성하는 게 가장 이상적이다. 진실한 감정을 실어 반복하는 말은 잠재의식에 스며들어 새로운 신념을 형성하게 되고, 그 신념은 행동으로 나타나게 된다.

자신의 한계를 재설정하고 새로운 태도를 형성하는 게 가능하다니 얼마나 신나는 일인가. 잠재의식 속에 심어진 프로그램은 얼마든지 바꿀 수 있다. '지금 당장' 시작해보지 않겠는가?

세 번째 V: 시각화(Visualization)

시각화는 세계 정상급 운동선수들 사이에서는 오래전부터 잘 알려진 훈련 기법이다. 올림픽 선수들을 비롯해 여러 영역의 전문가들이 기록 향상을 위해 매일 일정한 시간에 시각화를 활용한다.

잘 알려지지 않은 사실이지만, 성공한 기업가와 최고의 재력가들도 시각화 기법을 자주 사용한다.

우리는 상상력을 이용해 자신이 바라는 흥미진진한 미래상을 시각화할 수 있다. 이렇게 구체적으로 미래를 그려보면 자신의 생각을 분명하게 정리할 수 있고, 그 비전을 실현하고 싶은 의욕이 커진다.

시각화가 왜 효과가 있는지 알고 싶다면 '거울신경세포Mirror neurons'를 검색해보라. 신경세포는 뇌와 다른 신체 부위를 연결해주는 세포다. 거울신경세포는 우리가 특정한 움직임을 수행하거나 다른 사람의 움직임을 관찰할 때 활성화된다.

비교적 신생 연구 분야인 신경과학에서도 이에 대한 연구가 한창 진행 중이다. 하지만 이미 밝혀진 바에 따르면 우리는 타자의 행동을 관찰하는 행위나 자기 자신의 행동을 그려보는 시각화를 통해 역량을 향상할 수 있는데, 여기에 관련되는 부분이 거울신경세포다. 몇몇 연구 결과를 보면 숙련된 역도선수는 시각화 훈련만으로도 근육을 강화할 수 있는데, 이를 가능케 하는 것이 거울신경세포이다.

우리 뇌는 생생하게 시각화한 경험과 실제 경험을 구분하지 못한다. 만약 시각화의 힘에 대해 의심을 품고 있다면, 이제는 과학자들이 밝힌 연구 결과를 열린 마음으로 들어야 할 때다!

무엇을 시각화할 것인가

나는 위험을 감수해야만 하는 어려운 목표를 달성하기 위해 시각화를 이용했다. 가벼운 조깅조차 싫어했던 내가 83킬로미터 울트라마라톤 대회에 출전하기로 (그리고 공개적으로) 결심한 것이다. 나는 5개월에 걸친 훈련 기간 내내 미라클 모닝 시각화를 실천하면서 운동화 끈을 매고 웃는 얼굴로 힘차게 도로를 달리는 모습을 생생하게 그렸다. 그렇게 함으로써 실제 훈련에 들어가면 이미 긍정적이고 즐거운 마음으로 달릴 자세가 되어 있었다.

부를 일구기 위해 해야 하는 일 혹은 아직 능숙하게 익히지 못한 기술 등 무엇이든 시각화를 활용할 수 있다. 그동안 습관적으로 저항하고 미루기 일쑤였던 활동도 시각화 과정을 통해 심적으로 그 활동을 재미있게 받아들이게 할 수 있다. 시각화할 수 있는 대상에는 어떠한 제약도 없다. 다만 같은 노력을 기울이더라도 좀 더 나은 결과를 얻게 해주는 방법은 있다.

미라클 모닝 시각화 3단계

시각화는 확신의 말과 좋은 짝을 이룬다. 아침에 확신의 말을 되뇐 후 곧바로 이어서 시각화를 실천하면 좋다. 확신의 말을 읽은 뒤야말로 그 글의 내용과 일치하게 생활하는 자신의 모습을 시각화하기에 가장 완벽한 타이밍이다.

수많은 미라클 모닝 실천가가 따르는 시각화 3단계를 살펴보자.

1단계: 준비

어떤 사람들은 시각화 중에 클래식 음악이나 바로크 음악(바흐가 작곡한 곡으로 검색하면 된다.)처럼 연주곡을 배경음악으로 틀어놓는 것을 선호한다. 만약 배경음악을 들으면서 시각화하고 싶다면 가급적 볼륨을 낮추고 하는 것이 도움이 된다. 가사가 들리는 곡은 주의를 집중하는 데 방해가 될 수 있기 때문이다.

편안한 자리에 허리를 반듯하게 세우고 앉는다. 의자나 소파에 앉아도 좋고 방바닥에 방석을 깔고 앉아도 좋다. 그리고 심호흡을 한다. 눈을 감고, 마음을 비우고, 스스로 부여한 제약이나 편견에서 벗어나면 시각화가 가져다줄 혜택을 누릴 준비가 끝난 것이다.

2단계: 자신이 소망하는 모습을 시각화한다

많은 사람이 자신의 성공한 모습을 시각화하는 것을 어색하게 여기고, 무의식중에 성공을 두려워한다. 성공한 모습을 시각화하는 것에 거부감을 느끼는 사람들도 있다. 어떤 사람들은 자신이 나머지 95퍼센트를 밟고 올라서 성공해야 한다는 사실에 죄책감을 느끼기도 한다.

시각화를 시도할 때 심적으로 거부감이 드는 사람이 있다면 마리앤 윌리엄스Marianne Williamson이 한 유명한 다음의 말을 상기하기 바란다.

"우리가 가장 겁내는 것은 자신이 무능하다는 사실이 아니다. 우리가 가장 겁내는 것은 자신이 측량하지 못할 만큼 유능할지도 모른다는 사실이다. 우리를 가장 떨게 하는 것은 우리 안에 있는 어둠이 아니라 우리 안에 있는 빛이다. 우리는 스스로에게 묻는다. '내가 뭐길래 똑똑하고, 잘생기고, 유능하고, 훌륭한 사람이 되겠는가?' 하지만 다시 물어보자. 당신이 그런 사람이 되지 못할 이유가 무엇인가? 당신은 신의 자녀다. 자기 자신을 모자라게 생각하는 사람은 세상에 아무 도움이 되지 못한다. 주변에 있는 사람들이 자신 때문에 불안해할까 봐 움츠리는 사람은 세상을 밝힐 수 없다. 어린아이들이 주변을 밝히듯 우리도 환하게 빛을 발해야 한다. 우리는 자기 안에 있는 신의 영광을 드러내기 위해서 태어났다. 몇몇 사람이 아니라 우리 모두는 빛을 안고 있다. 우리 안에 있는 빛을 숨기지 않고 환히 빛나게 함으로써 우리는 다른 사람들도 똑같은 일을 해내도록 도울 수 있다. 우리가 자기 안의 두려움에서 벗어나는 길이 곧 다른 사람들이 두려움에서 벗어나도록 돕는 길이다."

자기 가능성을 온전히 실현하며 사는 삶이야말로 사랑하는 사람들(과 당신이 이끄는 사람들)에게 베풀 수 있는 가장 큰 선물이다. 그런 삶은 어떤 모습일까? 당신이 진정으로 바라는 삶은 어떤 모습인가? 논리나 한계,

현실적인 문제는 잠시 잊자. 만약 당신이 개인적으로나 직업적으로 가능성을 모두 실현해 정점에 오른다면 과연 어떤 모습일까?

당신이 떠올린 그 모습을 하나하나 세밀하게 보고, 느끼고, 들어보고, 손으로 만져도 보고, 맛도 보고, 냄새도 맡아보라. 모든 감각을 동원해 효과를 극대화하자. 당신이 떠올린 비전이 생생할수록 이를 실현하기 위해 당신은 해야 할 일을 더욱 열심히 하게 된다.

3단계: 과제를 실행하고 즐기는 자신의 모습을 시각화한다

자신이 원하는 삶을 머릿속에 또렷이 그려보았다면, 이제는 그 미래를 실현하는 데 필요한 과제를 정확히, 또 자신 있게 수행해나가는 자신의 모습을 그려본다. 또한 그 모든 과정을 즐기는 모습도 그려본다. 꼭 필요한 일(운동, 글쓰기, 영업, 프레젠테이션 발표, 강연, 전화통화, 이메일 보내기 등)을 자신이 수행하고 있는 모습을 그려본다. 벤처투자 기업을 찾아가 자신만만한 얼굴로 투자 설명회를 진행하는 모습과 그때의 느낌, 자신이 세운 규율을 철저하게 지켜나가는 자신을 뿌듯해하며 미소 띤 얼굴로 러닝머신 위를 달리는 모습. 다시 말해, 예전에는 전혀 반기지 않았던 일이나 과제에 흠뻑 빠져서 즐기는 자신의 모습을 시각화한다. 반드시 해야 할 일을 즐기면서 할 때 자신이 어떤 표정을 지을지, 또 어떤 기분일지 그려본다.

당신이 대담하고 꾸준하게 사업을 키워나갈 때나 더 많은 계약을 체결했을 때, 혹은 유능한 투자자로서 자신의 결정이 높은 수익으로 돌아왔을 때 투지 넘치는 자신의 얼굴을 그려본다. 그리고 함께 일하는 동료와 직원, 혹은 고객과 동업자들이 긍정적인 에너지를 발산하고 늘 믿음직한 당신을 어떻게 대하는지 그 모습을 그려본다.

뛰어난 성과를 올리기 위한 첫걸음은 뛰어난 성과를 올린 자신을 미리 상상해보는 것이다.

시각화에 대한 마지막 당부

매일 아침, 확신의 말을 읽은 후 최상의 역량을 발휘하는 자신의 모습을 곧바로 시각화할 때 잠재의식을 더욱 강하게 자극해 성공을 앞당길 수 있다. 날마다 시각화를 실천하면서 생각과 감정, 태도를 꿈꾸는 비전과 일치시킬수록 목표를 달성하려는 동기를 유지하기가 더 쉽다.

시각화는 매우 강력한 도구다. 자기 자신을 제약하는 생각은 물론, 일을 미루는 버릇을 비롯해 자기 자신을 제약하는 습관을 극복하도록 도와준다. 그리고 놀라운 성과를 달성하기 위해 꼭 해야 하는 일을 더 쉽게 실천에 옮기도록 도와준다.

'5장 두 번째 수업: 당신은 백만장자다'에서는 백만장자가 되는 미래를 시각화하는 방법을 더 자세히 살펴볼 것이다.

네 번째 E: 운동(Exercise)

운동은 미라클 모닝에서 빼놓을 수 없는 요소다. 단 몇 분이라도 매일 운동을 하는 사람은 건강해지고, 자신감과 행복감이 커지고, 판단력과 집중력이 좋아진다. 뿐만 아니라 매일 꾸준히 운동을 하면 체력이 부쩍 좋아지는 것을 느낄 수 있다.

자기계발 전문가이자 자수성가한 백만장자 기업가인 에벤 파간Eben Pagan과 토니 로빈스Tony Robbins는 성공의 이유에 대해 무엇보다 매일 아침 자신만의 성공 습관을 실천한 덕분이라고 입을 모아 말한다. 두 사람의 성공 습관에는 모두 아침 운동이 포함된다. 파간은 아침 운동의 중요성을 이렇게 지적했다.

"아침마다 심장박동수를 높여 혈액순환이 잘되도록 하고 폐에 산소를 가득 채워야 한다. 나는 보통 한낮이나 저녁에 운동하길 좋아하지만, 그 대신에 아침에 최소 10~20분간 팔벌려뛰기도 좋고 에어로빅도 좋으니 빼먹지 말고 운동을 하자."

파간과 로빈슨에게 아침 운동이 효과가 있었다면 우리에게도 분명 효과가 있을 것이다.

철인 3종 경기나 마라톤 같은 거창한 운동을 해야 하는 게 아니다. 운동하는 것을 부담스럽게 생각할 필요가 없다. 특히 운동과 담을 쌓고 살던 사람에게는 적당한 운동이 인생을 바꾸는 결정적 사건이 되기도 한다. 이미 충분히 운동을 하는 사람이라면, 아침 운동 때문에 현재 하고 있는 오후 운동이나 저녁 운동을 그만둘 필요는 없다. 평소대로 하면 된다. 하지만 단 5분이라도 아침에 운동 시간을 추가해 여러 이점을 챙겼으면 하는 바람이다.

아침 운동을 하면 혈압과 혈당 수치가 좋아지고, 심장병, 골다공증, 암, 비만 같은 질환에 걸릴 위험성이 감소한다. 무엇보다 좋은 점은 자연스럽게 활력이 충전되어 하루 일정을 소화하는 데 도움이 된다는 사실이다.

산책이나 조깅도 좋고, 유튜브에서 요가 동영상을 따라 해도 좋고, 라이프 세이버 습관을 실천하는 친구와 함께 라켓볼을 치는 것도 좋다. '7분 운동 챌린지7-Minute Workout'라는 훌륭한 앱도 있다. 이 앱은 (이름에서 쉽게 짐작하듯) 7분 동안 할 수 있는 전신 운동을 소개한다. 선택은 당신 몫이다. 그러니 무슨 운동이든 한 가지를 골라 실천하자.

부자가 되는 일은 가만히 앉아서 달성할 수 있는 일이 아니다. 부자가 되기까지 여러 난관에 부딪힐 것이고, 그때마다 최고의 기량을 발휘하려면 계속해서 에너지를 충전할 수 있는 방법이 있어야 한다. 이를 위해서는 매일 하는 아침 운동이 가장 좋은 방법이다.

뇌 건강을 위해 운동하자

건강한 신체에 별로 관심이 없는 사람이라도 운동으로 우리 뇌를 '더 똑똑하게' 만든다는 사실에는 솔깃할 것이다. 플로리다에서 기업 임원진을 대상으로 건강관리 서비스를 제공하는 의사 겸 영양학자인 스티븐 매슬리 박사Dr. Steven Masley는 운동과 인지 능력 사이의 연관성에 대해 이렇게 설명한다.

"두뇌 활동 측면에서, 뇌 활동 속도를 예측하기 가장 좋은 변수는 유산소 운동 능력이다. 가파른 언덕을 얼마나 잘 뛰어오르는지만 보고서도 그 사람의 뇌 활동 속도와 인지 전환 능력을 짐작할 수 있다. 그만큼 유산소 운동 능력과 뇌 활동 사이에는 긴밀한 관련이 있다."

매슬리는 1천 명 이상의 환자들을 조사한 결과를 바탕으로 건강 증진 프로그램을 설계했다.

"보통 사람이 이 프로그램을 실행할 경우 뇌 활동 속도가 평균 25~30퍼센트 증가할 것이다."

내가 선택한 운동은 요가였다. 나는 미라클 모닝을 실행한 직후부터 요가를 시작했고 지금까지 꾸준히 요가를 즐기고 있다. 데이비드는 보통 덤벨 운동을 한 후 개를 산책시킨다. 여행 중에는 간단한 푸시업 정도만 한다. 푸시업은 되도록 100회를 채우려고 노력하지만, 당연히 한꺼번에 100회를 하지는 않는다!

운동에 대한 마지막 당부

이미 다 아는 사실이겠지만 건강을 유지하고 체력을 키우려면 꾸준히 운동할 필요가 있다. 이 사실을 모르는 사람은 거의 없다. 사람들이 운동하기 싫어 얼마나 많은 핑계를 대는지 이 역시 모르는 사람이 없다. 가장 많이 대는 핑계가 "시간이 없어요."와 "너무 피곤해요."다. 이것은 수많은 핑곗거리 중 두 개에 불과하다.

마음만 먹으면 댈 수 있는 핑곗거리는 무궁무진하다. 창의성이 풍부한 사람일수록 더 많은 핑곗거리를 찾아낼 것이다.

하루 일과로 심신이 지치기 전에, 새로운 핑곗거리를 궁리할 시간을 갖기 전에 운동을 시작하라. 미라클 모닝 습관 속에 아침 운동을 포함시켜야 한다. 핑곗거리를 구상할 여유 없이 날마다 운동하는 습관을 기르는 확실한 방법이다.

• 정당한 핑계: 말할 필요도 없지만 운동 요법을 시작하기 전에 먼저 의사와 상담하는 게 좋다. 신체적 통증이나 불편, 장애 등을 겪고 있는 사람이라면 더더욱 의사와 상담한 후 몸 상태에 따라 운동 방법을 수정하거나 운동을 삼가야 한다.

다섯 번째 R: 독서(Reading)

성공한 사람을 찾아 역할 모델로 삼는 전략은 자신이 원하는 것을 성취할 수 있는 가장 빠른 방법이다. 당신이 어떤 목표를 세우든 십중팔구 세상에는 당신보다 먼저 그것과 비슷하거나 동일한 목표를 달성한 전문가가 있을 것이다. 토니 로빈스에 따르면 "성공은 단서를 남긴다."

정점에 오른 사람들 중에는 다행히 자신의 성공담을 책으로 출간해 세상 사람들과 공유하는 이들이 있다. 웬만한 성공 공식이라면 모두 세상에 공개되어 있으며, 언제든지 시간을 내어 그저 읽기만 하면 된다. 우리가 도움이 필요할 때마다 지혜를 구할 수 있는 무한한 보고가 바로 책이다.

이미 독서가 몸에 배었다면 칭찬받을 만하다! 하지만 당신이 지금까지 우리 사회의 대다수 사람처럼 적당한 임금을 받고, 최소한의 노력만 기울이며 출퇴근하는 삶에 만족하고 있다면, 책 속에 놀라운 기회가 기다리고 있다.

책을 읽는다고 해서 눈에 보이는 성과를 바로 만들어내지는 못한다. 하지만 세상에는 독서보다 생산성이 떨어지고 수준 낮은 취미가 훨씬 많다. 독서하는 습관을 꾸준히 유지하기만 하면 장기적으로 봤을 때 다른 취미 활동에 비해 더 많은 혜택을 누릴 수 있다.

창업을 하고 싶은가? 매출을 높이고 싶은가? 완벽한 사람을 채용하고 싶은가? 부동산으로 재산을 불리고 싶은가? 기분이 좋아지고 싶은가? 생산성이 높고, 부유하고, 현명하고, 행복하고, 유능한 사람이 되고 싶은가? 아니면 그저 평범하게라도 살고 싶은가? 다행이다. 우리는 이 모든 질문의 해답을 알려주는 책들을 쉽게 접할 수 있는 세상에 살고 있다. 간혹 "너무 바빠서 책 읽을 시간도 없어요."라고 말하는 사람들이 있다. 데이비드도 그랬다. 이런 데이비드에게 그의 멘토는 이렇게 말했다.

"인류사에서 가장 뛰어난 지성들이 자신들이 아는 지식의 정수를 여러 해에 걸쳐 책 한 권 분량으로 압축해놓았다. 그러니 우리는 몇 달러만 내고 책을 사서 몇 시간만 투자하면 된다. 이렇게 책 덕분에 시행착오로 소모할 학습 시간을 수십 년은 단축하게 되었다. 하지만 당신은… 너무 바빠서 책 읽을 시간이 없지!"

매일 아침 1분이든 10분이든 아니면 20분이든 삶을 풍부하게 만드는 소중한 콘텐츠를 습득할 시간은 충분하다. 이 책 앞부분에서 언급한 전략을 이용해도 좋고, 하루를 시작하기 전에 페이스북에 쏟는 시간을 5분만 줄여도 좋다. 점심 먹는 동안 독서함으로써 몸과 마음을 동시에 살찌우는 방법도 있다.

다음은 독서를 실천하려는 사람들에게 추천하는 책들이다.

완벽한 아침을 위한 추천도서

도서명	저자명
인생에 승부를 걸 시간 *Wealth Can't Wait*	데이비드 오스본David Osborn 폴 모리스Paul Morris
*탁월한 삶의 기술 *The Art of Exceptional Living*	짐 론Jim Rohn
원씽: 복잡한 세상을 이기는 단순함의 힘 *The One Thing: The Surprisingly Simple Truth Behind Extraordinary Results*	게리 켈러Gary Keller 제이 파파산Jay Papasan
성공하는 사람들의 7가지 습관 *The 7 Habits of Highly Effective People: Powerful Lessons in Personal Change*	스티븐 코비Stephen R. Covey
마스터리의 법칙 *Mastery*	로버트 그린Robert Greene
나는 4시간만 일한다 *The 4-Hour Workweek: Escpae 9-5, Live Anywhere, and Join the New Rich*	팀 페리스Tim Ferriss
CEO의 꿈이 필요하다 *Visionary Business: An Entrepreneur's Guide to Success*	마크 앨런Marc Allen
*산만한 정신 *The Distracted Mind: Ancient Brains in a High-Tech World*	애덤 가잘리Adam Gazzaley 래리 로젠Larry D. Rosen
창의성을 지휘하라 *Creativity, Inc.: Overcoming the Unseen Forces That Stand in the Way of True Inspiration*	에드 캣멀Ed Catmull 에이미 월리스Amy Wallace
생각하는 대로 *As a Man Thinketh*	제임스 앨런James Allen

도서명	저자명
부자 아빠의 비즈니스 스쿨 *Rich Dad's CASHFLOW Quadrant*	로버트 기요사키Robert T. Kyosaki
인생의 게임에서 승리하는 믿음의 법칙 10 *The Game of Life and How to Play It*	플로렌스 S. 쉰Florence Scovel Shinn
*복리 효과 *The Compound Effect*	대런 하디Darren Hardy
머니 앤드 브레인 *Your Money and Your Brain*	제이슨 츠바이크Jason Zweig
*삶과의 정면승부 *Taking Life Head On: How to Love the Life You Have While You Create the Life of Your Dreams*	할 엘로드Hal Elrod
놓치고 싶지 않은 나의 꿈 나의 인생 *Think and Grow Rich*	나폴레온 힐Napoleon Hill
*꿈을 실현하는 법 *Vision to Reality: How Short Term Massive Action Equals Long Term Maximum Results*	아너레 코더Honoree Corder
*비즈니스 데이팅 *Business Dating: Applying Relationship Rules in Business for Ultimate Success*	
엘리먼트 실천편: 너만의 엘리먼트를 찾아라 *Finding Your Element: How to Discover Your Talents and Passions and Transform Your Life*	켄 로빈슨Sir Ken Robinson 루 애로니카Lou Aronica
*영에 인도받는 삶 *Spirit Led Instead: The Little Tool Book of Limitless Transformation*	제나이 레인Jenai Lane

(* 표시한 책은 국내에서 아직 출간되지 않은 책입니다.–옮긴이)

책은 도구다. 우리는 책을 통해 관계를 개선하고, 자신감을 키우고, 타인과 소통하는 기술을 향상하고, 부자가 되는 법을 배우고, 삶의 여러 영역에서 자신의 부족한 부분을 개선한다. 그리고 이는 모두 부를 일구는 재료가 된다. 도서관이나 동네 서점에 들러보자. 자신의 삶에서 향상되었으면 하는 영역을 다룬 책들이 매우 많다는 사실을 확인하게 될 것이다.

일단 독서 습관이 자리 잡으면 책을 덮지 못하고 계속해서 책장을 넘길 것이라고 장담한다!

얼마나 많이 읽어야 하는가

하루에 최소 열 쪽은 꾸준히 읽기를 권한다(책 읽는 속도가 느리거나 아직 독서가 익숙지 않은 경우에는 하루에 다섯 쪽도 괜찮다).

하루에 열 쪽이면 별 거 아닌 듯 보이지만 한번 계산해보자. 하루에 열 쪽을 읽으면 1년에 3,650쪽을 읽게 된다. 이는 대략 200쪽짜리 책 18권에 해당하는 분량이다. 이 정도면 당신은 한 차원 더 발전해 성공에 한층 더 빨리 다가갈 수 있다. 열 쪽을 읽으려면 매일 10~15분, 책 읽는 속도가 느린 경우에도 15~30분이면 충분하다.

12개월 동안 자기계발서나 전문적인 도서를 18권쯤 읽으면서 검증된 성공 전략을 익히고, 사고방식을 개선한다. 그렇게 해서 자신감이 붙으면 성공 시기가 그만큼 앞당겨질 것이다. 오늘보다 더 유능하고 더 나은 사람이 될 것이다. 그리고 독서에 투자한 시간은 사업 성과에 반영될 것이다. 매일 책을 펴서 열 쪽을 읽는 데 투자하는 시간은 그리 길지 않지만, 장기적으로는 크나큰 이득을 보게 될 것이다. 운전이나 산책, 운동을 할 때에는 오디오북을 이용하는 것도 좋다.

독서에 대한 마지막 당부

책을 읽기 전에 먼저 자신에게 이런 질문을 던져야 한다. '나는 무엇을 얻으려고 하는가?' 지금 곧바로 이 책을 놓고 질문을 해보자. '이 책에서 내가 얻고 싶은 것은 무엇인가?'

반드시 처음부터 끝까지 순서대로 책을 읽을 필요는 없다. 반드시 완독해야만 하는 것도 아니다. 독서 시간은 다른 사람이 아니라 바로 '나 자신'을 위한 시간이다. 목차를 보면서 자신이 가장 흥미를 느끼는 부분을 찾아서 읽어도 되고, 책이 재미 없으면 책장을 덮고 다른 책을 읽어도 좋다. 세상에는 놀라운 글이 너무나 많다. 그러니 나와 맞지 않는 책에 굳이 시간을 들일 필요는 없다.

미라클 모닝 실천가들 중에는 아침 독서 시간에 그동안 읽지 않던 성경이나 토라Tora(유대교 경전) 같은 경전을 읽는 경우도 많다.

도서관이나 친구에게 빌린 책이 아니라면 주저하지 말고 책에 밑줄을 긋거나 떠오른 생각을 여백에 적도록 하자. 동그라미 표시를 해도 좋고, 형광펜으로 표시해도 좋고, 책 귀퉁이를 접어도 좋다. 독서하는 중에 이렇게 표시해두면 나중에 그 책을 다시 읽을 때 처음부터 다시 읽지 않아도 중요한 교훈과 당시의 깨달음, 아이디어들을 쉽게 떠올릴 수 있다.

킨들Kindle이나 눅Nook, 아이북스iBooks 같은 전자책 단말기를 이용하는 경우에는 메모한 내용이나 밑줄, 혹은 형광펜 기능으로 강조한 내용을 쉽게 관리할 수 있어서 책을 다시 훑어보기 편하다. 또 메모한 내용이나 밑줄 그은 내용만 따로 모아 확인할 수도 있다.

책을 읽고 나면 독서 일기에 중요한 개념과 깨달음, 기억해둘 만한 구절들을 요약하자. 자신이 즐겨 읽는 책들을 자신의 말로 정리해 요약본을 만들어두면 언제든 몇 분 내외로 핵심 내용을 되새길 수 있다.

제대로 활용하는 경우는 많지 않지만, 좋은 자기계발서를 반복해서 읽는 전략은 매우 효과적이다. 책을 한 번만 읽어서는 그 가치를 전부 자기 것으로 만들기 어렵다. 어느 분야든지 정통한 대가가 되려면 반복이 필요하다.

지금 이 책으로 시도해보는 것은 어떤가? 이 책을 한 번 읽고 난 후 다시 읽어보면 배움의 깊이가 깊어질 것이다. 그리고 미라클 모닝을 보다 능숙하게 실행할 수 있게 될 것이다.

책에서 읽은 내용을 바로 실천에 옮기는 것이 가장 중요하다. '책을 읽는 동안' 실천에 옮길 내용을 계획하고, 수첩을 곁에 두고 실제로 일정표에 기입한다. 자기계발서를 끼고 살면서도 거의 아무것도 실천하지 않는 자기계발서 중독자가 되지 마라. 자신의 독서량을 마치 명예 훈장처럼 여기면서 자부심을 느끼는 사람들이 있다. 책을 열 권 읽었지만 아무것도 실천하지 않고 다시 새 책을 집어 드는 것보다 차라리 훌륭한 책 한 권만 읽고 실천하는 것이 낫다.

독서는 지식과 통찰, 전략을 얻는 훌륭한 방법이다. 하지만 새롭게 얻은 교훈을 실천에 옮기며 좋은 습관을 길러야만 사업이 번창하고 삶이 나아진다.

여섯 번째 S: 쓰기(Scribing)

여기서 쓰기는 필사가 아니라 글쓰기를 말한다(사실 세이버S.A.V.E.R.S라는 두문자를 완성하기 위해 'Scribing'을 썼다. '글쓰기Writing'의 'W'는 어울리지 않기 때문이다. 이렇게 두문자를 만들 때는 동의어 사전이 매우 유용하다).

미라클 모닝의 글쓰기 습관은 감사할 거리를 찾고, 자신이 깨달은 통찰을 적는 시간이다. 새로 얻은 아이디어와 문제 해결의 돌파구, 배움 혹은 외적인 성장이나 내적인 성장에 관련된 내용을 기록하는 시간이다.

미라클 모닝 실천가들은 대부분 아침에 5~10분 정도의 시간을 일기를 쓰는 데 할애한다. 머릿속에 떠오른 깨달음이나 생각을 글로 적는 순간, 생각은 더 또렷해지고 명료해진다. 기록으로 남기지 않으면 번뜩이던 통찰도 곧 사라지고 만다.

십중팔구 절반만 겨우 사용하거나 아예 손도 대지 않은 일기장이나 수첩이 집 안에 몇 권씩 돌아다니고 있을 것이다. 미라클 모닝을 실천한다면 글쓰기 습관을 기를 수 있고, 이를 즐기게 될 것이다. 토니 로빈스가 말했듯이 "살 만한 가치가 있는 삶은 기록할 가치가 있다."

글을 쓰면 자신의 생각에 집중할 수 있는 이점이 있다. 무엇보다 중요한 점은, 한 해를 마감할 때 그동안 기록한 일기를 다시 읽어보면서 새로운 통찰을 얻을 수 있다는 사실이다.

그동안 작성한 일기장이나 다이어리를 다시 읽으며 자신의 성장 기록을 확인할 때 벅차게 밀려오는 감정은 말로 다 표현하기가 어렵다. 《부동산 중개인을 위한 미라클 모닝*The Miracle Morning for Real Estate Agents*》의 공동 저자인 마이클 마허Michael Maher는 열렬한 라이프 세이버 실천가이다. 마이클 마허의 아침 일과에는 이른바 '축복의 책Blessings Book'에 감사의 말과 확신의 말을 적는 과정이 포함된다. 그의 말을 들어보자.

"매사에 감사하면 복으로 되돌아온다. 만족할 줄 모르는 허기를 내려놓고, 이미 가진 것에 만족하고 감사하라. 감사한 일들을 적고, 음미하고 고마워하라. 가진 것에 감사하면 당신이 바라는 것을 더 많이 얻게 된다. 인간관계가 개선되고, 물질적으로 풍요해지고, 더 행복해진다."

일기를 꾸준히 쓰면 여러 혜택이 있지만, 매일 일기를 쓰는 사람에게는 다음과 같은 이점이 있다.

- **생각이 명료해진다.** 일기를 쓰면 과거와 현재 상황을 더 깊이 이해하고, 생각이 명료해져서 당면한 문제를 돌파하는 데 도움이 된다. 또한 보다 활발하게 창의적인 아이디어를 생산하고, 날마다 어떤 일을 해야 하는지 우선순위를 정하고, 계획을 세워 미래를 대비할 수 있다.
- **아이디어를 붙잡는다.** 아이디어를 붙잡아 정리하고 확장할 수 있다.

중요한 아이디어를 잊지 않고 기록해두면 미래의 적절한 시점에 활용할 수 있다.

- **교훈을 되새긴다.** 지금까지 자신이 성공한 경험은 물론, 실패를 통해 깨달은 교훈을 기록해두고 되새길 수 있다.
- **자신이 성장한 모습을 확인한다.** 1년에 한 번 (혹은 일주일에 한 번) 지난 일기를 다시 읽으며 자신이 얼마나 성장했는지 확인하는 작업에서 얻는 이점은 한두 개가 아니다. 부쩍 성장한 자신을 보면서 기분이 좋아질 뿐 아니라 자신감이 충만해진다. 이는 다른 활동에서는 찾지 못할 경이로운 경험이다.
- **기억력이 향상된다.** 사람들은 항상 자신의 기억력을 과신한다. 하지만 장볼 목록 없이 시장에 가면 자신의 기억력이 얼마나 형편없는지 곧 깨닫게 된다. 우리는 정보를 손으로 기록할 때 그것을 기억해낼 가능성이 훨씬 높다. 그리고 설령 기억나지 않을 때는 언제든 적어놓은 것을 찾아보면 된다.

효과적으로 일기 쓰기

처음으로 일기를 쓰려는 사람에게, 혹은 이미 일기를 쓰고 있지만 그 방법을 개선하고 싶은 사람에게 다음 세 가지 방법을 권한다.

첫째, 형식을 선택한다

우선 수기로 작성하는 일기가 좋은지, 아니면 디지털 일기(컴퓨터에서 쓰는 프로그램 또는 휴대전화나 태블릿에서 사용하는 앱)가 좋은지 선택한다. 어느 것을 고를지 확신이 서지 않으면 두 가지를 모두 써보고, 어느 쪽이 자신에게 맞는지 알아본다.

둘째, 일기장을 준비한다

일기장은 어느 방식이나 효과가 있지만, 아날로그 방식이 아무래도 눈을 즐겁게 해주고 매력적이다. 일기장은 튼튼한 제품이 좋다. 결국 (이상적인 얘기일지 몰라도) 평생 간직할 물건이 아닌가. 어떤 사람은 종이에 줄이 그어져 있는 근사한 가죽 일기장을 선호한다. 또 어떤 사람들은 줄이 없는 일기장을 선호한다. 이 경우 그림이나 도표를 그릴 수 있는 장점이 있다. 어떤 사람들은 하루에 한 쪽씩 쓸 수 있도록 날짜가 새겨져 있는 것을 선호한다. 이 경우 책임감 있게 꾸준히 일기를 쓸 수 있다는 장점이 있다. 무엇보다 각자 자신에게 맞는 것을 선택하는 것이 좋다.

페이스북의 미라클 모닝 커뮤니티에 소개된 몇 가지 일기장을 살펴보자.

- **파이브미닛저널**FiveMinuteJournal.com: 조직 내에서 높은 실적을 올리는 사람들 사이에서 꽤 인기가 높다. 일기장 안에는 '내가 감사하는 이유'와 '오늘 하루를 멋지게 만들어줄 일' 같은 항목이 있다. 일기를 작성하는 데 5분 정도 걸리고, 저녁에 하루를 되돌아볼 수 있는 항목도 있다.

- **프리덤저널**TheFreedomJournal.com: '100일 동안 첫 번째 목표 달성하기'처럼 한 가지 목표를 달성하는 데 집중하도록 설계된 일기장이다. '안트러프러너 온 파이어Entrepreneur On Fire'라는 팟캐스트로 유명한 존 리 뒤마John Lee Dumas가 설계했는데, 한 번에 한 가지 중요한 목표를 세우고 이를 달성해나가는 데 유용하다.
- **더 플랜: 당신의 전설적인 삶을 위한 플래너**The Plan: Your Legendary Life Planner: 우리 친구들이 공동으로 제작한 일기장으로, 목표를 설정하고 자신의 습관을 추적하는 작업을 도와주는 플래너다. 균형 잡힌 삶을 살며, 삶의 모든 영역에서 최고 수준을 달성하고 싶어 하는 사람들에게 안성맞춤이다.
- **미라클 모닝 다이어리**Miracle Morning Journal: 특별히 미라클 모닝을 실천하는 사람들을 지원하기 위해 만들어졌다. 날마다 세이버를 제대로 실천하고 있는지 점검하고, 체계적으로 관리하는 데 도움이 된다. 미라클 모닝 사이트에 가면 바로 '미라클 모닝 다이어리' 견본을 무료로 내려받을 수 있으니 이 일기장 형식이 자신에게 맞는지 확인해 보자.

디지털 일기장을 선호하는 경우에는 선택지가 다양하다. 우리가 선호하는 몇 가지 디지털 일기장을 소개하면 다음과 같다.

- **파이브미닛저널**FiveMinuteJournal.com: 아이폰 앱으로도 이용 가능하다. 기

존의 일기장과 형식은 동일하지만 사진을 올리는 기능이 있고, 아침 이나 저녁에 알림 메시지가 울리기 때문에 날마다 잊지 않고 일기를 쓸 수 있다.

- **데이 원**DayOneApp.com: 인기 있는 일기장 앱이다. 어떠한 형식도 갖추지 않은, 아무런 제약이 없는 일기장을 원한다면 이 앱이 안성맞춤이다. 데이 원은 칸도 줄도 없는 빈 공간을 제공하기 때문에 장문의 글쓰기를 좋아하는 사람에게는 안성맞춤이다.
- **펜쥬**Penzu.com: 온라인 일기장으로 아이폰이나 아이패드 혹은 안드로이드 기기가 없어도 컴퓨터만 있으면 이용 가능하다.

다시 말하지만, 자신이 원하는 기능과 취향에 따라 일기장을 선택하면 된다. 여기에 소개한 디지털 일기장들이 마음에 들지 않는다면, 구글 등에서 '온라인 일기장'을 검색하거나 앱스토어에서 '일기장'을 검색하면 다양한 일기장을 볼 수 있다.

셋째, 날마다 기록한다

일기장에 나의 생각과 목표를 꾸준히 기록한다. 하지만 아침에 일기를 쓸 때 머릿속이 아주 복잡할 때면 (처한 상황에 따라 다르지만) 장문의 글을 쓸 수도 있고, 간단히 몇 자 적고 끝낼 수도 있다. 평균 한두 쪽 분량의 일기를 쓰는 데는 5~30분 정도의 시간이 걸린다.

일기에는 무엇이든 적을 수 있다. 읽고 있는 책에 대해 기록하거나, 감사할 거리를 열거해도 좋고, 그날 하루에 해야 할 일 우선순위 4~5가지를 계획해도 좋다. 그날 하루를 기분 좋게 시작할 수 있는 내용을 써보자. 일기를 쓸 때 문법이나 철자, 맞춤법은 잠시 잊어도 좋다. 일기장은 상상의 나래를 마음껏 펼치는 공간이다. 자기 검열을 하지 말고, 교정하지도 말고 그저 떠오르는 대로 써보자!

세이버 수정 작업

미라클 모닝 과정을 처음부터 끝까지 모두 적용하지 못할 때도 있다. 하루 일정과 취향에 맞춰 라이프 세이버를 수정하는 몇 가지 방법이 있다. 현재 자신이 처한 상황에 따라 미라클 모닝을 실행하는 시간은 6분이 걸릴 수도 있고 20~30분이 걸릴 수도 있다. 평일에는 짧게 하고, 주말에는 더 시간을 내서 미라클 모닝을 실천하는 방법도 있다.

다음은 라이프 세이버를 적용한 60분짜리 미라클 모닝 견본이다.

- 침묵: 10분
- 확신의 말: 5분
- 시각화: 5분
- 운동: 10분
- 독서: 20분
- 쓰기: 10분

순서는 원하는 대로 수정해도 좋다. 예를 들어, 침묵의 시간을 보낸 직후 일기를 쓴다. 일기를 쓰고 나면 하루의 목표를 읽는다. 그리고 독서 시간에 하루의 목표를 다시 읽고, 이 과정이 끝나면 책을 몇 쪽 더 읽는다. 독서 시간이 끝나면 운동을 한다.

또 목적 의식을 새기는 침묵의 시간을 보내는 것으로 하루를 시작하는 것도 좋다. 침묵의 시간에 잠에서 서서히 깨어나 잡념을 지우고, 에너지를 집중해 결의를 다지는 것이다.

미라클 모닝을 실천할 사람은 바로 '나 자신'이다. 순서를 다양하게 실험해보고 자신에게 가장 알맞은 방법을 고르면 된다. 가장 좋은 미라클 모닝이란, 자신이 '실천하는' 미라클 모닝이다!

라이프 세이버에 대한 마지막 당부

손쉽게 해내기 전까지 모든 일은 어려운 법이다. 새로운 경험은 익숙해지기 전까지 모두 불편하기 마련이다. 라이프 세이버를 자주 실천할수록 더 자연스럽게 일과로 느껴질 것이다.

나는 난생 처음 명상을 할 때 온갖 잡념이 머릿속을 침범해 사납게 질주하는 바람에 다시는 명상을 하지 못할 것이라고 생각했다. 하지만 지금은 명상을 무척 즐긴다. 아직 명상에 능숙하지는 않지만 꽤 괜찮은 수준으로 수행하고 있다.

데이비드 역시 확신의 말을 처음 읽었을 때 자신의 생각을 추가하긴 했지만《미라클 모닝》에 적힌 몇 가지 문구를 그대로 따라 하는 수준이었다.

그 후 그는 깊이 공감하고 깨달음을 주는 문구들을 접하면 그 문구들을 확신의 말에 추가하며 수정해나갔다. 지금은 특별한 가치가 있는 문구로 확신의 말을 채웠고, 날마다 이 글을 읽는 시간이 그에게는 강력한 영향을 미친다고 말한다.

라이프 세이버 과정을 오늘부터 꾸준히 실천해보자. 여섯 가지 요소에 미리 익숙해지고 편안해지고 나면 13장에 소개한 '미라클 모닝 30일 과정'을 본격적으로 시작할 때 어렵지 않게 적응할 수 있다.

6분 미라클 모닝

가장 염려되는 점이 시간 부족이라면 그리 걱정하지 않아도 된다. 미라클 모닝은 각자 이용 가능한 시간에 맞게 각각의 요소를 조정할 수 있다. 하루 6분이면 세이버의 여섯 가지 이점을 모두 누리면서 미라클 모닝을 실천할 수 있다. 물론 날마다 6분만 실천하는 것을 권장하지는 않지만, 시간을 내기가 매우 힘들다면 세이버 과정을 각각 1분씩이라도 실천하는 게 습관을 기르는 지름길이다.

- **1분 - S:** 눈을 감은 채 고요하게 침묵의 시간을 즐긴다. 이 시간은 산만한 생각을 잠재우고 오늘 하루에 집중하는 시간이다.
- **2분 - A:** 가장 중요한 확신의 말을 읽는다. 성취하려는 목표, 그 목표가 중요한 이유, 구체적인 실행 방안 그리고 가장 중요한 실행 시기를 되새기고 다짐한다.
- **3분 - V:** 오늘 완수해야 하는 중요한 임무 하나를 실수 없이 깔끔하게 실행에 옮기는 모습을 시각화한다.
- **4분 - E:** 전신운동에 좋은 팔벌려뛰기를 50~60회 하거나, 할 수 있는 만큼 푸시업을 한다. 운동을 하면 심장박동수가 올라가고 혈액순환이 활발해진다.
- **5분 - R:** 책을 들고 한 단락이든 한 쪽이든 읽는다.
- **6분 - S:** 일기장을 꺼내 감사하게 여길 만한 것을 한 가지라도 적는다. 또 오늘 내가 달성하고 싶은 가장 중요한 성과를 적어보자.

겨우 6분이지만 이 방법대로 세이버를 실천하면 하루를 제대로 이끌어가는 자신을 만나게 될 것이다. 나중에 여건이 허락될 때 더 많은 시간을 투자하면 된다. 세이버를 아침마다 6분간 실천해 한 가지라도 습관이 되면 자신감을 쌓는 데 아주 효과적이다. 세이버 습관은 시간에 쫓기기 일쑤인 아침 시간에 기분과 기운을 북돋우는 좋은 방법이다.

라이프 세이버 과정 중 어느 하나만이라도 실천해 작은 습관으로 만드는 것도 좋은 방법이다. 예를 들어, 새벽에 기상하는 습관에 익숙해지고

난 후 다른 습관을 추가로 기르면 된다. 세이버 습관을 기르는 이유는 자신의 목표를 점검하고 사고방식을 개선할 시간을 갖기 위해서다. 따라서 습관을 기르는 과정 자체를 너무 버겁게 느낀다면 효과를 거두기 어렵다.

'얼마나 오랜 시간을 실천하느냐보다 실천하는 것 자체가 더 중요하다.' 아무리 짧은 시간이라도 일단 습관을 기르는 데 집중하고 점차 시간을 늘려가도록 하자. 예를 들어, 미라클 모닝은 기운을 재충전하고 각성하는 시간으로 정착시키고, 이 의식을 사랑하자. 몇 분간 '간추린' 형태로 실천하더라도 아예 하지 않는 것보다 훨씬 낫다.

우리는 지금까지 아침형 인간이 되기 위한 도구인 세이버를 살펴봤다. 아침 시간의 중요성과 일찍 기상하는 방법 그리고 새롭게 찾은 아침 시간에 무엇을 해야 하는지 충분히 이해했을 것이라고 생각한다.

이제 속도를 높일 때다. 일찍 일어나는 방법과 일찍 일어나야 하는 이유를 깨달았다면 제2부에서는 부자가 되기 위해 반드시 갖춰야 할 태도와 습관을 살펴보도록 하자.

tip

아침형 백만장자

나는 아침 4시 30분에 기상해서 세 마리의 개를 산책시킨 후 운동을 한다. 5시 45분경에는 보덤 프렌치프레스로 아내와 함께 마실 커피를 내린다. 집에서 커피를 내리는 방법으로는 단연코 최고다.

—하워드 슐츠Howard Schultz, 스타벅스 회장

부를 창출하는 6가지 원칙

미라클 모닝
백만장자 수업

Lesson 1. Decide(결심)
부자가 되기로 결심하라.

Lesson 2. Imagination(상상)
편견을 깨고 자유로운 자신을 상상하라.

Lesson 3. Plan(계획)
목표를 정하고 계획을 마련하라.

Lesson 4. Leverage(지렛대)
부의 원칙, 레버리지의 힘을 활용하라.

Lesson 5. Choice(선택)
계속해야 할 것과 포기해야 할 것을 정하라.

Lesson 6. Qualify(자격)
부자의 자격을 갖추었는지 자문하라.

Decide
결심

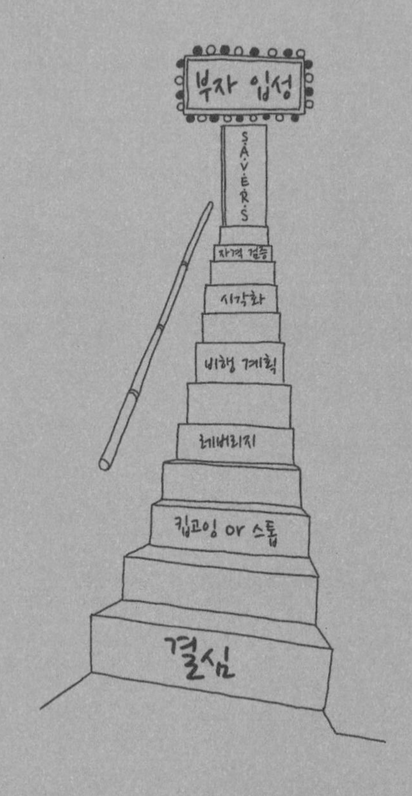

Lesson 1. 부자가 되기로 결심하라

부자가 되기로 결심한 이들은 차츰 자신의 달라진 모습을 목격하게 된다. 처음에는 변화 속도가 느리고 미세하여 감지하기 어려울지 모르지만, 시간이 흐를수록 부를 쌓는 방향으로 매사를 판단하고 행동하는 자신의 모습을 보게 될 것이다.

Imagination
상상

Lesson 2. 편견을 깨고 자유로운 자신을 상상하라

아침은 자신의 테두리를 확장하고 자유를 만끽할 수 있는 시간이다. 라이프 세이버는 기존의 갇히고 닫힌 사고의 틀에서 벗어나 인생과 일을, 무엇보다도 나를 다르게 바라보고 생각해보는 시간이다. 한계 너머에 있는 자신과 마주하라.

Plan
계획

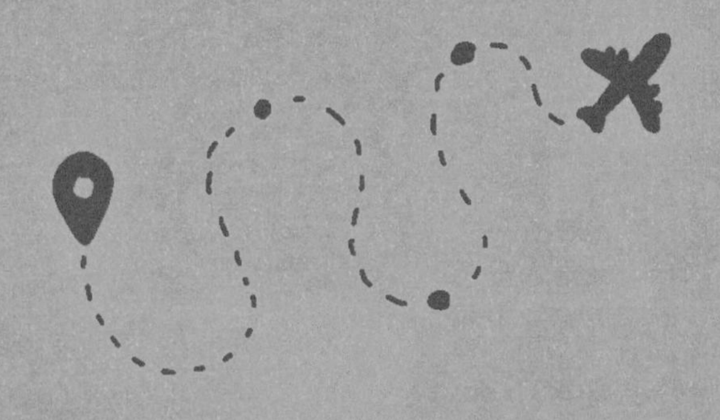

Lesson 3. 목표를 정하고 계획을 세워라

부자들은 자신의 목표가 무엇인지 그리고 그 목표를 달성하는 데 필요한 계획이 무엇인지 안다. 목표와 계획 이 둘을 합쳐서 '비행 계획(Flight plan)' 이라고 부른다. 만약 당신이 백만장자가 되기로 결심했다면, 당신이 가야 할 목적지와 경로를 '모두' 알아야 한다.

Leverage
지렛대

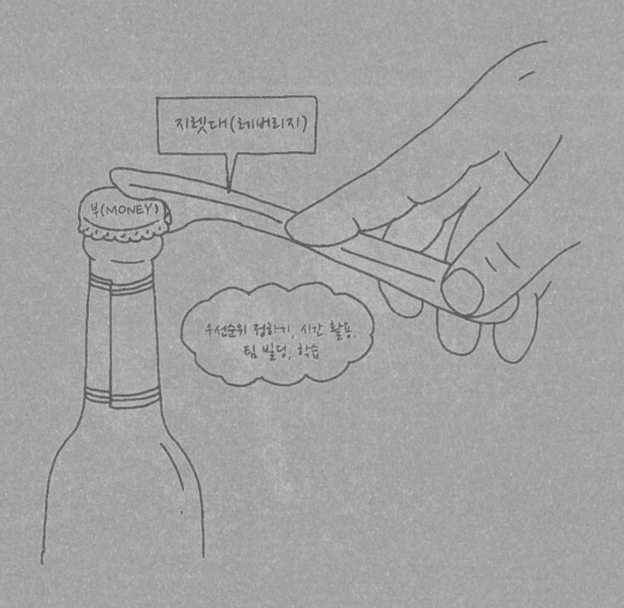

Lesson 4. 부의 원칙, 레버리지의 힘을 활용하라

부자들은 시간이나 인적 자원과 마찬가지로 돈을 지렛대로 활용할 수 있다는 것을 깨달은 사람들이다. 또한 부자들은 성과 향상에 도움이 되는 다양한 지렛대 중에서도 가장 중요한 지렛대가 '학습 능력'이라는 것을 알고 있다. 아침이 지닌 가치도 바로 이 학습에 있다.

Choice
선택

Lesson 5. 계속해야 할 것과 포기해야 할 것을 정하라

부자가 되고 싶다면 언제 버티고, 언제 포기해야 하는지 그 차이를 알아야 한다. 끈기 있게 버티는 것과 중요하지만 잘못된 선택에서 빠져나오는 것도 필요하다. 현실에서 이 두 가지 사항을 결정하는 것은 쉽지 않다. 여기서 '미라클 모닝 습관'이 빛을 발한다.

Qualify
자격

Lesson 6. 부자의 자격을 갖추었는지 자문하라

"부의 원칙을 제대로 배웠고 또 실천하고 있는가?" "나는 세상에 이로운 가치를 제공하고 있는가?" "어떻게 하면 더 나은 사람이 될 수 있는가?" 매일 아침 라이프 세이버를 실행하면서 점검하자. 내가 정말 부자가 될 자격이 있는지, 부자처럼 아침을 시작하는지를.

MIRACLE MORNING
MILLIONAIRES

2부

무엇이 백만장자를 만드는가

WHAT

부를 창출하는 6가지 원칙

첫 번째 수업: 두 개의 문
–부자가 되기로 결심하라

> "우리는 대부분 두 개의 인생을 산다.
> 하나는 우리가 사는 인생이고,
> 다른 하나는 우리가 미처 실현하지 못한 인생이다."
> — 스티븐 프레스필드Steven Pressfield, 《최고의 나를 꺼내라》의 저자

당신이 게임 쇼에 참가한 출연자라고 상상해보자. 당신은 최종 라운드까지 힘겹게 올라왔고, 이제 상금을 차지할 수 있는 마지막 관문 앞에 섰다. 스튜디오를 가득 채운 방청객들은 당신에게 열렬한 응원을 보내며 숨을 죽인 채 당신과 사회자 그리고 마지막 문제를 기다린다.

사회자가 마이크를 들고 입을 뗀다.

"최종 라운드에 오신 걸 환영합니다. 기나긴 싸움이었지만 마침내 여기까지 오셨습니다. 이 마지막 관문을 통과하시면 당신은 최종 상금을 차지하게 됩니다. 모든 빚을 탕감받고, 세금 없이 백만 달러를 받게 됩니다."

당신은 속으로 생각할 것이다.

'와, 내가 그토록 꿈꾸던 순간이 왔구나.'

"이번 라운드만 이기시면," 사회자가 극적인 순간을 강조하며 솜씨 좋게 쇼를 진행한다. "백만장자가 되시는 겁니다."

방청객들이 환호성을 지른다. 조명이 어두워지고 무대 위에서는 막이 오른다. 스포트라이트가 '두 개의 문'을 비춘다. 짜릿한 흥분이 감돈다. 그리고 사회자가 이렇게 외친다.

"이 두 개의 문 가운데 오직 하나만이 최종 상금으로 인도합니다."

당신은 속으로 생각한다.

'좋았어. 확률은 50 대 50이야. 해낼 수 있어!'

당신이 입을 열어 말을 하려는 순간, 사회자가 끼어든다.

"잠깐만요! 여기서 끝이 아닙니다!"

당신은 이 상황이 의아하다. '아직 더 놀랄 일이 남아 있다는 거야?'

둥둥둥둥 북소리가 연이어 울려 퍼진다.

"우승으로 인도하는 문은," 사회자는 요란스러운 몸짓과 함께 이렇게 외친다. "바로 왼쪽입니다!"

빛이 번쩍이고 승리의 팡파르가 울린다. 사람들이 열광한다! 환호성이 가라앉고 실내가 조용해지자 당신은 사회자에게 나직하게 말한다.

"저… 사회자님. 방금 저에게 문을 선택하라고 말씀하시지 않았나요?"

"네, 맞습니다."

사회자가 큰 소리로 말한다.

"그러니까… 제가 결정해야 된다는 거죠?"

"맞아요. 백만장자가 되고 싶다면 당신은 결심하기만 하면 됩니다."

이쯤 되면 꿈속에서나 나올 법한 이야기이므로 당신은 곧 알람 소리가 요란하게 울려댈 게 틀림없을 것이라고 생각할지 모른다.

터무니없게 느껴지겠지만 사실 당신을 비롯한 모든 사람이 현실에서 이런 선택의 순간에 직면한다. 자수성가한 백만장자들 역시 이러한 선택의 순간을 경험했다. 그들에게도 또 당신에게도, 우리가 방금 상상해 본 게임 쇼와 별반 다르지 않은 선택권이 주어진다.

'당신은 부자가 되고 싶은가, 되고 싶지 않은가?'

부자가 되는 여정을 시작하려는 사람에게 중요한 것은 마지막 관문을 열었을 때 문 뒤에 무엇이 놓여 있느냐가 아니다. 어떤 문을 열 것인지 '결심하는 행위'가 중요하다.

또 하나의 삶: 아직 가지 않은 길

대부분의 사람은 현재 자신의 삶과 자신이 '가질 수 있는 삶' 사이에서 커다란 간극을 경험한 후 현재의 삶을 대체로 후회하면서 산다. 이 간극을 경험할 때 우리는 몹시 고통스럽다. 마음 깊은 곳에서는 내가 더 많은 것을 성취할 수 있음을 알고 있다. 지금보다 더 일을 잘하고, 더 좋은 사람이 되고, 더 많은 것을 소유할 수 있음을 잘 알고 있다. 한 가지 예로,

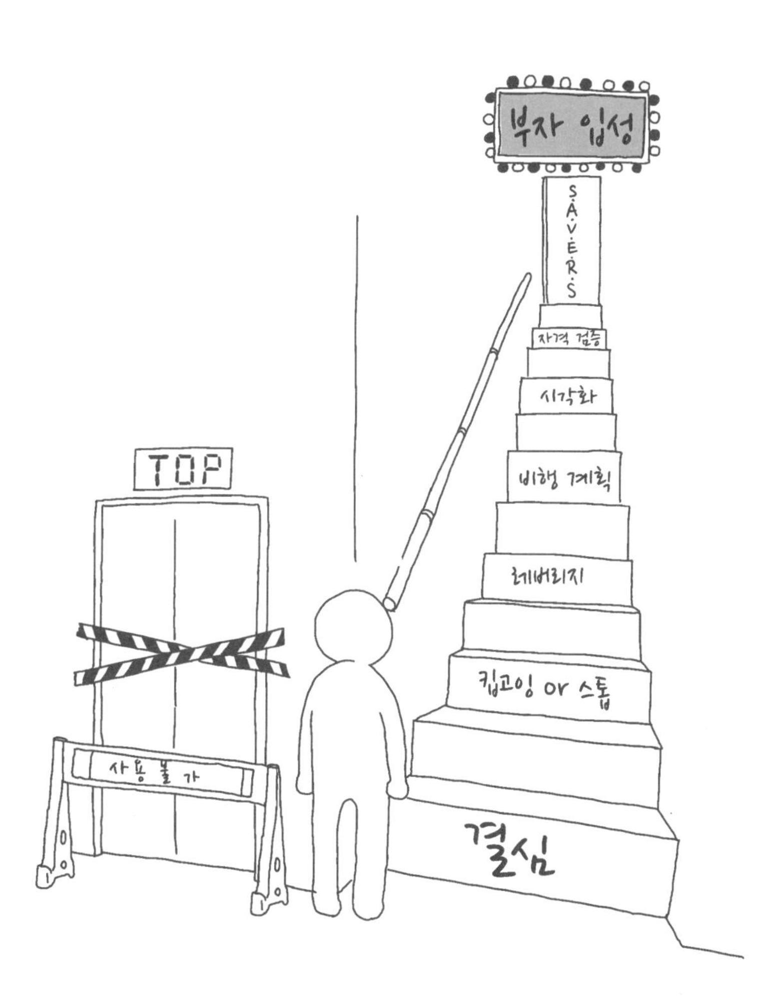
부자 입성
S.A.V.E.R.S
자격 검증
시각화
비행 계획
레버리지
킵고잉 or 스톱
결심
TOP
사용불가

우리는 부자가 아니라는 사실보다도 부자가 '될 수도' 있었다는 사실 때문에 괴로워한다. 실현하지 못한 가능성 때문에 우리는 삶이 늘 성에 차지 않는다.

삶이 불만스러운 사람은 자신이 원하는 성과를 내기 위해 했어야 하는 일에 대해 너무 많이 생각하며 후회한다. 그로 인해 정작 지금 당장 해야 하는 일을 '실천하는' 데에는 시간이 부족하다. 사실 사람들은 대개 무엇을 해야 하는지 알고 있다. 다만 '알고 있는 사실'을 꾸준히 실천하지 못할 뿐이다.

자신이 중요한 비결을 놓친 건 아닌지 의심이 들기 일쑤다. 저만치 앞서 나가는 사람들을 보고 있노라면, 저들은 내가 알지 못하는 비결을 알아낸 것처럼 보인다. 저들은 틀림없이 우리가 손에 넣지 못한 비결이나 남들이 모르는 도구 혹은 우리로서는 상상도 하지 못할 무한한 의지력을 지니고 있는 게 분명하다는 생각이 든다.

그렇지 않다.

경험한 바에 의하면 백만장자들이 보통 사람과 가장 큰 다른 점은 그들은 '부자가 되기로 결심'했다는 점이다. 당신이 현재 처한 경제적 상황과 당신이 꿈꾸는 경제적 상황 사이에 벌어진 간극을 메우는 첫 번째 단계는 바로 이 '결심'에 있다.

만약에 당신이 모르는 '비결'이 있다면, 그것은 결심이라는 행위가 당신이 생각하는 것과는 많이 다르다는 점이다.

결심하는 삶 vs 기다리는 삶

최근에 몇 명의 사람들이 부동산을 통해 자산을 구축했고, 현재는 회사를 차려 해마다 수십억 달러의 매출을 올리고 있는 데이비드에게 조언을 구하러 왔다. 그들은 부동산에 투자해 부자가 되고 싶어 했다.

그들은 조금씩 돈을 모아 종잣돈 7만 달러를 모았고, 이제 막대한 부를 쌓기 위한 여정을 시작하기에 앞서 그중에서 3만 5천 달러를 사용해 한 세미나를 신청하려는 참이었다. 그들의 말로는 '부동산을 매입하고 처분하는 방법을 가르쳐주는' 세미나였다.

그들은 이 세미나의 프로그램이 어떤지 데이비드에게 의견을 구했다. 하지만 그들이 진짜로 알고 싶은 사실은 정작 따로 있었다. 그들은 세상 거의 모든 사람과 마찬가지로 부자가 되고 '싶어' 했다. 백만장자가 되고 싶어 한 그들은 사실 이렇게 묻고 싶었을 것이다.

"너무 힘들이지 않고 부자가 되는 방법은 없을까요?"

이 질문의 대답은 다들 알고 있을 것이라고 생각한다.

그들은 좋은 사람들이며, 진심으로 부자가 되고 싶어 했다. 하지만 안타깝게도 그들에게는 거의 모든 백만장자에게서 나타나는 한 가지 공통점이 보이지 않았다. 바로 부자가 되겠다는 '결심'이 없었다.

그 사람들만 그런 게 아니다. 백만장자가 되고 싶다고 생각하는 수많은 사람이 정작 그렇게 되려고 '하지 않는다.' "나는 부자가 될 거야."와 "나는 부자가 되고 싶어."는 전혀 다른 말이다. 뭔가를 '바라는' 마음은 결과에 집중한다. 이는 복권을 사놓고 꿈을 꾸는 것과 같다. 매번 준비 태세만 갖추고, 목표를 조준하거나 발사하지는 않는다.

뭔가를 결심하는 것은 행동이나 태도를 정하고, 계획을 세우고, 실천하는 것을 말한다. 부를 일구는 과정에서 우리는 어려움에 직면할 때가 많다. 힘든 결정을 내려야 하고, 쉽지 않은 계획을 수립해야 하고, 수많은 도전 과제를 대담하게 실행에 옮겨야 한다.

우리는 매 순간 결정을 내려야 한다. 매일 아침 일어나서 늘 하던 대로 하루를 지낼 수도 있고, 부자가 되기로 결심할 수도 있다. 부자가 되기로 결심하고 그 안에서 모든 결정을 내릴 수도 있고, 그저 부자가 되고 '싶어 하는' 마음만 품고 그 안에서 모든 결정을 내릴 수도 있다.

뭔가를 '바라는' 것은 그것을 기원하는 마음에 불과하다. 하지만 뭔가를 '결심하는' 것은 그것을 행동으로 옮기는 첫걸음이다.

사람들은 뭔가를 바라기만 하는 까닭에 벼락부자가 되는 방법론에 돈을 탕진한다. 그들은 7만 달러를 저축해놓고 그 돈의 '절반'을 부동산 매입과 매각 방법을 배우는 데 쓰려고 했다. 그 대신 매일 조금 이른 시간에 일어나 부동산에 관한 좋은 책(무료나 싼값에 구입할 수 있는 경우도 많다.) 세 권을 읽는 것이 나을 수 있다.

부자가 되기를 '바라는' 마음만 있는 사람은 손쉽게 부자가 되는 방법을 찾기 위해 공짜나 다름없는 정보에 너무 많은 돈을 지불한다.

부자가 되기로 '결심한' 사람의 관점에서는 공짜로 혹은 매우 싼값에 얻을 수 있는 정보를 들으려고 종잣돈의 절반을 소비하는 행위는 곧 '자산의 50퍼센트를 잃어버리는 짓'이다.

경험이 없는 사람들이 단타 매매에 빠지는 이유는 부자가 되기를 '바라기' 때문이다. 그들은 그 방법이 쉽게 돈을 버는 길이라고 생각한다. 그리고 뭔가를 '바라기만 하는' 사람은 슬롯머신이나 복권에 매달린다.

(앞으로야 어떨지 몰라도) 그들은 부동산으로 부를 쌓고 싶은 게 아니다. 그들은 벼락부자가 될 방법을 알려줄 사람이 나타나기를 원한 것이다. 부동산에 관한 '비법'을 알려줄 사람이 나타나기를 바란 것이다. 불행히도 그런 비법은 없고, 그런 비법을 제공할 사람은 세상 어디에도 '없다.'

그들에게 해줄 수 있는 조언, 또 지금 당신에게 해줄 이야기도 동일하다. 부를 일구는 일은 이른 아침에 시작된다. 당신이 부자가 되기로 결심하고, 매일 아침 일찍 일어나 당신의 시간과 정력, 자원을 부자가 되는 일에 집중할 때 부가 쌓이기 시작한다.

여기에는 특별한 비밀도, 비법도 없다. 특별한 기술도 필요 없다. 비밀이나 비법을 찾으려고 애쓴다는 얘기는 부자가 되기를 '바라는' 표시일 뿐, 부자가 되기로 결심했다는 뜻은 아니다. 결심한다는 것은 무언가를 바라는 행위와는 전혀 다른 의미를 지닌다.

그렇다면 무엇을 결심해야 하는가? 만약 앞에서 예로 든 게임 쇼에서 당신이 백만장자가 되는 문을 열기로 결심했다면, 그것이 정확히 무엇을 의미하는지 알아야 한다.

결심 1. 부를 축적한다

'백만장자'라는 말에는 중요한 특징이 몇 가지 있는데, 우선 이 점을 명확히 짚고 넘어가는 게 좋겠다.

많은 사람이 생각하는 바와 달리 '소득'이 높다고 해서 부자가 되는 것은 아니다. 벌이가 좋으면 부자가 되는 데는 분명 유리하지만, 연봉을 백만 달러가 넘게 받더라도 모두 백만장자가 되는 것은 아니다. 타블로이드 신문에는 수백만 달러를 벌어들인 운동선수나 스타급 연예인들이 결국 빈털터리가 되었다는 기사가 넘쳐난다.

예를 들어, 연봉이 수십만 달러라고 해도 주택 대출과 신용카드 때문에 그 열 배가 넘는 채무를 안고 있고, 다른 재산은 없다면 당신은 백만장자가 아니다.

'백만장자가 되는 유일한 길은 백만 달러가 넘는 자산을 소유하는 방법뿐이다.' 구체적으로 말하자면 당신이 거주할 집을 제외하고 순자산이 백만 달러가 넘어야 한다. 어딘가에 살아갈 집은 한 채 있어야 하므로 주택을 제외하고 순자산 개념으로 목표를 삼는 것이 좋다.

이 책에서 말하는 백만장자는 누구인가

세상 어딘가에서는 지금 이 순간에도 새로운 백만장자가 속속 탄생하고 있다. 사실 중산층에 속한 사람이라면 저축하고 투자하는 것만으로도 백만장자가 될 수 있다. 이렇게 수동적인 방법으로 백만장자가 되고 싶다면 401K(미국퇴직연금제도)에 최대 금액을 납부하고, 검소하게 살면서 돈이 생기는 족족 저축하고 투자하면 결국 백만장자가 될 것이다.

하지만 이 책은 수동적인 투자 방법을 다루는 책이 아니다. '미라클 모닝'은 능동적으로 주도하는 삶을 다룬다. 401K에 최대 금액을 납부하려고 일찍 일어날 필요는 없다. 그저 인사과나 재정부서에 전화 한 통만 하면 된다. 이 책은 수동적 투자가 아니라 능동적 투자를 다룬다.

이 책은 매일 실천해야 하는 습관을 중점적으로 다룬다. 다시 말해, 백만장자가 되기로 선택한 삶을 다룰 때 우리는 다음과 같은 주제를 살펴봐야 한다.

- 사업을 시작하거나 사업을 키우는 일
- 부동산이나 다른 형태의 자산에 투자하는 일
- 직장을 계속 다니면서 부업을 시작하고, 이 부업을 큰 사업으로 키우는 일

만약 전통적인 투자 수단을 이용해 부를 천천히 늘리고 싶다면, 그것도 훌륭한 방법이다. 그 일을 위해 아침 시간을 이용해보자. 하지만 이 책을 집필한 목적에 따라, 우리는 그 이상의 투자 수단을 이용하는 방법에 대해 다룰 것이다.

백만장자가 되기 위해 당신은 먼저 '부를 축적하기로 결심'해야 한다.

결심 2. 전략적으로 행동한다

2장에서 우리는 일찍 일어나는 데 도움이 되는 '5단계 5분' 과정을 살펴봤다. 수많은 사람이 이 방법을 사용해 늦잠을 자고 싶은 핑계를 물리치는 효과를 보았다. 이 방법이 효과적인 이유는 각 단계별로 기상 의욕을 높여 일찍 일어나기 수월하도록 설계되었기 때문이다. 알람시계를 맞춰놓고 그저 잘되기를 바라는 것과는 대조적이다.

하나는 그저 '소망'하는 것이고, 다른 하나는 '결심'을 실행하는 것이다. 부자가 되기로 '결심한' 사람들은 차츰 자신의 달라진 모습을 목격하게 된다. 처음에는 변화 속도가 느리고 미세하여 감지하기 어려울 수 있다. 하지만 시간이 흐를수록 '부를 쌓는 방향으로 매사를 판단하고 행동하는' 모습을 보게 될 것이다.

일단 첫 번째로 (부를 축적하기로) 결심하고 나면 당신의 행동을 바라보는 관점이 달라진다. 자신의 삶과 돈 문제를 훨씬 더 전략적인 관점에서 보게 된다.

이렇게 비유해보자. 현재 당신의 목표가 몸을 날씬하고 건강하게 만드는 것이라고 해보자. 만약 당신이 그 목표에 매진한다면(그렇게 되기를 그저 '바라는' 게 아니라 그렇게 되기로 매일 결심한다면), 다음과 같이 의사결정 방식이 바뀌게 된다.

- 식료품점에 장을 보러 갈 때 보다 건강한 재료를 구입한다.
- 가까운 거리를 이동할 때면 차를 타고 가기보다는 걸어서 가는 쪽을

선택한다.

• 아침이면 늦잠을 자고 싶다가도 '아니야. 건강을 챙기려면 일어나서 운동하는 게 좋겠다.'라고 마음을 고쳐먹게 된다.

시각화를 통해 더욱 건강해진 자신의 모습을 꾸준히 그려본다면 뭔가를 선택해야 하는 상황이 올 때마다 이전과는 다른 관점에서 판단하게 된다. 이와 마찬가지로, 백만장자가 되기로 '결심하고 나면' 모든 일을 그 관점에서 바라보게 된다.

주택을 매입할 때도 비용을 절감하고 남은 돈을 다른 곳에 투자할 수 있도록 가능하면 임대가 가능한 주택을 고르게 될 것이다.

분수에 넘치는 고급 차를 임대할지, 아니면 그냥 구형 자동차를 몰고 다닐지 선택해야 하는 상황이라면 이웃이 몰고 다니는 차량을 기준으로 판단하지 않고 부자가 되기 위한 당신의 계획에 따라 차량을 결정하게 된다.

아침이면 늦잠을 자는 대신 이런 생각을 하게 된다. '아니야. 부자가 되기로 결심했으면 어서 일어나서 내 계획을 실행에 옮겨야지.'

건강한 몸을 만들기로 결심했다면 자신의 생활을 다른 관점에서 살펴봐야 한다. 이처럼 백만장자가 되기로 결심했다면 모든 일을 전략적 관점에서 바라봐야 한다. 부의 축적이 우선순위로 바뀐 만큼, 새로운 관점에서 삶을 살펴야 한다.

결심 3. 자원을 활용해 수익을 극대화한다

많은 사람이 부에 대해 단순하게 생각한다. '아낄 만큼 아끼고 열심히 저축하고 부지런히 일하면 결국 백만 달러를 모을 수 있을 것이다.'

이런 사람들에게 백만장자가 된다는 것은 통장 잔고에 찍힌 숫자를 보는 일일 뿐이다. 현실에서는 은행에 돈을 저축하는 것만으로 부자가 되기란 매우 어렵다. 소득이 매우 높으면 가능하겠지만, 소득이 높으면 으레 생활비도 높아지기 마련이다.

현실에서 부자가 되려면 당신이 지닌 자원이 '일'을 하도록 만들어야 한다. 당신이 하는 일의 성과가 '증대하는' 방식으로 돈과 시간, 정력을 투자해야 한다는 말이다. 통장에 넣어둔 돈은 조금씩 늘어나기는 하지만, 크게 불어나지는 않는다(적어도 단기간에는!). 직장에서 더 열심히 일한다고 해서 소득이 크게 불어나지는 않는다. 물론, 조금씩 올라가기는 한다. 마찬가지로 직장에서 더 오래 일한다고 해서 당신이 사용할 시간이 크게 늘어나지는 않는다. 집과 가족, 친구들과 떨어져 지내는 시간이 늘어날 뿐이다.

부자들은 성과를 '증대하려고' 결심한 사람들이다. 그들은 자신이 지닌 자원을 지렛대 삼아 성과를 크게 올리는 데 관심이 있다. 부자들은 이를 위해 돈을 투자하고, 다른 사람들을 고용하고, 시간을 최대한 활용할 수 있는 방식으로 시간을 할당한다.

부자들이 자원을 활용하는 방법에 대해서는 따로 한 장을 할애해서 설명할 것이다. 일단 현재로서는 내일 아침에 일어나서 미라클 모닝 과정을 실행하는 것이 적은 시간을 투자해 수익률을 극대화하는 방법 중 하나다. 지금쯤이면 당신도 이미 미라클 모닝을 실행하는 첫걸음을 뗐을 것이라 생각한다!

결심 4. 변화가 필요하다

요즘 흔히들 하는 말이 있다.

"당신을 지금 그 자리로 이끈 것들은 당신이 앞으로 가고 싶은 곳으로 데려다주지 못한다."

진부하게 들리겠지만 지금 다루는 주제와 관련해서 이 말은 참으로 맞는 말이며, 그 의미를 따져볼 가치가 있다.

'현재의 삶(당신의 직장과 건강, 인간관계, 재산을 아우르는 모든 것)'은 당신이 과거에 내린 결정이 만든 결과다. 현재 다니는 회사는 예전에 당신이 그렇게 하기로 '결정한' 결과다. 당신이 인지하든 못하든, 당신은 날마다 수많은 결정을 내린다. 나는 지금 '어쩔 수 없이' 이 일을 하고 있노라고 말할지 모르지만, 사실은 '그렇지 않다.' 그것은 당신이 결정한 일이다.

잘못된 생활 습관으로 5~10킬로그램 정도 체중이 증가했는가? 이는 며칠이 됐든 몇 달이 됐든 혹은 몇 년이 됐든 그동안 당신이 내린 수많은 '결정'이 초래한 결과다.

다른 중요한 것, 이를테면 가까운 친구들은 어떤가? 친구들 역시 당신이 사귀기로 '결정한' 사람들이다. 집 안의 가구, 냉장고에 들어 있는 음식, 자동차도 마찬가지다. '모두 당신이 결정한 것들이다.' 여기에는 예외가 없다. 모두 과거에 당신이 그렇게 결정한 결과물이다.

재산에도 동일한 원리가 적용된다.

저축한 돈이 한 푼도 없는가? 당신이 그렇게 결정했다. 소득의 15퍼센트가 아닌 10퍼센트를 저축했다면, 그것도 당신의 결정이다. 투자하기로 선택했든 투자하지 않기로 선택했든 모두 당신이 결정한 결과다.

당신 주위를 둘러보라. '주변에 있는 모든 것이 과거에 당신이 생각하고, 결정하고, 행동으로 옮긴 결과'임을 알 수 있다. 여기에는 심오한 비밀이나 초자연적인 요소가 없다. 원인과 결과만 있을 뿐이다. 당신이 과거에 특정한 방식으로 믿고, 생각하고, 행동한 결과가 그 이후 일어난 거의 모든 것을 결정지었다.

오늘의 당신을 이끈 것은 무엇인가? 만약 당신이 '현재' 부자가 아니라면, 이는 '과거'에 당신이 했던 생각과 행동이 초래한 결과다. 만약 당신이 '미래'에 부자가 되기를 바란다면, '오늘' 이후로 당신의 사고방식과 행동방식을 바꿔야 한다. 격언에도 있듯이, 이전과 똑같이 행동하며 다른 결과를 바라는 것은 정신 나간 짓이다.

쉽게 하는 말이 아니다. 만약 당신이 지난 한 해 동안 매일 다르게 행동했다고 전제하고 당신의 삶이 어떻게 달라졌을지 생각해보자.

- 여전히 지금과 같은 몸매일까?
- 여전히 똑같은 일을 하고 있을까?
- 여전히 은행 잔고는 똑같을까?

앞으로 부자가 되고 싶은 사람들에게 가장 중요한 선택(이 책에서 앞으로 다룰 내용의 핵심)은 이제부터 '변하기로' 결심하는 것이다.

물론 '변화'는 쉽지 않다. 새해 각오를 다짐했던 사람들 중 아무나 붙잡고 성공했는지 물어보라. 사실 누구에게 물어볼 필요도 없이 당신 스스로 새해에 다짐했던 일들을 달성한 적이 얼마나 있었는지 생각해보라. 달라지고 싶어서 거창한 계획을 세운 적은 많지만, 어느 것 하나 결실을 맺지 못했을 것이다. 하지만 내가 '결심'하고 실행한 계획은 성공했을 것이다.

앞에서 언급한 네 가지 결심은 단번에 이루어지는 것이 아니다. 당신은 매일 결심해야 한다. 이는 부자가 되기 위해 치러야 하는 대가다.

- 돈을 다 써버리거나 푼돈밖에 벌지 못하면서 부를 축적할 수는 없다.
- 은행에 돈을 저축하는 것만으로는 부자가 될 수 없다.
- 부를 축적하기로 결심하지 않으면 부자가 될 수 없다.
- 당신이 '변화하지 않으면' 부자가 될 수 없다.

매일 결심을 다지는 일이 쉽지는 않을 것이다. 그러나 '당신은 결심할 수 있다.' 여느 사람과 마찬가지로 당신에게도 매일 결심을 다질 능력이 있다.

왜 부자가 되려고 하는가: 결심은 한 번으로 완성되지 않는다

사람들이 흔히 '돈은 만악의 근원'이라고 한다. 이 말은 순전히 오해에서 비롯되었다. 이 오해를 철학적으로 바로잡으려는 생각은 없다. 그저 인용이 잘못되었을 뿐임을 말하려는 것이다. 이 말은 성경(정확히는 디모데전서 6장 10절)에서 인용한 것으로 정확히는 다음과 같다.

"돈을 사랑하는 것이 모든 악의 뿌리이다."

만약 당신이 그저 돈을 사랑하는 거라면, 그저 돈을 많이 갖고 싶은 거라면, 그저 부를 쌓아 부자가 되고 싶은 거라면 그렇게 된다 하더라도 당신은 행복한 결말을 얻을 수 없다.

물론 돈을 많이 모을 수 있고, 부유한 삶을 즐길 수도 있다. 하지만 돈을 사랑하는 것 외에 소중한 가치를 찾지 못한다면, 돈을 추구하는 과정에서 건강이나 소중한 사람 등을 잃을 수 있다. 그리고 결국 세상의 모든 것을 주고서라도 잃어버린 것들을 되찾고 싶어질 것이다. 다시 말해, '목적도 없이' 돈을 좇는 것만큼 인생을 빠르게 망치는 길도 없다.

무작정 돈을 좇아서는 안 된다. 물론 돈을 버는 것은 좋지만 그보다는 새로운 일에 도전하는 게 더 좋다. 에베레스트가 그곳에 있기 때문에 오른다고 했던 것처럼, 도전할 거리가 있기에 도전한다고 할까. 도전하고 성장하는 삶, 그리고 아침마다 이부자리를 박차고 일어날 만큼 재미있는 일을 하며 살 때 자연스럽게 발생하는 근사한 부산물이 바로 돈이다. 돈은 도구이지 목적이 아니다. 돈은 수단이다.

돈이 더 많으면 행복할까? 물론이다. 충만하고 흥미로운 삶은 행복을 불러오고, 돈은 이 충만한 삶을 구성하는 필요조건이다. '목적'을 갖고 산다는 전제하에 경제적으로 풍족한 삶이 빈곤한 삶보다 더 충만하다고 생각한다. 물론 이 경제적 풍요는 당연히 올바른 동기에서 나온 결과물이어야 한다.

문제는 이 '동기'를 우리가 망각하기 쉽다는 데 있다. 애초에 왜 체중을 감량했는지, 왜 회사를 차렸는지, 왜 어떤 사람을 저녁 식사에 초대했는지 쉽게 잊어버린다. 그런 까닭에 당신을 이끌어줄 '목적'만 필요한 게 아니라, 이 목적을 잊지 않도록 지탱해줄 조직이 필요하다.

익명의 알코올 중독자 모임이 갱생과 치유를 목적으로 함께 모이고, 다이어트 전문기업인 웨이트워처스Weight Watchers가 회원들의 체중을 관리하는 것과 마찬가지로 매일 새롭게 부자가 되려는 결심을 하도록 지지해줄 구조물이 당신에게도 필요하다.

이 구조물이 바로 미라클 모닝이다.

아침은 우리가 애초에 품은 '동기'를 잊지 않게 해줄 황금 같은 시간이다. 우리에게는 매일 아침 우리의 꿈과 목표, 기대감을 되새길 기회가 온다. 왜 부자가 되기로 결심했는지, 그 '이유'와 그 일이 어떤 의미를 지니는지 되돌아볼 시간을 제공한다.

부자들에게 아침 시간이 중요한 이유도 바로 이런 까닭이다. 아침 시간을 활용하지 못하고 일상에 치이다 보면 애초에 부자가 되겠다는 동기를 쉽게 망각하기 때문이다.

어느 문을 선택할 것인가

이제 당신이 결정할 일만 남았다. 무대는 정해졌다. 당신은 두 개의 문을 마주하고 있으며, 문 뒤에 무엇이 기다리는지 알고 있다. 사람들은 당신의 결정을 기다린다. 이제 당신에게는 '결심하는' 일만 남았다.

어느 문을 선택할 것인가?

tip

아침형 백만장자

스티브 잡스는 아침마다 거울을 들여다보고 이렇게 자문했다고 한다.

"오늘이 생의 마지막 날이라면 오늘 내가 하려는 일이 만족스러울까?"

만약 여러 날 동안 계속 '아니'라는 대답이 떠오르면 스티브 잡스는 변화가 필요하다고 생각했다.

두 번째 수업: 당신은 백만장자다
–편견의 테두리에 갇히지 마라

"첫 번째 원칙은 나 자신을 속이지 말아야 한다는 것이다.
하지만 우리는 스스로에게 가장 많이 속는다."
— 리처드 파인만Richard P. Feynman, 이론물리학자

백만장자가 되는 일이 간단하고 쉬운 일이라면 우리 모두 그렇게 되었을 것이다. 하지만 우리는 백만장자가 아니다. 그 근처에도 못 갔다. 부자가 되기로 결심하는 일이 중요한 첫걸음이지만, 그것이 '전부'는 아니다. 백만장자가 되려면 첫 단계만 통과하면 되는 게 아니라 모든 단계를 전부 밟아야 한다.

경제적으로 풍족한 삶을 살기 위해 애쓰는 수많은 사람과 대화를 나누다 보면, 그들이 안고 있는 문제들은 대개 다음과 같다.

"돈을 더 많이 벌고 싶지만 방법을 모르겠어요."

"미친 듯이 일하고 있는데 재산이 늘지 않아요."

"부자들은 제가 모르는 특별한 비법을 알고 있는 것 같아요."

당신도 비슷한 고민을 하고 있을 것이다. 괜찮다. 부자가 되는 일은 만만치 않은 일이므로 당신만 그렇게 생각하는 것이 아니다. 하지만 이런 고민을 들을 때면 이 말이 떠오른다.

"테두리 안에 갇힌 것을 환영한다."

'테두리 안에 갇혔다.'는 말은 이보다 어려운 상위 개념을 더 쉽게 이해하도록 도와주는, 이를테면 지름길이다. 앞으로 이 개념을 살펴볼 텐데 (오랜 세월 부를 쌓아온 내가 보기에) 부자가 되기 위한 여정에서 반드시 알아야 하는 가장 중요한 개념이다. 여기서 '테두리'로 대표되는 개념을 이해하면, 부자가 되기로 '결심'한 이후에도 왜 부자가 되지 못하는지 알 수 있다. 또 왜 소득이나 순자산이 일정 수준 이상으로 늘어나지 않는지, 열심히 일을 해도 왜 더 이상 부유해지지 않는지 알게 된다.

여기까지 얘기하면 사람들은 그 '테두리'가 무엇인지 알고 싶어 한다. 그 개념을 설명하기 위해 먼저 갑각류에 대한 이야기를 해보려 한다.

소라게와 백만장자

다들 소라게를 본 적이 있을 것이다. 맛이 좋아 사람들에게 사랑받는 바닷가재나 새우 같은 연갑강에 속하는 갑각류 생물이다.

그러나 다른 갑각류와 달리 성체가 된 소라게는 육지 생활이 가능하다. 소라게는 물이 아니라 습한 공기를 들이마시며, 바닷가재 등과 달리

딱딱한 껍데기를 지니고 있지 않다.

소라게도 외골격을 지니고 있지만 다른 갑각류에 비하면 외피가 상당히 무르고 연약해서 쉽게 먹잇감이 된다. 그래서 소라게는 다른 껍데기를 빌리는 방향으로 진화했다. 해변에서 딱딱한 껍데기를 뒤집어쓰고 가는 소라게를 보거든 그 껍데기가 한때는 다른 생물의 것이었다고 생각하면 된다.

소라게는 몸집이 커지면 더 큰 껍데기를 찾아 나서야 한다. 어항 안의 금붕어처럼 소라게는 자신을 둘러싼 환경에 제약을 받는다. 껍데기를 입는 방식은 조금씩 차이가 있다. 시시때때로 껍데기를 찾아서 계속 바꾸는 소라게가 있는가 하면, 마음에 드는 껍데기를 유난스럽게 오래 붙들고 사는 소라게도 있다. 성장기 동안 다양한 선택을 하지만 성장이 끝나면 대부분의 소라게는 더 이상 집을 바꾸지 않고 살아간다.

인간도 크게 다르지 않다. 소라게가 껍데기 안에서 살아가듯 우리는 일정한 '테두리' 안에서 살아간다. 그러니까 일정한 사고방식과 신념, 습관에 적응하며 살다가 성장하면서 답답한 테두리를 벗어난다.

우리는 자라는 동안 (육체적으로든 정신적으로든) 우리를 둘러싼 '껍데기', 즉 테두리를 자주 고친다. 하지만 어른이 되고 나면 그 횟수가 현저하게 줄어든다. 성인이 되면 똑같은 사람들과 어울리며, 똑같은 일을 반복하게 된다. 무엇보다 신념과 사고방식은 더욱 단단하게 고정된다.

모험을 주저하는 소라게처럼 우리는 '껍데기' 속에 안주하고, 그 껍데기를 고수하는 경향을 보인다. 이 같은 경향성은 직업 선택부터 인간관계, 휴가를 보내는 방식까지 삶의 모든 면에 영향을 미친다. 특히 재산을 형성하는 방식에 큰 영향을 끼친다.

당신을 지금 그 자리로 이끈 것들

이 테두리는 우리가 지닌 신념, 경험, 생각, 기술, 기회를 의미하고, 이것들이 지금의 현실을 빚어낸다. 이 테두리는 눈에 보이지 않지만 현실 세계에서 우리를 둘러싼 모든 것에 영향을 미친다.

현재 우리는 자신에게 맞는 테두리 안에서 살고 있다. 그 테두리에 오랫동안 적응했고, 그 안에서 편안함을 느낀다. 테두리 안의 삶은 대개 예측 가능하다. 집, 친구, 직장, 사업, 자동차를 비롯해 우리가 가진 것들은 모두 '과거'에 우리가 했던 생각, 신념, 행동의 결과물이다. 다시 말해, 우리의 테두리 안에서 만든 결과물이다. 우리가 하는 모든 행동은 뇌 속의 패턴을 통해 걸러지며, 정해진 테두리를 벗어나기 힘들다. 우리가 삶을 꾸려가는 방식도 좋든 나쁘든 이 같은 과정으로 결정된다.

이는 우리의 소득에도 그대로 적용된다. 소득이나 은행 잔고, 순자산 역시 똑같은 테두리 안에서 만들어진 결과물이다. 따라서 현재의 소득과 자산을 바꾸고 싶다면 새 테두리가 필요하다.

소라게는 더 널찍한 공간이 필요해지면 오래된 껍데기를 버리고 새 껍데기를 찾는다. 소라게는 이때 공격에 취약해진다. 껍데기를 '벗고' 연약해진 소라게는 세상에 자신을 고스란히 노출하게 된다. 하지만 더 좋은 집을 원한다면 이 위험을 감수해야만 한다.

소라게처럼 우리 역시 자신이 처한 환경 속에 머물며 그 안에서 성장한다. 소라게가 껍데기를 바꾸지 않은 날은 '아무것'도 바뀌지 않은 날이다. 우리도 현재 우리를 둘러싼 테두리에 제약을 받는다. 만약 현재와 다른 결과를 원한다면 위험할지라도 테두리를 고치고 넓혀야 한다.

만약 지금과 다른 인생(다른 현실)을 원한다면, 우리가 붙들고 있는 신념과 생각, 또 우리가 하는 행동을 바꿔야 한다. 현재의 테두리 안에 계속 안주한다면 앞으로 결과는 조금도 달라지지 않을 것이다. 반면 소라게처럼 더 큰 껍데기를 찾아 나선다면 변화하게 된다.

테두리를 확장하라

인간은 자신의 테두리 밖으로 '벗어나지' 못한다. 우리는 자신의 신념과 과거의 경험이라는 안경을 통해 늘 세상을 바라본다. 우리는 뇌가 해석한 현실에 늘 어느 정도 '속고' 있기 때문에, 결코 현실을 있는 그대로 보지 못한다. 인간이라면 누구나 그렇다. 그러나 테두리를 '확장할' 수는 있다. 여기에는 두 가지 방법이 있다.

첫째, 자신에게 어떤 편향(특히 돈이나 부에 관련해)이 있는지 파악한다. 편향은 우리 판단을 흐리고, 생각을 방해하고, 한계에 가둔다. 이 같은 편향은 우리 뇌 속에 있는 맹점(우리 눈은 망막에 있는 시세포가 빛을 감지해 물체를 인식하는데, 빛이 들어와도 감지할 수 없는 부분을 맹점이라 한다.-옮긴이)이라고 할

더 나은
삶을 위한
결심이
필요해.

수 있다. 우리는 맹점 때문에 상황을 정확하게 파악하지 못하고 스스로에게 속는다.

둘째, 전혀 다르게 살아가는 삶을 상상한다. 훨씬 풍족하게 사는 인생을 시각화하며 테두리를 넓히는 것이다. 당신이 부자로 살아가는 삶을 떠올려보라.

소라게가 헌 껍데기를 버리고 널찍한 새 껍데기를 입듯이 그런 상상을 통해 우리는 테두리를 확장할 수 있다.

낡은 테두리: 우리 안의 편향을 인식하라

인간의 삶이나 행동에 관해 새롭게 드러난 여러 사실 가운데 특히 중요한 부분은 우리가 세상을 있는 그대로 보지 못한다는 점이다. 인간은 뇌가 만들어낸 현실을 보기 때문에 진짜 '현실'을 보지 못한다. 내가 보는 현실은 나 자신에게만 해당하는 현실인 셈이다.

이 말은 터무니없는 유사과학에서 주장하는 말이 아니다. 우리가 안다고 생각하고, 우리가 믿는다고 생각한 모든 것은 사실 우리 뇌가 창조한 산물이다. 이는 신경과학이 증명한다. '빨강'이라는 색은 빛에 대해 뇌가 내린 해석이다. 바로 '당신'의 뇌가 내린 판단이다. 이는 당신 눈에 보이는 빨간색이 다른 사람들 눈에 보이는 빨간색과 똑같지 않을 수도 있다는 말이다.

현실을 있는 그대로 보지 못하는 것은 우리가 '뇌'라는 여과 장치를 통해 세상을 바라보기 때문이다. 우리는 저마다 고유한 방식으로 사물을 바라보고, 그 결과 특히 돈과 관련해서 잘못된 의식을 형성하기도 한다.

인간이라면 '누구나' 편향이 있다. 인지 편향에서 자유로운 사람은 아무도 없다. 그러니 당신만의 문제인 양 걱정할 필요는 없다. 이 편향들을 인지할 때 현재 자신이 갇힌 테두리를 이해하고, 그 테두리를 확장하지 못하게 가로막는 요소가 무엇인지 알게 된다.

인간에게는 '수많은' 인지 편향이 있는데, 특히 부를 쌓아나가는 과정에서 우리에게 영향을 미치는 편향 위주로 살펴보자.

손실 회피 편향

인간의 뇌는 손실을 싫어하도록 설계되어 있다. 당연히 손실을 좋아할 사람은 없지만, '이득을 챙기는 상황보다 손실을 입을 상황에 더 민감하다!'는 말이 있을 정도로 손해 보는 일을 끔찍하게 싫어한다. 예를 들어, 100달러가 생겼을 때 얻는 즐거움보다 100달러를 잃었을 때 느끼는 고통이 훨씬 크다.

우리는 이미 소유한 재산에 애착을 느끼고 돈에 관한 리스크를 기피하려는 성향을 보인다. 하지만 부를 쌓는 과정에서는 늘 어느 정도 리스크를 감수해야 한다. 손실 회피 편향이 강할수록 단기간에 부자가 되기는 힘들다.

매몰 비용 편향

매몰 비용 편향은 손실 회피 편향과도 관련이 있는데, 투자를 중단해야 함에도 그동안 투자한 금액을 손해 보기 싫어서 투자를 지속하려는 심리를 가리킨다. '벌써 이만큼이나 투자했는데 여기서 포기할 순 없어.'라는 생각이 든다면 당신은 이 편향에 빠진 것이다. 매몰 비용은 이미 지출한 금액으로 회수가 불가능한 비용을 말한다. 그러니 아까워해도 소용없다!

현상 유지 편향

현재 상황을 그대로 유지하기를 원하는 심리를 가리킨다. 껍데기를 절대 바꾸지 않으려는 소라게처럼 인간은 익숙한 환경에서 편안함을 느낀다. 이로써 반드시 변화가 필요한 상황임에도 변화를 불안하게 여겨 이를 거부하는 편향이 있다.

미래의 가치를 평가절하하는 편향(시간 할인)

미래의 보상보다 즉각적인 보상을 더 가치 있게 여기는 심리를 가리킨다. '나중에' 몸이야 어찌 되든 '지금' 아이스크림 한 통을 먹는 쪽을 선택하는 심리는 미래의 자기 가치를 '평가절하'하는 행위다. 돈 문제에서 이 같은 편향은 만족을 지연하지 못하는 형태로 나타난다. 미래를 대비해 투자해야 큰 수익을 거둘 수 있는 돈을 '현재'에 소비하는 행위가 이에 해당한다.

타조 효과

이것은 현실로부터 도망치려는 성향이다. 갚아야 할 돈이 얼마인지 확인하고 싶지 않아서 신용카드 고지서를 뜯어보지도 않고 놔둔다거나, 사업상 어떤 문제가 발생했는지 '알면서도' 문제 해결에 나서지 않는 경우가 이에 해당한다.

나 자신을 가두는 테두리

심리학자와 경제학자들의 연구를 통해 밝혀진 편향 외에 '공식화되지 않은' 편견과 고정관념까지 합치면 우리의 사고를 방해하는 편향은 훨씬 많다. 가족과 친구, 사회 관습과 문화 등에 어려서부터 영향을 받아 형성된 여러 신념과 사고방식이 이에 해당한다.

예를 들어, 얼마나 일을 '똑똑하게' 하고 있는지(이 주제는 7장에서 자세히 다룰 것이다.)에 대해서는 고민하지 않고 그저 '열심히' 일하면 된다고 믿는 태도라든가, '부자들은 탐욕스럽다.'거나 '돈은 만악의 근원'이라고 믿는 태도가 대표적이다. 이런 편견이 있으면 부를 쌓고 부자가 되는 과정에 불리하게 작용한다.

우리는 저마다 돈에 대한 신념을 지니고 있으며, 이 태도는 부자가 되는 데 필요한 자질을 형성하는 과정에 영향을 미친다. 따라서 우리 안에 존재하는 어떤 신념이 부자가 되는 데 방해가 되는지, 또 어떤 신념을 새로 품어야 하는지 파악해야 한다.

이런 편견을 깨려면 우선 그 존재를 인지해야 한다. 어떤 편견이 있는지 알아야 자신이 편견에 빠질 때 이를 눈치채고 사고를 전환할 수 있다. 그러려면 훈련이 필요하고, 이때 필요한 것이 아침 시간이다!

돈과 관련해서 우리에게 어떤 편향이 있는지 더 자세히 알고 싶은 사람들에게는 제이슨 츠바이크Jason Zweig의 《머니 앤드 브레인Your Money and Your Brain》을 적극 추천한다. 우리가 재정적으로 어리석은 결정을 내리는 이유를 신경경제학 관점에서 탐구하는 책이다.

새로운 테두리: 백만장자가 된 자신을 꿈꾼다

《인생에 승부를 걸 시간Wealth Can't Wait》에서 폴 모리스는 '공중전'과 '지상전'의 차이점에 대해 말했다. 지상전은 일을 완수하기 위해 날마다 부지런히 노력하는 것을 의미한다. 사람들은 보통 일을 잘한다고 하면 영업 상담을 몇 건 했는지, 사건을 몇 건 해결했는지, 글을 얼마나 썼는지, 화재를 몇 건 진화했는지 등 일터에서 하는 지상전만 고려한다. 우리가 고정으로 급여를 받는 일을 열심히 하는 것이 지상전에 해당한다.

지상전도 당연히 잘 치러야 한다. 가만히 앉아서 부자가 될 수는 없다. 하지만 대부분의 사람은 '오로지' 지상전만 생각하고, 거기에만 매여 있기 일쑤다. 지상전은 테두리 안에서 벌어지는 게임이다.

공중전은 지상전과는 완전히 다르다. 높디높은 산꼭대기 정상에서 수천 킬로미터 떨어진 곳까지 자신의 인생을 미리 내다보며 치르는 게임이다. 공중전에서는 부자가 되기까지 필요한 계획과 전술을 수립한다.

인생 전체를 조감하며 어디서, 어떻게 지상전을 펼치는 게 좋은지 점검할 수 있어야 한다. 우리는 공중전을 통해 자신의 테두리를 확장할 수 있다.

지상전과 공중전, 어느 것도 소홀히 해서는 안 된다. 공중전에만 치중하고 지상전을 무시하는 사람은 자신의 삶을 방치하는 셈이다. 부자가 되는 문으로 들어가려고 결심하지 않고, 그저 백만장자가 되기를 가만히 앉아서 '바라는' 사람이 여기에 해당한다.

오로지 지상전에만 치중하고 공중전을 무시하는 태도 역시 문제다. 이 경우 매일 열심히 성실하게 일한다 해도 재산이 별로 늘어나지 않는다. 또한 최악의 경우에는 쳇바퀴 돌 듯 제자리에만 머물게 된다.

다음 장에서 우리는 '백만장자 되기' 같은 원대한 목표를 세우고, 그 목표를 성취하기 위해 계획을 수립하는 방법을 살펴볼 것이다. 이때 우리는 '인생'이라는 전체 맥락에서, 말하자면 공중전을 치러야 한다. 우리가 원하는 삶에 부합하는 방식으로 목표와 계획을 세우고 자본을 결합해야 한다. 부자가 되겠다는 목표를 세우는 건 좋다. 하지만 만약 그 목표가 삶과 조화를 이루지 못하면 목표 달성에 실패하거나, 아니면 목표에 집착하는 삶을 살게 된다.

올바른 선택을 내렸는지 확인하고, 재정 목표를 적절하게 수립했는지 확인하기 위해서는 자신이 원하는 삶이 어떤 모습인지 규정하는 게 중요하다. 이것을 '비전'이라고 한다. 비전 그리기는 가장 높은 위치에서 실행하는 공중전이다.

예를 들어, 일기장 맨 뒤쪽에 한 해 동안의 목표들을 적어놓는다. 그리고 어디를 가든지 이 일기장을 지참한다. 일기장에 메모하고, 오늘의 할 일을 적고, 유용한 정보를 수집한다. 한 해를 마감할 때 일기장을 보면서 지난 12개월 동안 어떤 생각을 했는지 추적할 수 있다.

연간 단위 기록은 비전이 없으면 효과가 없다. 보통 1년마다 목표를 세우지만, 내 '인생'에 대한 5년 단위와 30년 단위로 세운 비전도 갖고 있어야 한다.

비전을 그리는 작업은 가장 높이 날면서 실행하는 공중전이다. 여기서 약간 독특한 방식으로 비전을 그리는 과정을 소개하려고 한다.

미래의 백만장자로부터 온 편지

어느 성공한 백만장자가 당신에게 편지를 보내왔다고 상상해보자. 부족함이라고는 없어 보이는 부자가 풍요로운 삶이 무엇인지 당신에게 얘기해준다. 뿐만 아니라 그런 삶을 창출하는 방법을 알려주고 당신을 격려한다. 그런 편지를 받는다면 얼마나 마음이 설레고 소중하겠는가.

이것은 미래의 비전을 그릴 때 이용할 수 있는 방법이다. 사례에 등장하는 부자는 바로 '나' 자신이다. 내가 미래의 어느 시점(5년이나 30년의 미래)에 있는 것처럼 상상하며 현재의 나에게 편지를 쓴다. 편지에서 나는 성공한 삶을 묘사하고, 내가 어떻게 그러한 삶에 도달했는지 설명한다. 그리고 더 젊은 나에게 용기를 주고 어떻게 살아야 하는지 격려한다.

당신도 이 방법을 이용해보자. 행복하고, 건강하고, 부유하게 살고 있을 미래의 '나'가 되어 현재의 나에게 편지를 써보자. 처음에는 어색하게 느껴지겠지만 '미래'의 나가 되어 현재의 나에게 편지를 쓰는 일은 현재의 관점에서 미래를 상상해보는 일과는 다른 결과를 낳는다.

전자의 경우는 '장차 되고 싶은 사람의 처지'에 몰입해야 가능한 일이고, 후자는 자신이 바라는 미래를 상상해보는 것에 지나지 않는다. 이미 부자가 된 자신의 입장에서 편지를 쓰면 막연한 희망에서 벗어나 실감나게 부를 느낄 수 있다.

미래의 내가 현재의 나에게 편지를 쓸 때 즐겨 쓰는 전략을 살펴보자.

미래의 모습을 실감나게 시각화한다

3장에서 설명한 세이버 과정의 시각화 방법을 적용해 자신의 미래를 대담하게 그려보자.

당신의 삶은 어떤 모습인가? 주위 환경은 어떤 모습인가? 사업은 어떻게 돌아가고 있는가? 그동안 어떤 일이 있었는가? 사람들과의 관계나 건강 상태는 어떤가? 이 모든 것을 생생하게 그려보자.

두려워하거나 의심하지 말고 비전을 그려보라

당신이 바라는 미래의 삶을 과감하게 그려보자. 돈 드는 일도 아니지 않은가. 당신은 '이미 일어난' 일을 쓰는 것이다. 여기에는 한 치의 의심도 있어서는 안 된다.

현재 시점으로 글을 쓴다

삶을 묘사할 때는 마치 자신이 그 순간에 존재하는 사람처럼 현재 시점으로 쓴다. "나는 널찍한 집에서 살고 있을 것이고, 사업은 번창해 있을 것이다."라는 식으로 쓰지 않도록 한다. 미래의 자신에게는 '현재'의 일일 것이므로, 자신이 상상하는 모든 것을 현재 일어나는 일로 생각하고 글을 써야 한다.

도움말을 하거나 격려하는 말을 써도 좋다. 미래의 자신이 되어 글을 쓰는 시간은 현재 자신을 가로막는 편견이 무엇인지 파악하는 지름길이기도 하다.

가슴 뛰는 미래의 모습을 그린다

당신의 심장을 뛰게 하는 일만으로 비전을 그려야 한다. 아무 제약 없이 브레인스토밍을 하듯이 미래를 그리다 보면 별로 중요하지 않은 사안(무인도를 구매한다든가, 12대의 고급 차량이 진열된 차고를 건설한다는 등)에 시선을 빼기기 쉽다. 그런 일을 상상하면 안 된다는 말이 아니라, '진심으로 가슴 뛰는 일이 아니라면' 굳이 편지에 쓸 필요는 없다.

비전을 어떻게 실현할지 고심하지 말자

자신의 현실과 동떨어진 미래를 상상하다 보면 그런 미래를 실현할 '방법'이 무엇인지 슬그머니 의심이 든다. 그러나 구체적인 방법에 대해 염려하다 보면 비전을 그리는 데 어김없이 방해가 된다.

예를 들어, 당신이 이렇게 비전을 그린다고 해보자.

"나는 지금 프랑스에 있는 별장에서 편지를 쓰고 있어. 분기마다 3주 동안은 이곳에서 시간을 보내지."

잠깐이나마 신바람이 난다. 당신은 '늘' 프랑스에서 살고 싶어 했으니까. 그런데 현실이 끼어든다. '도대체 무슨 수로 프랑스에 별장을 산단 말이야? 거기서 지내지 않는 동안 별장은 누가 관리하지? 게다가 분기마다 3주씩 휴가를 낼 수도 없어. 이건 불가능한 일이야!'

그다음에 벌어질 일은 뻔하다. 지금껏 열망하던 비전을 더 '현실적인' 모습으로 다시 고쳐 쓴다.

비전을 그릴 때 합리적인 관점은 중요하지 않다. 비전이란 자신이 살고 싶은 인생을 얘기하는 것이지, 이를 실현할 '방법'을 얘기하는 게 아니다. 이 순간에는 '어떻게'라는 물음을 잊도록 하자. '방법'을 궁리하기까지 앞으로 몇 주, 몇 달, 몇 년의 시간이 있다. 지금은 자신이 원하는 인생을 그저 '상상해보는' 시간이 아니라, '그 삶 속에 들어가 살아보는' 시간이다.

지금은 미래이고, 당신은 백만장자다. 당신의 삶은 어떤 모습인가? 백만장자가 되고 싶어 하는 현재의 당신에게 해주고 싶은 말은 무엇인가?

당신을 가로막을 한계는 존재하지 않는 것처럼 삶에 대한 비전을 그려야 자신을 가두고 있는 테두리 밖으로 나아갈 수 있다. 그 비전을 곧장 실현하지는 못할지라도, 어떠한 제약 없이 미래를 그려봄으로써 앞으로 첫발을 내딛는 것이다.

현실로 돌아오기

비전을 어떻게 실현할지 고민하지 않고 일단 맘껏 비전을 그려보았다면, 이제는 좀 더 현실적으로 접근해야 할 단계다.

이를 위해서는 상공에 계속 머물러야 한다. 아직은 목표와 계획을 가지고 지상에 내려올 때가 아니다. 잡념을 비우고 멀리 내다보자. 본격적으로 계획을 수립하기 전에 부를 창출하기 위해서 '현재' 당신이 갖고 있는 시간과 에너지, 기술을 어디에 투자해야 할지 생각해보자.

짐 콜린스는《좋은 기업을 넘어 위대한 기업으로Good to Great》에서 '고슴도치 개념Hedgehog Concept'을 소개하면서 세 개의 원이 교차하는 영역에 대해 설명한다. 세 개의 원이 교차하는 교집합 영역은 성공하는 기업이 되기 위해 노력을 집중 투자해야 할 영역이다.

기업 성공에 적용되는 '고슴도치 개념'을 개인의 삶에도 적용해보자. 삶에는 세 개의 영역이 있고, 이 세 원이 서로 겹치는 영역이 있다. 여기가 바로 부를 쌓기 위해 최선을 다해야 하는 영역이다.

세 개의 원은 다음과 같다.

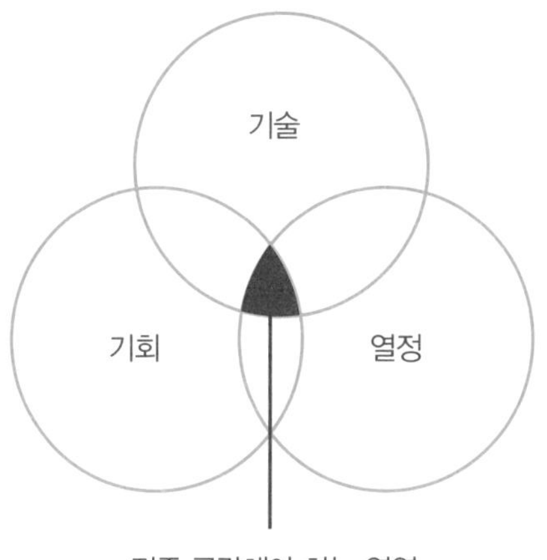

기술

기술이 있는가? 기술이 있다는 말은 당신이 어떤 분야에서 실력이 뛰어날 뿐만 아니라, 꾸준히 자기 기량을 갈고 닦았다는 뜻이다. 세상에서 가장 수익성이 높은 사업이나 직장에 몸담고 있다. 그런데 당신에게 그 일을 제대로 해낼 기술이 없고, 이 기술을 키울 마음이 없다면 부자가 될 가능성은 낮다. 다음과 같이 자문해보자.

"내가 잘하는 일은 무엇인가?"
"내가 다른 사람보다 훨씬 경험을 많이 쌓은 분야는 무엇인가?"
"내가 오랜 세월 갈고 닦은 기량은 무엇인가?"

기회

기술이 아무리 뛰어나도 돈이 되는 기술이 아니라면 돈을 모을 가망이 없다. 수요가 적고 수익성이 낮거나 미래 전망이 어두운 일이라면 노력을 집중해도 부자가 될 가능성은 낮다. 부자가 되려면 금전적 보상이 따르는 일이나 사업에 집중해야 한다. 다음과 같이 자문해보자.

"나만의 특별한 기술이나 장점은 무엇인가?"
"내가 제공할 수 있는 기술 중에서 세상이 필요로 하는 것은 무엇인가?"
"내게는 어떤 자원이 있는가, 혹은 이용 가능한 자원은 무엇인가?"

열정

열정을 가져야 한다고 해서 '매일 매 순간 자신이 하는 일을 사랑해야 하는' 것으로 오해해서는 안 된다. 그렇게 할 수도 없지만, 설령 그렇게 산다고 해도 열정만으로 부자가 되지는 못한다. 자신이 하는 일을 사랑하는 것은 물론 중요하다. 아침에 일어나서 일하러 나가는 것이 신이 나야 한다. 그렇다고 하루 종일 기분이 좋고, 늘 일이 술술 풀릴 수만은 없다. 그것은 미신이다.

세상에서 가장 성공한 사람들도 자신의 일을 '사랑함에도 불구하고' 힘든 날을 보내곤 한다. 그들도 힘든 결정을 내려야 하고, 크고 작은 난관에 부딪혀 때로는 좌절하기도 한다. 아침에 일어났을 때 회의감에 사로잡히기도 한다. 자신들이 내린 선택에 의문을 품기도 한다.

열정이란 우리가 목적지까지 가는 데 필요한 연료와 같다. 다시 말해, 목적지에 도달하기까지 자신을 부단히 계발하면서 열심히 일할 의욕이 충만해야 한다. 열정 없이는 부자가 될 때까지 비전을 지켜낼 가능성이 낮다. 다음과 같이 자문해보자.

"내가 즐거워하는 일은 무엇인가?"
"아무리 힘들어도 기꺼이 하고 싶은 일은 무엇인가?"
"당장 보상을 받지 못하더라도 기꺼이 하고 싶은 일은 무엇인가?"

중심부

세 개의 원이 겹친 중심부는 부를 쌓기 위한 최적의 영역이다. 원이 '두 개' 겹친 것으로는 부족하다. 기회와 기술이 있어도 열정이 없으면 연료가 떨어져 여행을 완주하지 못하게 된다. 기술과 열정이 있어도 기회가 없으면 결국 빈털터리가 될 수 있다. 또한 기회와 열정이 있어도 기술이 없으면 사업이 실패하거나 경력이 중단될 것이다. 이 세 가지 요소를 모두 갖춰야만 한다.

새 껍데기를 찾아 떠나다

이상적인 세상이라면 깨끗한 백지 상태에서 백만장자가 되기 위한 여정을 시작하게 될 것이다. 과거에 형성된 편견도 없고, 자신을 제약하는 신념도 없고, 결핍된 사고방식Scarcity mindset도 없는 상태에서 말이다. 이런 경우라면 대담한 비전을 품고 두려움과 의심 없이 앞으로 나아갈 수 있을 것이다.

어떤 편향도 고정관념도 없는 백지 상태인 사람은 '아무도' 없다. 우리에게는 모두 과거가 있다. 우리 모두는 자기 나름의 편견과 신념, 두려움과 걱정을 품고 있다. 미래에 대한 불안감으로 흔들린 적이 없는 백만장자는 없다. 아니, 그들은 '지금도' 불안과 싸우고 있다. 인간에게 이런 불안감은 자연스러운 것이다. 껍데기를 바꾸는 일은 소라게와 마찬가지로 우리에게도 위험한 일이다. 하지만 '위험을 무릅써야 큰 보상을 얻는 법'이다.

불확실한 미래에 대한 불안감을 치료할 방법이나 우리를 한계 짓는 테두리로부터 완전히 자유로운 삶이란 존재하지 않는다. 하지만 '아침은 자신의 테두리를 확장하여 자유를 만끽할 수 있는 시간'임을 알아야 한다. 미라클 모닝은 기존의 테두리에서 벗어나 다르게 생각해보는 시간이다. 한계 너머에 있는 자신을 바라보는 시간이다. 새롭게 출발하는 시간이다. 안전한 옛 껍데기에서 벗어나 더 널찍하고, 더 밝고, 더 좋은 것을 향해 나아가는 시간이다.

tip

아침형 백만장자

일주일에 5일은 아침에 일어나서, 그리고 잠자리에 들기 전에 내가 세운 목표를 읽는다. 건강과 가족, 사업과 관련해 마감일을 못 박아 놓은 열 가지 목표가 있으며, 나는 6개월마다 이 목표를 갱신한다.

— 데이먼드 존Daymond John, 미국인 사업가, 투자자, 작가, 동기부여 강사, 방송인

세 번째 수업: 비행 계획
–목표 수립과 경로 계획

"고차원의 목표를 세우는 능력이야말로
진화한 인간의 뇌가 보여주는 절정의 능력이다."
— 애덤 가잘리Adam Gazzaley와 래리 로젠Larry D. Rosen, 《산만한 정신*The Distracted Mind*》

지구상에 영장류가 맨 처음 등장한 시대로 시간여행을 갔다고 해보자. 겉모습은 다를지라도 원시 조상들과 우리 사이에는 한 가지 눈에 띄는 공통점이 있는데, 그것은 목표를 설정하는 능력이다.

심지어 (뇌와 신경체계가 발달하지 않은) 원시수프(원생액)에서 발생한 단세포 유기체도 목표 지향적인 행동을 보였다. 이 유기체들은 간단한 형태의 더듬이를 이용해 화학 신호를 감지하여 자신에게 유익한 물질을 향해 나아가고, 해로운 물질은 멀리했다.

단순하게 목표를 찾아가는 행동은 오랜 세월을 거쳐 매우 복잡하고 정교하게 향상되었지만, 우리 안에는 좋은 것은 추구하고 나쁜 것은 기피하는 본능은 남아 있다. 인간은 생존에 유리한 것을 얻으려고 노력하고, 그렇지 않은 것은 기피하는 방식으로 살아남았다.

그러나 생존은 '번영'과는 아주 다른 개념이다. 대다수의 사람은 경제적으로 생존하는 것을 그런대로 잘하고 있다. 사람들은 배를 채우고 누울 곳을 마련하여 그럭저럭 살아간다. 그들은 일을 하러 가고, 임금을 받고, 집으로 돌아온다.

생계를 꾸려나가는 일과 '삶'을 꾸려나가는 일은 다르다고 말한다. 경제적으로 '번영한 삶'이란 생존하는 수준을 넘어서는 것을 의미한다. 그러려면 쾌락을 추구하고 고통을 기피하는 본능적 동기를 완전히 새로운 수준으로 끌어올려야 한다. 아침 시간을 자신에게 유리하게 활용할 때 삶을 새로운 차원으로 끌어올릴 수 있다.

목표와 계획

인간의 뇌는 여전히 쾌락을 추구하고 고통을 기피하는 단순한 동기에 따라 움직인다. 하지만 오랜 세월 진화하면서 고도의 기능을 다양하게 보유하게 되었다.

이 기능들 중 하나가 '미래'를 위해 목표를 설정하고, 계획을 수립하는 능력이다. 우리는 고도로 발달한 뇌 덕분에 (5장에서 살펴보았듯이) 자신의 미래를 상상할 뿐 아니라, 그 미래를 실현하는 데 도움이 되는 목표를 설정할 수 있다.

출발지
목적지

미래를 위한 목표를 세운 후에는 이를 성취하기 위해 계획을 수립해야 한다. 단계별로 계획을 세우고, 각 단계에서 직면할 수 있는 난관을 예상하고, 목표를 달성하는 데 필요한 자원을 파악한다. 비전을 실현하려면 목표를 세워야 하고, 목표를 달성하려면 계획을 세워야 한다.

목표와 계획, 이 둘을 합쳐서 '비행 계획Flight plan'이라고 부른다. 이는 단순한 비유지만 꽤 유용하다. 비행기를 몰고 어디론가 가기 전에 당신에게는 두 가지 정보가 필요하다. 도착지 정보(목표)와 지도(계획)는 비행에 없어서는 안 될 필수 요소다. 당신은 목적지로 뉴욕을 정했다. 좋다. 그런데 지도 없이 목적지인 뉴욕에 도착할 수 있을까? 정처 없이 날아다니다가 뉴욕 근처에도 다가가지 못할 것이다.

목표와 계획, 이 둘 중 하나가 빠진 상황을 경험한 적이 있을 것이다. 계획도 없이 목표만 달랑 세운 경우, 잠시 마음이 들뜨고 기분은 좋겠지만 뜻한 대로 목표를 이루지 못해 결국 좌절하게 된다. 새로운 자기계발 세미나에 참석하거나 새해 목표를 세우고 나면 '황홀감'마저 느끼지만, 얼마 지나지 않아 평소와 다름없는 삶으로 돌아오기 마련이다.

반면, 계획은 많지만 목표가 없는 경우에는 '공사다망'해도 뚜렷한 성과로 이어지기는 힘들다. 부지런히 움직이기는 하는데 일정한 방향으로 힘이 모이지 않는다. 결국 인생이라는 바다를 표류하며 시간을 낭비하게 된다.

부를 쌓고 수많은 부자를 만나면서 깨달은 점이 하나 있다. 부자들은 매우 목표 지향적이라는 사실이다. 비행 계획의 두 요소를 갖추지 않고 백만장자가 된 사람은 거의 없다. 백만장자들을 많이 만나봤지만 그런 사람은 보지 못했다. 부자들은 자신의 목표가 무엇인지, 그리고 그 목표를 달성하는 데 필요한 계획이 무엇인지 알고 있다. 하루, 일주일, 한 달 단위로 무엇을 해야 하는지, 또 어느 방향으로 나아가고 있는지도 알고 있다.

만약 당신이 그린 비전과 일치하는 삶을 살고 싶다면, 백만장자들처럼 목표 지향적인 태도를 취해야 한다. 당신이 가야 할 목적지와 경로를 '모두' 알아야 한다. 즉 비행 계획이 필요하다.

이번 장에서는 미라클 모닝을 활용해 자신에게 의미 있는 목표를 세우고, 그 목표에 도달하기 위해 계획을 수립하는 방법을 살펴보자.

목표: 백만장자가 되는 길

데이비드가 일기장에 꾸준히 기록하는 것이 있는데, 바로 자신의 생각과 목표이다. 아침에 미라클 모닝 의식을 거행하는 동안 생각을 기록한다. 떠오른 아이디어를 적기도 하고, 그냥 낙서를 끄적거리기도 하고, 어떤 주제에 관해 알고 있는 정보를 옮겨 적기도 하고, 사색을 통해 얻은 통찰을 적기도 한다. 일기장에 글을 쓰는 것은 생각나는 대로 그때그때 기록하는 것일 뿐, 정교한 형식을 갖춘 글쓰기일 필요는 없다.

일기장 뒤쪽에는 전혀 다른 성격의 글을 쓴다. 여기에는 자신의 목표를 꾸준히 기록한다. 비전을 실현하기 위해서는 주기적으로 목표를 세우도록 몸에 익혀야 한다. 아침에 일어나면 그는 세이버 과정의 일환으로 자신이 세운 목표를 읽는다. 그리고 목표를 달성하면 이를 표시하기 위해 해당 목표에 형광펜으로 줄을 긋고, 각각의 목표는 범주에 따라 형광펜 색깔을 달리해 구별한다.

오해가 있을까 봐 말해두지만 데이비드가 처음부터 목표를 잘 세우고 목록을 꼼꼼하게 정리하는 사람은 아니었다. 학창시절에는 C학점을 벗어나지 못했고, 무슨 일이든 제때 하는 법이 없었고, 할 일이 있어도 막판까지 미루고 미뤘다. 인정하긴 싫었지만('게으른 습관에서 탈출하는 방법'을 알려주는 잠재 학습 CD를 몇 장 구입해 듣기도 했다. 그의 귀에 들려오는 것은 파도 소리뿐 효과가 있었는지 없었는지는 확실하지 않지만), 오랫동안 일을 미루는 버릇은 여전했다.

데이비드는 목표를 세우고 이를 성취하며 살아가는 사람들과 정반대 편에 서 있는 사람들의 대표주자였다. 어디로 가야 하는지 몰라서 힘들어하고, 목적지는 정했지만 거기까지 어떻게 가야 하는지 계획을 세우지 못하는 사람이 있을 것이다. 그렇다고 앞으로 영영 부자가 될 수 없다는 선고를 받은 것은 아니니 아직은 좌절하지 말자.

그 역시도 다소 애를 먹긴 했지만, 스스로 부자가 되기로 '결심한' 것은 분명했다. 하지만 목표에 도달할 길을 찾지 못했고, 삶을 통제할 능력도 없었다. 그는 가속 페달을 밟고 그저 빨리 달려나가고 싶었고, 트럭 한 가득 돈을 벌기를 바랐다.

20대 중반에 사업을 시작하고 나서야 목표를 세우는 일이 매우 유용하다는 사실을 배우기 시작했다. 목표를 세우고부터는 어디로 가고 있는지 방향 감각이 생겼다. 처음에는 목표를 설정하고 나서도 다시 들여다보면 이루지 못할 것처럼 생각되어 마냥 처박아두었다. 어느 틈엔가 행방이 묘연해진 양말 한 짝처럼 그가 정한 목표도 그렇게 어딘가로 사라져버렸다.

그 후로 목표를 설정하는 방식을 다듬었고, 이 방법은 무척 효과가 좋았다. 비로소 꾸물대기 대장에서 벗어나 목표 지향적인 사업가로 변모했다. 게다가 이 방법은 자수성가한 수많은 백만장자의 습관과도 일치했다(목표 설정 모형이 궁금한 사람들은 인터넷 사이트 www.thegoaltemplate.com 에 가면 내려받을 수 있다).

최상의 상태에서 목표를 세운다

목표를 정하는 방식을 개선하는 과정에서 놀라운 사실을 하나 깨달았다. 알고 보니 목표 자체는 전체 그림의 일부였을 뿐, '그 목표를 세울 때 내가 어떤 상태였는지' 그 당시의 조건과 기억에 따라 결과에 엄청난 차이를 가져왔다.

예를 들어, 몸이 피곤하고 일이 버겁거나 낙담한 상태에서 목표를 설정한 경우에는 실패할 가능성이 훨씬 더 높았다. 반대로 활기가 넘치고 기대감과 자신감에 차 있는 상태에서 목표를 설정한 경우에는 목표를 고수하고 성취할 가능성이 훨씬 더 높았다.

자신감이 넘치고 기분이 몹시 좋은 상태를 심리학자들은 '최상의 상태

Peak state'라고 한다. 의식이 고양되고 자긍심과 활력이 충만한 상태를 말한다. 만약 이런 상태에서 목표를 포착하고 세운다면, 그 목표는 훨씬 고무적이고 깊이 공감하는 목표가 된다.

여기서 아침 시간을 언급하지 않을 수 없다. 미라클 모닝은 최상의 상태를 강렬하고 일관되게 경험하기에 좋은 시간대다. 하루 중 가장 고요한 아침 시간이 지나고 나면 온갖 일상에 점점 주의를 빼앗기게 되고, 사고의 폭이 좁아지기 마련이다.

미라클 모닝 습관을 실천하면서 가슴이 벅차오르고 영혼이 고무되는 순간이 찾아오는지 지켜보자. 운동을 하다가, 책을 읽다가 혹은 글을 쓰거나 명상을 하는 중에 그런 순간이 찾아온다. 또한 세이버 6단계를 실천하는 중에 언제라도 영감을 받을 수 있다.

그런 순간이 오면 '영감을 포착'해야 한다. 영감을 받은 내용을 기록으로 남기자. 이때 단순히 목표만 적지 말고, 그 목표를 설정하게 된 배경도 적어야 한다. 영감을 받은 순간에 당신은 무엇을 하고 있었는가? 무슨 생각을 하고 있었는가? 어떤 기분을 느꼈는가? 무엇 때문에 '그 목표를 이루고 싶다.'는 생각을 하게 되었는가?

영감은 어느 순간에든 찾아올 수 있다. 감동적인 영화를 보거나, 자기계발 서적을 읽거나, 기운을 충전할 장소를 찾아가 주도적으로 의욕을 고취하는 방법도 있다. 누군가는 자연에서, 누군가는 카페에서, 누군가는 하늘을 나는 비행기 안에서 가슴이 벅차오르는 경험을 하기도 한다. 교회에서 예배를 드리는 중에, 혹은 친구들과 시간을 보내거나 노래를 듣다가 그런 순간을 경험하기도 한다.

자긍심이 고취되고 가슴이 벅차오르는 상태에서 목표를 세우면 두 가지 좋은 점이 있다.

첫째, 더 나은 목표를 설정할 수 있다. 이 순간에는 자신이 진심으로 '원하는' 목표를 설정하게 되므로 이후 목표를 생각할 때마다 활력이 솟는다.

둘째, 중간에 목표를 점검할 때나 난관에 부딪혔을 때 이 목표를 처음 정하던 때를 떠올리며 영감을 되찾을 수 있다.

- **단념하고 싶은가?** 예를 들어, 다리 위에서 강물을 바라보며 목표를 처음으로 세웠다면 그 다리를 다시 찾아가보자.
- **일을 미루고 있는가?** 산에 올랐다가 좋은 아이디어가 떠올라 힘든 문제를 해결한 적이 있다면 그 산에 다시 올라보자.
- **다음 단계로 나가기가 두려운가?** 음악을 듣고 마음의 변화를 경험했다면 그 음악을 다시 들어보자.

동일한 조건을 재현하는 이유는 의식을 고양하고 자긍심과 활력이 충만한 상태로 돌아가기 위해서다. 삶의 모든 가능성을 포용하는 마음가짐을 갖고, 어려움 속에서도 흔들림 없이 전진하는 데 필요한 활력을 불어넣기 위해서다.

최상의 상태는 당신이 진심으로 바라는 목표를 세우고, 또 완성하는 데 필요한 연료다. 마음 속 깊은 곳에 숨어 있는 진짜 '당신', 그러니까 부자의 꿈은 물론이고 살면서 더 많은 것을 성취하고 싶어 하는 당신을 끌어내려면 최상의 상태로 들어가야 한다. 기존의 테두리를 버리고 훨씬 큰 테두리를 그리고 싶어 하는 '당신'을 만나야 한다.

목표에 집착하지 않는다

오래전부터 나는 마라톤을 하고 싶었다. 신체를 단련하는 사람들에게 마라톤은 자신의 몸과 마음, 영혼을 가늠해보는 시금석과 같다. 수없이 많은 아침을 훈련하며 보냈고, 흔히 말하는 '마라톤의 벽'을 넘으려고 전력을 다했다. 마라톤은 내가 꼭 해내야 하는 일처럼 생각했다.

매일 아침 뛰었다. 부족한 시간을 쥐어 짜내서 러닝머신에서 뛰었다. 그리고 마라톤 완주라는 목표를 앞두고 나를 점검하기 위한 중간 목표로 많은 사람이 하는 것처럼 하프마라톤 대회에 참가 신청서를 냈다.

결과는 끔찍했다. 하프마라톤 대회가 끝나고 몇날 며칠 지독하게 괴로웠다. 너무 힘들어서 그해에 달성하기로 계획한 마라톤 완주는 포기했다.

하지만 다시 마라톤 완주를 목표로 정했다. 그 과정에서 또 다시 하프마라톤 대회에 참가 신청서를 냈다. 역시나 끔찍했다. 나는 마라톤을 좋아하지 않았다. 뛰는 동안에도 그 후에도 마찬가지였다.

이 목표에 관해 멘토와 상담을 했다. 그는 조깅을 무척 '좋아하는' 사람이었는데, 무릎과 발목에 문제가 있어서 조깅을 할 수 없었다. 이런 문제 역시 나는 경험하고 싶지 않은 것들이었다.

어느 날 아침 마라톤 완주라는 목표를 들여다보는데 이런 생각이 들었다. '나는 마라톤을 좋아하지 않아. 하고 싶지 않아.'

그래서 그 목표를 목록에서 지우고 두 번 다시 쳐다보지 않았다.

그동안 나에게 마라톤은 '마땅히' 달성해야 하는 목표였다. 스스로 능력을 입증하기 위해서도 좋은 일이라고 생각했다. 하지만 그 일을 하고 싶지 않았다. 마라톤을 하고 싶지 않았다. 하지만 마라톤을 완주한 '경험'을 자랑하고 싶기는 했다. 메달을 목에 걸고 싶었지만, 그 모든 일을 다시 하고 싶지 않았다.

부자가 되려는 목표도 마찬가지다. 당신이 전력투구할 마음이 들지 않는다면 남들이 보기에 '옳고 바른' 목표라도 그리 좋은 재료가 아니다. 그런 목표를 완수할 수도 있고 실패할 수도 있겠지만, 당신을 변화시키는 재료는 되지 못한다. 그런 목표로는 부를 구축하는 시간을 단축할 수도 없다. 따라서 당신이 설정한 목표라도 주기적으로 신중하게 재검토한 후 필요하다면 목록에서 제거해야 한다.

나는 1년에 25~30개 정도의 목표를 세우는데, 그중 약 10퍼센트는 폐기한다. 목표는 소박한 것도 있고 원대한 것도 있는데, 변경이 가능하다는 점에서는 차이가 없다. 목표는 살아 숨 쉬는 생물이다. 여건이 바뀌면 목표도 바뀌고, 생겼다가 없어질 수도 있다.

목표는 우유처럼 유통기한이 있다. 인생의 특정 시기에만 적합한 목표가 있고, 나이가 들면서 어울리지 않는 목표도 있다. 특정 시기까지 기다려야 하는 목표도 있다. 예를 들어, 데이비드는 골프를 무척 좋아한다. 보통 토너먼트 게임을 즐기며, 실력 향상을 목표로 세웠다. 하지만 올해는 골프에 집중하지 못했다. 회사를 새로 창업하면서 회사 일에 온통 마음을 빼앗긴 상태였던 것이다. 코스를 도는 중에도 골프에 집중하지 못하고 업무 생각에 빠져 있었다. 8~9홀까지는 점수가 좋았지만 그 후로는 형편없었다. 그는 사실 골프보다 일이 더 하고 싶었다. 골프를 해도 열정을 느끼지 못했다. 앞으로는 어떨지 몰라도 당장은 무의미한 활동처럼 생각됐다. 경기력 향상을 위해 프로 선수에게 10회 레슨을 받기로 목표를 세우기도 했다. 하지만 가슴을 뛰게 하는 일이 따로 있었기 때문에 올해는 그 목표를 거리낌 없이 목록에서 지우기로 했다.

하지만 데이비드가 골프를 무작정 그만둔 것은 아니다. 피드백을 바탕으로 문제점을 자각하고 결정한 일이었다. 골프를 하면서 아무 감흥을 느끼지 못한다는 사실을 외면할 수 없었기 때문에 변화를 단행한 것이다.

어떤 목표가 더 이상 즐겁지도 유익하지도 않다면 그 목표는 도중에 버려도 좋다. 하지만 경제적으로 성과를 거두려면 애초에 당신이 끝까지 고수하여 성공을 거둘 수 있는 목표를 선택하는 것이 좋다. 8장의 '다섯 번째 수업: 딱따구리 이야기'에서는 끝까지 인내하는 문제와 도중에 포기하는 문제를 자세히 다룰 것이다.

백만장자가 되려면 끈기가 있어야 한다. 맞는 말이다. 하지만 어떠한 목표도 당신이 죽을 때까지 짊어져야 하는 짐은 아니다.

목표를 재검토한다

마음먹고 세운 목표라 해도 우리는 너무나 쉽게 그 목표를 놓쳐버리곤 한다. 최상의 상태에서 목표를 수립했고, 의욕이 넘쳐서 그 일에 뛰어들었다면 다시 목표를 검토할 필요가 없다고 생각할지도 모른다. 하지만 아무리 신나서 세운 계획이라도 '목표가 시들해지는' 경우가 생기기 마련이다.

미라클 모닝은 목표를 재검토하기에 더없이 좋은 시간이다. 다른 때보다 쉽게 최상의 상태로 끌어올릴 수 있고, 이 목표에 처음 열의를 품었던 순간을 되새겨볼 수 있다. 또 자신감과 기대감을 고취시키기에도 좋은 시간이다.

장기 목표는 적어도 일주일에 한 번씩은 비행 계획을 검토한다. 이를 통해 처음에 느꼈던 열정을 되새기고, 일의 진행 방향과 진척 정도를 확인한다. 그리고 이 계획에 충실히 따를 때 내가 바라는 삶에 도달할 수 있는지 다시 경로를 점검한다.

자신에게 선물을 준다

모든 목표가 절로 의욕을 불러일으키는 것은 아니다. 나는 1년에 240회 운동을 하지만 솔직히 운동을 하고 싶은 의욕이 넘치지는 않는다. 하지만 원하는 목표를 성취하려면 몸을 관리해야 하기 때문에 운동을 한다. 내게 운동은 연료를 채우는 시간이다.

최종 목표가 무엇이든 주기적으로 자신에게 '보상하고' 에너지를 '재충전하는' 시간을 갖는 것이 효과적이라는 사실을 여러 번 경험했다. 이런 시간은 계획을 완수하기까지 목표를 향해 달려나갈 활력을 유지하는 데 도움이 된다.

자신에게 '보상'을 주는 시간은 하나의 목표를 마감하는 중요한 의식이다. 유명 휴양지인 보라보라섬에 전용 비행기를 타고 날아가라는 말이 아니다. 가까운 국립공원을 찾아가 캠핑을 하며 음식을 만들어 먹어도 좋다. 어떤 방식으로든 보상이 필요하다. 자신에게 주는 보상은 이른바 당근 전술이다. 남은 여정을 지속하도록 동기를 유발하는 효과가 있을 뿐 아니라, 자신이 한 일을 칭찬하는 차원에서도 필요하다. 아무 보상도 없이 그저 일만 하는 것은 '이 모든 수고가 무의미하다.'고 잠재의식에 새기는 행위나 다름없다. 휴가를 다녀올 형편이 안 된다고 말하는 사람들은 어쩌면 잠재의식에 이런 암시를 하고 있는지도 모른다. '어차피 휴가도 가지 않을 텐데 돈은 많이 벌어서 뭐 해?'

자신에게 주는 보상은 에너지를 '재충전하는' 데도 도움이 된다. 그렇지 않아도 열심히 달리고 있는 말에 채찍을 휘두르듯 당신의 심신을 혹사하고 있다면, 결국 당신도 빛을 잃고 쓰러지고 말 것이다.

값비싼 '말'을 대하듯 당신의 몸과 마음을 대접해야 한다. 잘 먹고, 가능하다면 근사한 휴가도 보내야 한다. 그래야 인생이라는 경주에서 제 실력을 발휘한다. (반대로 너무 많이 먹이고 잘못된 행동을 칭찬하고 보상하면 살이 너무 쪄서 움직임이 둔해진다!)

굳이 값비싼 휴가를 길게 다녀올 필요는 없다. 돈을 많이 쓰지 않고 가까운 산에서 등산을 즐겨도 좋다. 휴가를 떠나는 게 핵심이다. 계획을 실행하는 사이사이 휴가를 다녀오면 '생산성'이 향상되고, '더' 많은 돈을 벌 수 있게 될 것이다.

자신에게 강렬한 경험을 제공하라. 그런 경험을 하고 나면 아이디어와 자원을 새로 보충하고, 역량을 넓혀 더 많은 기회를 포착하는 감각이 생기게 된다.

부를 창출하는 계획

목표는 목적지다. 우리가 최종적으로 도달하고 싶은 곳이다. 목표는 살아 움직이는 생명체와 같아서 우리에게 영감을 준다. 그리고 그 모습이 바뀌기도 하지만, 언제나 우리가 도달하고 싶은 곳에 있다.

목표에 '도달'하려면 계획이 있어야 한다.

다양한 목표만큼이나 계획을 세우는 방법도 다양하기 때문에 자신에게 적합한 방식으로 계획을 짜야 한다. 하지만 다음과 같은 기본 요소를 제대로 갖춘 계획일수록 성공 가능성이 높다.

항상 이다음 계획이 있다

여행을 하며 가게 되는 모든 곳이 지도에 담겨 있지 않듯, 계획에 모든 경로를 빠짐없이 담지는 않는다. 하지만 반드시 포함해야 하는 단계가 있는데, 바로 '이다음' 실행 과제다.

계획을 세우고 중단 없이 실행하는 방법 중 하나가 '항상' 이다음 실행 과제를 명시하는 것이다. 터무니없고 시시해도 상관없다. 내가 계획을 세워놓고 앞으로 나아가지 못하는 경우를 돌아보면 십중팔구 이다음 실행 과제가 불분명하거나, 그 과제를 실행하기 두려웠기 때문이다. 이유가 어찌 됐든 바로 실행 가능한 단순한 전술을 정해서 실행하면 대체로 문제가 해결되곤 했다.

'친구에게 조언 구하기'처럼 아주 단순한 전술로 문제가 해결되기도 한다. 전화번호부를 뒤져보는 것도 좋은 전술이 된다. 이 전략은 절대 실패하지 않는다. 시시해도 좋으니 이다음 실행 과제를 정해서 실천하면, 앞으로 나아가는 자신을 발견하게 될 것이다.

장애물을 예상한다

부에 이르는 완벽한 경로는 없다. 길을 가다 보면 어려운 문제나 장애물에 부딪히기도 하고, 힘든 결정을 내려야 하는 순간에 '직면'하게 된다. 이 점에 유념하면서 장애물에 대비하는 복안을 세우는 게 좋다.

자금 부족이나 경기 침체 같은 장애물을 예상하기는 어렵지 않다. 현장에서 부딪힐 문제를 예상하는 것은 물론 중요하지만, 장애물이 항상 외부에만 있는 것은 아니라는 점을 기억하자. '내부에' 있는 장애물에 더 주의를 기울여야 한다.

"걸림돌이 되는 습관이 있는가?"

"걸림돌이 되는 두려움은 무엇인가?"

"나에게 부족한 기술이나 경험, 통찰은 무엇인가?"

예상되는 걸림돌 중 가장 명백한 문제는 무엇인가? 외부 장애물과 내부 장애물을 나열하고, 미라클 모닝 시간을 활용해 문제를 어떻게 극복할지 시각화한다.

계획을 점검한다

"어떤 작전이라도 적과 마주치는 순간 쓸모가 없어진다."

다시 말해, 실제로 계획을 실행하다 보면 원래의 계획을 수정해야 한다. 이 말은 애초에 계획을 세우는 일이 별로 중요하지 않다는 뜻이 아니다. 지도에 나오는 길이 현실과 종종 일치하지 않듯이 뜻밖의 상황이 발생하면 계획을 수정할 수 있어야 한다는 것이다.

이 지점에서 아침 시간이 특히 중요하다. 목표를 재고할 때와 마찬가지로 아침은 고요하고 명료한 의식 상태에서 계획을 점검하기에 딱 좋은 시간이다. 하루 중 가장 창의적이고 통찰력이 뛰어난 시간인 만큼 계획을 똑바로 검토하고 현실에 맞게 수정할 수 있다.

당신의 비행 계획은 어떤 모습인가

계획은 목표가 아니고, 해야 할 일들을 단순히 열거한 목록도 아니다.

계획은 A 지점에서 B 지점(즉 지금 처한 현실에서 앞으로 누리고 싶은 풍족한 삶)으로 어떻게 이동하고 싶은지 보여주는 로드맵이다.

예를 들어, 당신은 현재 공인중개사이고 백만장자가 되고 싶다. 이때 당신은 어떻게 계획을 세울 것인가?

그 계획의 골자만 살펴보면 아마도 이런 모습일 것이다.

1. 내로라하는 공인중개사가 되어 중개 수수료 이익을 최대한 늘린다.

2. 임대 부동산을 구입할 자금을 마련하기 위해 중개 수수료의 30퍼센트를 저축한다.

투자용 부동산을 한 채 매입한다.

그 부동산을 효과적으로 운용한다.

그 부동산으로 대출을 받아 또 다른 부동산을 구입한다.

임대 부동산을 열 채 매입한다.

빚을 모두 갚는다.

3. 백만장자가 된다!

백만장자가 되기 위한 이 계획은 실행 가능하고, 반복 실행할 수 있다. 이미 수많은 사람이 실행에 옮긴 계획이고, 언제라도 반복 가능한 계획이다.

하지만 현재 사례에는 실행 가능한 세부 단계가 모두 적혀 있지 않다. 실제로 계획을 세운다면 단계마다 세부적으로 실행할 하위 과제가 포함되어야 한다. 세부 단계를 모두 여기에 적을 수는 없지만 '이다음' 과제를 어떻게 정할지는 알 수 있다. 예를 들면 이렇다.

- 내로라하는 공인중개사가 되어 중개 수수료 이익을 최대한 늘린다.

⇨ **이다음 과제:** '코치를 고용한다.'

- 임대 부동산을 구입할 자금을 마련하기 위해 중개 수수료의 30퍼센트를 저축한다.

⇨ **이다음 과제:** '자금을 모으기 위해 은행에 계좌를 개설한다.'

- 투자용 부동산을 한 채 매입한다.

⇨ **이다음 과제:** '은행에 가서 재무상태와 계약 조건에 대해 검토한다.'

- 그 부동산을 효과적으로 운용한다.

⇨ **이다음 과제:** '임대 부동산을 운용하는 회사 다섯 곳을 찾아가 인터뷰한다.'

예로 든 과제는 모두 크게 어렵지 않고, 사례에 나오는 공인중개사가 부자가 되려면 반드시 거쳐야 할 단계라고 해도 무방하다. 세부 과제는 달라지고 추가되겠지만, 큰 틀이 달라지지는 않는다.

이 계획을 수정하면 건설업 종사자나 교사 혹은 회계사를 위한 백만장자 계획도 수립할 수 있다. 세부사항이 일부 바뀔 뿐 크게 달라지지 않는다. 건설업 종사자라면 낡고 허름한 건물을 투자 대상으로 선정할 것이다. 교사라면 방학 기간에 임대 소득을 올릴 수 있는 부동산을 찾아볼 것이다. 회계사라면 은행 이외에도 다양한 기관을 이용해 자금을 마련할 것이다.

계획을 세운다고 해서 모든 변수와 난관에 대비할 수 있는 건 아니다. 계획을 세웠을 때 우리가 얻는 장점은 목적지를 알고, 그 목적지에 이르는 (자신에게 적합한) 최상의 경로를 알고, 각 단계를 통과하기 위한 다음 과제를 마련하는 데 있다.

현재의 삶 vs 미래의 삶

비행 계획을 세우는 목적은 기본적으로 미래를 대비하는 데 있다. 비행 계획은 목적지까지 단계별로 우리를 인도한다. 우리가 다음에 어디로 가야 하는지, 왜 그래야 하는지, 다음 단계를 밟으면 어디로 가게 되는지 알려준다. 좋은 비행 계획은 우리가 어디로 가고 있는지, 목적지까지 얼마나 걸리는지, 어떻게 목적지에 도달하는지 알려준다.

하지만 우리가 돌봐야 할 '현재'도 잊지 말아야 한다. 우리는 현재에 살고 있으므로, 지금 눈앞에 펼쳐지는 삶을 위해서도 시간을 내는 것이 마땅하다. 현재의 삶을 부정하며 자신의 건강과 인간관계, 행복을 망가뜨리는 백만장자들을 그동안 수도 없이 목격했다.

나는 그들에게 종종 이렇게 묻는다.

"살면서 항상 하고 싶었지만 지금까지 미뤄둔 일이 있나요?"

이때 돌아오는 대답은 다음과 같이 다양하다.

"이탈리아에 가보고 싶어요."

"조상들이 살던 고향으로 돌아가고 싶어요."

"좋은 몸매를 유지하고 싶어요."

"요리하는 법을 배우고 싶어요."

그러면 나는 다시 이렇게 되묻는다.

"그래서 언제쯤 그렇게 하실 건가요?"

그러면 이런 답변이 돌아온다.

"형편이 되면요."

"시간이 나면요."

"은퇴하면요."

"애들을 독립시키고 나면요."

이 두 가지 질문에 대한 대답을 보면 특히 인상적인 점이 있다. 첫 번째 질문에 대한 답변은 희망적이고 신나는데 반해, 두 번째 질문에 대한 답변은 결국 비극으로 이어지는 경우가 많다는 사실이다.

목표는 미래를 향한다. 하지만 먼 미래의 어느 시점까지, 즉 시간이 생기고 돈이 많아지고 건강이 따라주기까지 '모든 것'을 연기하지 말아야 한다. 그런 시간은 결코 오지 않을 가능성도 항상 열려 있다.

목표를 세우고, 계획을 수립하고, '최고의 나'를 꺼내라. 그리고 원하는 부를 손에 넣어라. 하지만 '현재'의 삶에도 다양한 가능성이 존재한다는 사실을 잊지 말자.

tip

아침형 백만장자

오프라 윈프리는 20분 명상으로 하루를 시작한다. 명상 시간에 그녀는 '만족감과 희망 그리고 진정한 기쁨'에 사로잡힌다고 한다.

명상을 하고 나면 혈액순환이 잘되도록 러닝머신에서 뛴다. 윈프리는 최소 15분간 이렇게 운동을 하고 나면 생산성이 높아지고 활력이 넘친다고 한다.

그러고 나서 산책을 하고, 음악을 듣거나 근사한 음식을 준비하며 '균형을 찾는다.' 그리고 탄수화물, 섬유질, 단백질이 가득한 건강식을 먹는 것으로 항상 아침 일과를 마무리한다.

—브라이언 애덤스Bryan Adams, Inc.com

네 번째 수업: 최고가 되어라
–부를 창출하는 레버리지의 힘

"부지런히 일하는 것으로는 충분하지 않다. 개미들도 부지런하다.
우리가 던져야 할 질문은 따로 있다. 무엇 때문에 바쁜가?"
— 헨리 데이비드 소로Henry David Thoreau

30대 초반 어느 날 아침, 데이비드는 가슴에 이상한 발진이 돋아 있는 것을 보았다. 마치 잠든 사이에 누군가 와서 옻나무로 가슴팍을 문지른 것 같았다. 가슴 한쪽으로 고름이 들어찬 붉은 수포들이 띠 모양으로 퍼져 있었다. 옻이 올랐을 때와 달리 이 발진은 '통증'이 느껴졌다. 몹시 고통스러웠다. 무슨 영문인지 알 수가 없었다. 너무 아파서 일을 제대로 하지 못하고 결국 의사를 찾아갔다.

의사는 그의 몸을 한번 살피고는 뒤로 물러앉으면서 이렇게 말했다.

"대상포진입니다."

"대상포진이요?"

데이비드는 의사가 한 말을 그대로 반복했다.

"예, 대상포진입니다."

의사는 수두를 일으킨 바이러스가 재발한 것이 대상포진이라고 설명했다. 대부분의 사람처럼 그도 어려서 수두를 앓은 적이 있었다.

"이상하긴 하네요. 대상포진은 보통 50~60대에 나타나거든요. 젊은 사람들은 잘 생기지 않아요. 아니면 몸이 약하거나, 극심한 스트레스에 시달리는 사람들에게 나타나는 질환이죠. 솔직히 당신이 왜 대상포진에 걸렸는지 모르겠어요."

의사가 말했고, 데이비드는 그 이유를 알고 있었다.

당시 그는 댈러스에서 부동산 중개업을 운영하고 있었다. 체인점을 이미 네 곳이나 열었고, 가장 잘하는 일에 전력을 다하고 있었다. 아주 '열심히 일했다.'

그는 근면하게 일하는 것만이 모든 일(사업을 하든 부를 쌓든)에서 성공하는 비결이라고 생각했다. 그리고 성과를 내기 위해 일하는 시간을 계속 늘려나가는 것이 그의 전략이었다.

할 일이 정말 '많았다.'

사무실 가구를 구입하고 칸막이를 조립하는 일부터 돈을 관리하고, 직원을 채용하고, 컴퓨터를 고치는 일까지 온갖 일을 했다. 일이 있으면 어떤 방식으로든 그 일에 관여했다. 지나치게 일에 몰두하며 달려가던 그에게 대상포진이라는 경고등이 켜졌다. 면역력이 떨어져 몸 상태가 엉망이 된 것이다. 분명 변화가 필요했다.

부자 되기 첫걸음

대상포진에 걸린 데이비드는 한 세미나에 참석해 순자산이 거의 10억 달러나 되는 사람을 만났다. 그와 대화를 나누면서 데이비드는 머릿속으로 계산을 해보았다. 그가 모은 재산의 10분의 1만이라도 모으려면 얼마나 열심히 일을 해야 하는지 상상이 되지 않았다. '10억 달러'를 모으려면 무슨 일을 얼마나 해야 하는 걸까? 그 많은 일을 어떻게 한단 말인가? 그런데 그 사람은 어떻게 대상포진에 걸리지 않았을까?

데이비드는 그에게 물었다.

"어떻게 이 많은 일을 해낼 수 있죠? 제 사업은 당신과 비교하면 보잘것없는 규모인데도 따라가기 급급한 형편입니다."

그러자 그는 이렇게 말했다.

"제 성공 비결은 간단해요. 매일 아침에 일어나면 그날 해야 하는 가장 중요한 일 7개를 적습니다."

'가장 중요한 일 7개라.' 데이비드는 속으로 생각했다.

"그리고 목록 순서대로 처음 3개의 일을 처리합니다."

"그렇게만 하면 됩니까?"

"그게 전부입니다. 이게 제 성공 비결이에요."

데이비드는 희미해진 대상포진 흔적을 문지르며 만족스러운 얼굴로 그가 멀어져 가는 것을 지켜보았다.

사무실에 돌아왔을 때 그는 달라져 있었다. 예전에는 해야 할 일을 목록으로 만들어 그냥 하나씩 처리했지만, 그때부터는 모든 일에 우선순위를 매기기 시작했다. 그는 중요한 순서대로 사안마다 A, B, C로 우선순위를 매겼다. A등급이 제일 중요한 일이었다.

그리고 A등급으로 분류한 일만 처리했다.

A등급에는 난이도가 높거나 하고 싶지 않은 일들이 많았지만, 어쨌든 A등급 일을 처리했다. A등급에 속하는 일들은 사업에서 가장 중요한 일이었다. 억만장자가 이런 식으로 일을 처리한다면, 그 역시 그렇게 일해야 맞다. 무슨 말이 더 필요한가.

그러자 곧바로 두 가지 변화가 생겼다. 그것은 뜻밖의 깨달음이었다.

첫째, 일이 훨씬 더 재미있어졌다. 이 점이 무엇보다 놀라웠다. 전에는 온종일 끝이 보이지 않는 업무에 치여 살면서도 하고 싶은 일에 도움이 되기는커녕 걸림돌로 보이는 일들이 대부분이었다. 그런데 하루가 기다려졌다. 가장 가치 있는 방식으로 시간을 쓰고 있었기 때문이다.

둘째, '훨씬' 더 나은 성과를 올리게 되었고, 좋은 일이 '생기기' 시작했다. 제일 중요한 일에 시간을 집중하면서부터 생산성이 대폭 향상되었다. 만약 그가 계속 사무실 컴퓨터를 직접 고치고, 사무실을 정리하느라 시간을 보냈다면 사업은 성장하지 못했을 것이다. 아니, 오히려 손해를 봤을 것이다. 그러나 똑같은 하루를 보내더라도 사업 개발이나 인재 채용 같은 A등급 업무에 집중하자 상황이 극적으로 개선되었다.

우선순위를 넘어서

억만장자가 가르쳐준 비결에 이름을 붙이자면 '우선순위 정하기'나 '시간 관리'가 될 것이다. 굳이 따지자면 맞는 명칭이긴 하다. 가장 중요한 일부터 순서대로 할 일을 정하는 것은 시간과 생산성 관리에서도 기본 원칙에 해당한다. 이런 주제를 다루는 책들을 보면 조금씩 변형된 형태이긴 해도 주로 우선순위에 대해 다루고 있다.

하지만 '우선순위를 올바르게 정한다.'는 말만으로는 실제로 일어난 변화의 본질을 포착할 수 없다. 이것만으로는 우선순위를 매기는 방법이 왜 '효과가 있는지' 그 이유를 알기 어렵다.

그렇다면 일을 처리하는 순서를 조금 바꿨을 뿐인데, 어떻게 그토록 많은 성과를 얻을 수 있었을까?

억만장자가 알려준 이 비결은 부를 쌓으려는 사람이라면 반드시 배워야 하는 원칙이다. 이 원칙을 일찌감치 쉽게 배우는 사람들도 있고, 그렇지 못해서 데이비드처럼 대상포진에 걸리는 경우도 있다. 하지만 언제 어떤 방식으로 배우든 원리는 동일하다. '부자가 되려면 자신의 적은 자원으로 훨씬 많은 성과를 내는 법을 알아야 한다.'

이 원칙을 이해하려면 우선 2천 년 이상 거슬러 올라가 그리스의 수학자이자 발명가인 아르키메데스를 만나야 한다. 전하는 바에 따르면 아르키메데스는 긴 지렛대와 지탱할 장소만 있으면 지구를 들어 올려 보이겠다고 말했다.

아르키메데스는 우리가 실제로 사용하는 지렛대를 말하고 있지만, 그의 '지렛대' 원리는 훨씬 광범위하게 적용된다. 데이비드가 일의 우선순위를 매기고부터 예전과 똑같은 시간 혹은 더 적은 시간을 쓰면서 더 큰 성과를 올리게 된 이유가 이 지렛대 원리에 있다. 시간을 그냥 쓰는 게 아니라 시간을 '지렛대'로 썼기 때문이다.

지렛대 효과는 똑같은 자원 혹은 더 적은 자원으로 훨씬 많은 산출량을 내는 것을 말한다. 지렛대를 이용하면 똑같은 힘으로도 훨씬 무거운 것을 들어 올릴 수 있다. 목적의식이 뚜렷해지고, 우선순위에 따라 시간을 관리하게 되면 '더 많은' 일을 해낼 수 있다. 우선순위가 가장 높은 일에 시간을 투자하는 것은 똑같은 시간으로 '더 많은' 일을 해내고 있음을 의미한다. 그럼으로써 똑같은 투입량으로 예전보다 더 많은 산출량을 거둘 수 있는 것이다.

부자들의 계산법

우리는 일을 하면서 자신이 가진 자원을 투입한다. 시간과 돈, 에너지, 그 외 각종 유형의 자산을 이용해 가치를 창출하고 부를 쌓는다. 예를 들어, 업무에 시간을 사용할 때 우리는 시간이라는 자원과 소득을 교환하는 셈이다. 통장에 돈을 예치할 때는 은행에서 지급하는 소액의 이자와 그 돈을 교환하는 셈이다.

백만장자들도 자원을 갖고 있다. 그들도 여느 사람과 마찬가지로 시간, 돈, 에너지, 자산을 이용하지만 부자들은 '그 자원을 전혀 다르게 바라본다.' 그러나 부자가 아닌 보통 사람들은 이렇게 말한다.

"통장에 계속 돈을 저축한다면 부를 쌓을 수 있어."
"일하는 시간을 늘린다면 더 많은 일을 해낼 수 있어."
"직장 일에 시간을 더 많이 쓴다면 돈을 더 많이 벌 수 있어."

이 말은 틀린 말은 아니지만 '어느 정도까지만' 맞는 말이다. 대부분의 사람이 세상을 덧셈 방식(투입량에 비례해서 조금 더 얻는 방식)으로 바라볼 때, 부자들은 세상을 다르게 바라본다. 그들은 덧셈 전략(노동 시간을 조금 더 늘리거나 은행에 돈을 조금 더 저축하는 방식)으로 노력해봐야 성과를 크게 증폭할 수 없음을 알고 있다. 백만장자들은 덧셈 방식이 아니라 '곱셈' 방식을 좋아한다. 그들은 '레버리지(지렛대)'를 좋아한다. 부자들은 시간과 에너지, 돈 등의 자산을 투자할 때 그 결실이 산술급수가 아니라 '기하급수'로 늘어나는 것을 좋아한다.

데이비드는 그 억만장자를 만난 덕분에 시간을 투자해 기하급수로 성과를 늘릴 수 있는 지렛대 개념을 처음으로 깨달았다. 그가 업무량을 계속 늘려 스트레스를 견디지 못하고 마침내 몸이 망가졌다면, 억만장자는 전략적으로 '필요한' 일만 추가하는 방법으로 투자 시간에 비해 엄청난 성과를 창출했다. 그는 날마다 더 많은 일을 하려고 애썼지만, 억만장자는 가장 중요한 일 세 가지만 처리했다. 억만장자가 오래전부터 날마다 '기하급수'로 성과를 거두는 동안, 그의 성과는 산술급수로 증가할 뿐이었다. 산술급수 투자 전략은 효과적이지 않았다.

데이비드는 억만장자의 조언을 마음에 새긴 후 시간을 활용하는 방식을 바꾸는 것만으로도 성과를 몇 배로 늘릴 수 있었다. 그가 쓰는 시간의 가치가 급속도로 상승했다. 그리고 그가 투자한 시간은 기하급수 방식으로 결실을 맺기 시작했다.

대상포진에 걸릴 정도로 자신을 몰아붙이는 삶에서 지렛대를 활용하는 삶으로 변화하는 일이 쉽지는 않았다. 하지만 그 효과는 강력했다. 대상포진 이후 그의 변화된 모습을 본 친구는 이렇게 말했다.

"클락 켄트가 슈퍼맨으로 변신했네."

물론, 그는 완벽한 사람도 아니고 슈퍼맨도 아니다. 하지만 지렛대의 마법을 발견한 이후 세상을 다 가진 기분이 들었다고 한다.

부를 쌓는 것은 팀 경기다

벌써 눈치챈 사람도 있겠지만 '우선순위 정하기'라는 이 우아한 전략에도 문제점은 있다. 다른 일은 제쳐두고 오로지 A등급 일만 처리하는 데 부작용이 없을 리 없다.

머지않아 B등급 일과 C등급 일이 쌓이면서 집은 난장판이 되었다. 집안일 같은 C등급 일은 아예 포기했기 때문이다. 회사는 성장했지만 각종 요금을 정산하지 않은 탓에 재정 관리는 엉망이었다. 돈이 없어서 내지 못한 게 아니라 A등급에 속하는 일이 아니었기 때문에 처리하지 못한 것이다. 그런 일에 시간을 쓴다면 시간을 제대로 활용하지 못하는 것이라고 생각했기 때문이다.

적어도 전기가 끊기고 신용카드 연체 수수료가 청구되기 전까지는, 그리고 사무실이 뒤죽박죽되고 손보지 않은 컴퓨터들이 고장 나서 사무실 업무가 더디게 진행되기 전까지는 모든 일이 순조로운 줄 알았다.

사달이 나고서야 데이비드는 시간을 지렛대 원리로 이용하는 것만으로는 부족하다는 사실을 깨달았다. 그가 활용할 수 있는 시간이 한계에 이르렀다. 이제 다른 사람의 도움이 필요했다.

첫째, 경리를 고용했다. 그리고 업무를 보조할 조수를 채용했다. 데이비드는 A등급 업무에 집중하는 동안 그가 하지 않는 B등급이나 C등급 일을 돌봐줄 사람들로 주위를 채우기 시작했다. 팀을 조직했고, 또 다른 형태의 지렛대를 활용하는 법을 배웠다. 이는 '다른' 사람들을 통해 가치를 '몇 곱절'로 창출하는 방법이다.

자수성가한 백만장자들을 살펴보면 알겠지만 혼자서 부를 쌓은 사람은 그리 많지 않다. 사실 대단히 드물다. 첨단 기술 덕분에 수십 년 전에는 존재하지 않던 놀라운 도구들을 지렛대로 활용할 수 있는 시대다. 하지만 대부분의 경우 '엄청난 부를 창출하는 일은 팀 경기다.'

억만장자들은 혼자 힘으로는 수백만 달러의 가치를 창출하기란 어렵다는 사실을 알고 있으며, 팀을 구성해야 한다는 사실도 잘 알고 있다. 그렇다고 서둘러 이 사람 저 사람 고용할 필요는 없다. 그렇게 하는 게 맞는 사람도 있겠지만 모든 사람이 똑같은 경로로 부를 쌓는 것은 아니기 때문이다.

당신과 함께 일하는 팀은 다양한 방식으로 구성할 수 있다. 이따금 하청업자와 컨설턴트를 고용해 특정 업무만 처리하는 방법도 있다. 작은 회사를 운영하고 있다면 수수료를 주고 판매 대리점을 이용해도 좋고, 상품이나 원자재를 공급하는 업체를 이용해도 좋다. 가상 비서Virtual assistant(인공지능과 음성인식 기술을 바탕으로 일반 비서 업무를 처리하는 소프트웨어나 서비스 - 옮긴이)를 이용해 여행과 약속 관련 업무를 처리하는 방법도 있다. 부동산 투자자라면 신용할 만한 중개인들을 확보해 임대 부동산을 관리하는 업무를 맡겨도 좋다.

지렛대 효과를 높이기 위해 많은 정규직 직원을 고용할 필요는 없지만, 부를 늘리고 싶다면 팀을 구성해야 한다.

지렛대가 중요한 이유

보통 사람들은 부자가 되기 위한 가장 중요한 수단으로 '노동'을 꼽는다. 틀린 말은 아니다. 노동은 중요하다. 백만장자 중 어느 누구도 가만히 앉아서 부자가 되기를 기다리라고 조언할 사람은 없을 것이다. 만약 부자가 되기로 결심했다면 그런 결심이 열매를 맺도록 시간과 에너지(이른바 '노동')를 투입해야 한다.

하지만 여기에 중요한 차이점이 하나 있다.

'지렛대가 노동보다 중요하다.'

당연히 노동보다 중요한 게 있어야 한다. 그렇지 않은가? '대다수', 아니 많은 사람이 수십 년간 일을 하며 돈을 번다. 성인이 되어 일을 시작하고 은퇴하기까지 대체로 주 44시간을 노동에 투입한다. 그러나 백만장자가 되는 사람은 극히 일부에 지나지 않는다. 만약 부자가 되는 가장 중요한 수단이 노동이라면 우리 '모두' 부자가 되었을 것이다.

하지만 우리는 백만장자가 아니다. 그 근처에도 가지 못했다. 우리 중 대다수는 빈털터리이거나 기껏해야 '무난하게' 먹고사는 수준이다.

또 다른 요인이 작동하는 게 분명하다. 바로 지렛대다.

우리가 지닌 시간과 돈, 에너지, 재능을 사용하는 '방법'이 부를 결정한다. 이 문장은 반복해서 읽을 가치가 있다.

'우리의 시간과 돈, 에너지, 재능을 사용하는 방법이 부를 결정한다.'

노동이 아니다. '모든 사람'이 노동을 한다. 차이는 지렛대에 있다. 우리의 시간과 돈, 에너지, 재능을 사용하는 방법에 따라 노동의 성과를 '몇 곱절'로 늘릴 수 있다.

공인중개사로 일하다가 은퇴하는 사람을 예로 들어보자. 그 사람이 부동산을 하나 거래할 때마다 부가 '덧셈 방식'으로 늘어난다. 그렇게 생계를 꾸리면서 신중하게 연금에 투자해 노후를 준비한다. 의뢰인을 많이 끌어 모을수록 부동산 매물을 많이 확보할 것이고, 시간이 흐르면 더 많은 매물을 팔 수 있다. 그리고 더 오래 일하면 더 많은 돈을 벌 수 있다. 하지만 일정 수준 이상으로는 성과를 늘리는 데 한계가 있다.

이제 부동산을 '매입해' 세를 받고 임대하는 사람과 비교해보자. 건물주에게 각각의 부동산은 지속적인 노력을 기울이지 않아도 다달이 수익을 창출하는 소득원이다. 건물주는 부동산을 임대하는 방식으로 그들의 시간과 돈을 '곱절로' 늘린다. 그뿐만이 아니라 그들이 벌어들일 수 있는 돈에는 한계가 없다.

동일한 시장에서 일하지만 이 두 사람이 구축할 부에 대한 전망치는 하늘과 땅 차이이다. 이 차이는 지렛대 효과에 있다. 마찬가지로 회사를 '위해' 일하는 사람은 지렛대 효과를 누릴 기회가 거의 없다. 반면에 회사를 차린 사람에게는 그런 제약이 전혀 없다.

배움: 가장 기다란 지렛대

돌이켜보면 대상포진이 데이비드의 목숨을 구한 것은 아닐까 하는 생각을 종종 한다. 만약 그가 더 열심히 더 오래 일하는 방식을 고수했다면 몸이 망가지고, 인간관계가 단절되는 것은 물론이고, 나는 그의 장례식에 참석해 애도를 표하고 있었을 것이다.

그는 지렛대 효과에 대해 배울수록 지렛대 원리를 근거로 세상을 바라보게 되었다. 마치 강력한 투시력을 가진 능력자가 되어 새로운 세계를 들여다본 기분이었다. 덧셈 방식으로 돌아가는 세상 저편에는 지렛대를 활용해 곱셈 방식으로 성과를 창출하는 세계가 있었다.

사람들이 지렛대 효과에 대해 배우고, 또 이를 활용하게 되기까지는

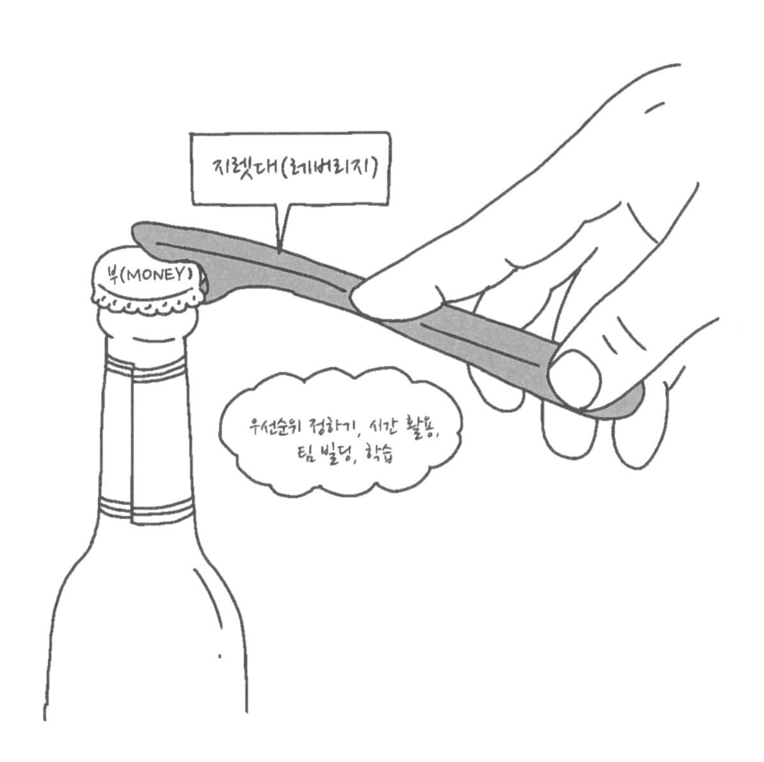
지렛대(레버리지)
부(MONEY)
우선순위 정하기, 시간 활용,
팀 빌딩, 학습

일정한 흐름이 있다. 사람들은 사업을 시작하고 처음에는 모든 일을 직접 한다. 그러다 일이 점점 많아지고 바빠지면 적은 시간으로 더 많은 일을 처리해야 한다는 사실을 깨닫게 된다. 서류 정리 같은 일에 시간을 허비해서는 곱셈 방식이 아니라 덧셈 방식으로 돌아가는 세상에 발목이 잡히면 원하는 만큼 성과를 내지 못한다. 뿐만 아니라 최악의 경우 덧셈은커녕 '뺄셈'의 늪에 빠지게 될 수도 있다.

우선순위 목록에서 B등급과 C등급에 해당하는 일에 매달려 있는 한 사업이 성장하기를 기대하는 것은 무리다. 혼자서는 역부족인 상황에 빠지면 사람들은 비로소 도움의 손길이 필요하다는 사실을 깨닫고, 인력을 추가로 고용하기 시작한다. 이때부터는 인적 자원들의 시간을 지렛대 삼아 더 많은 일을 해낼 수 있다. 게다가 그들이 업무 능력까지 '우수하다면' 더할 나위 없다.

재산이 늘어나면 사람들은 시간이나 인적 자원과 마찬가지로 돈을 지렛대로 활용할 수 있음을 깨닫는다. 성과를 몇 배로 늘리고 싶다면 돈도 일을 하게 만들어야 한다. 돈을 가만히 쌓아두는 게 아니라 돌고 돌게 해야 한다.

부자들은 이 원칙을 알고 있다. 은행이나 저금통 혹은 매트리스 밑에 보관하고 있는 돈은 아무 일도 하지 않는다는 사실을 부자들은 알고 있다. 부를 빠르게 증식하기 위해서는 시간과 인력 그리고 돈을 업무에 투입해야 한다.

성과를 빠르게 증식시킬 수 있는 다양한 지렛대를 관통하는 중요한 지렛대가 하나 있다. 그것은 이른바 '마스터 지렛대'로 '지금 당장' 이용할 수 있다. 직원을 고용할 필요도 없고, 현금을 투자할 필요도 없다. 필요한 것은 누구나 지니고 있는 '학습 능력'이다.

학습은 가장 중요한 지렛대다. 일단 배운 것은 무엇이든지 반복해서 적용할 수 있다. 이는 마치 1달러짜리 지폐 한 장을 계속해서 사용할 수 있는 것과 같다. 학습 능력은 우리 모두에게 주어진 황금거위다. 이 거위를 잘 먹이고 키운다면 계속해서 우리에게 이득을 안겨줄 것이다.

아침 시간이 지닌 진정한 가치도 바로 이 학습에 있다. 세상이 잠들어 있는 고요한 시간, 자신을 들여다보며 통제할 수 있는 아침이야말로 학습하기에 좋은 시간이다. 아침은 우리 안에 있는 황금거위를 먹이고 살찌울 시간이며, 우리 손에 쥐어진 가장 기다란 지렛대를 활용하는 시간이다.

바로 아침 시간에 우리는 자신의 초능력을 발견하게 된다.

tip

아침형
백만장자

나는 한 시간씩 격일로 운동을 하고 사무실까지 조깅으로 간다. 사무실에 도착하면 전날 밤 작성해놓은 일정을 검토한다. 우선순위를 파악하고 중요한 일부터 처리한다. 하루는 금방 지나가기 때문에 이런 식으로 일을 처리하면 가장 중요한 업무를 확실히 완수할 수 있다.

—바바라 코코란Barbara Corcoran, 코코란 그룹 창업자이자 투자 리얼리티 프로그램인 〈샤크 탱크Shark Tank〉의 투자자

다섯 번째 수업: 딱따구리 이야기

—끝까지 계속하기 vs 중간에 포기하기

"천 그루의 나무를 스무 번씩 쪼아대며 분주하게 돌아다니다가 아무것도 얻지 못하는 딱따구리도 있고, 한 그루의 나무를 2만 번 쪼아댄 끝에 먹이를 잡는 딱따구리도 있다."
— 세스 고딘Seth Godin, 《더딥The Dip》

백만장자를 많이 알고 지내면 여러 이점이 있다. 그중 몇 가지는 누구나 쉽게 짐작이 갈 것이다. 귀중한 인맥, 방대한 경험, 풍부한 자본에 접근할 수 있다는 것이다. 무엇보다 '어떻게 해서 지금의 위치에 오르게 되었는지' 그들에게 질문할 수 있다는 점이다.

어떻게 해서 지금과 같은 부를 성취했는지 누군가에게 질문할 기회가 있다는 것은 굉장한 선물이다. 물어볼 사람이 많다는 것은 강점 중의 강점이고, 이는 재산을 불리는 일에만 국한되지 않는다. 만약 당신에게 훌륭한 부모가 있다면, 혹은 멋진 몸매를 가꾼 사람이나 비범한 친구를 알고 있다면 '그 역시 좋은 선물이다.' 좋은 선물이 곁에 있어도 아직까지 그 가치를 알아보지 못한 사람도 있을 것이다. 인맥은 정보다. 우리에게 그들이 어떻게 그 자리에 올라갔는지 알아낼 기회를 제공한다. 만약 어느 분야에서든 부를 쌓고 싶다면 '먼저 그 분야에서 성공한 사람을 찾아보라.' 당신이 성취하고 싶은 것을 이미 성취한 사람이 있다면 그는 당신에게 귀중한 자원이다. 이 귀중한 자원을 놓쳐서는 안 된다.

내가 백만장자를 만날 때면 부와 관련해서 즐겨 묻는 질문이 하나 있다.

"당신이 백만장자가 되는 데 가장 도움이 된 세 가지 요인은 무엇인가?"

이 질문에 대한 부자들의 대답은 참으로 다양하다.

"나는 기회를 잘 포착한다."

"나는 사람들을 지렛대 삼아 활용하는 데 뛰어나다."

"나는 금융에 빠삭하다."

"나는 타고난 영업사원이다."

경계심이 풀리고 마음이 열려 있을 때 물어보면 위의 답변과는 다르게 훨씬 사적인 대답을 들을 수 있다.

"내 아이들에게 모범이 되고 싶었다."

"우리 부모님이 빈털터리였는데 나는 가난이 죽을 만큼 무서웠다."

"나는 일 중독자다."

"나는 그저 운이 좋았을 뿐이다."

그중에는 훨씬 유용한 답변도 있고, 그렇지 않은 답변도 있다. 하지만 어쨌든 각각의 답변에는 백만장자들이 스스로 평가하는 부의 원동력이 무엇인지 솔직하게 나타나 있다.

이와 관련해서 두 가지 측면을 짚고 넘어가자.

첫째, 다른 사람을 똑같이 따라 할 필요는 없다. 금융 지식에 도통한 덕분에 성공했다고 말한 사람이 있다고 해서 우리의 경제적 성공도 금융 지식에 따라 결정되지는 않는다. 사람들에게는 자신만의 길이 있고, 각자가 지닌 장점이 있으며, 각자 고유한 삶을 살아간다. 다른 사람들이 부자가 된 경로를 연구하는 것은 현명한 전략이지만, 자신에게 최선인 길을 찾아내는 게 훨씬 더 현명한 전략이다.

둘째, 부자들이 말하는 인내심에 대해 흥미로운 대목이 있다. '백만장자 비결'을 묻는 질문에 부자들은 다양한 답변을 내놓는다. 이때 '항상' 등장하는 답변이 하나 있다. 바로 "절대 포기하지 않았다."이다.

"끝까지 물고 늘어졌습니다."에서부터 "달리 아는 게 없으니 그대로 밀고 나갈 수밖에요."까지 표현은 조금씩 다르지만 본질은 같았다. 백만장자들이 들려주는 이야기에는 다른 어떤 것보다 중요하다고 생각하는 하나의 개념이 관통하는데, 바로 '인내심'이다.

딱따구리의 딜레마

인내심이란 우리가 잘 알고 있는 자질이다. 인내심은 괴로움이나 어려움이 닥쳐도 계속 앞으로 나아가는 끈기를 말한다. 갓 부모가 된 사람도, 마라톤 선수도 분야를 막론하고 모든 사람에게는 인내심이 필요하다. 하지만 부를 쌓는 일과 관련해서 이 인내심은 대부분의 사람이 생각하는 것과는 달리 미묘한 측면이 있다.

부자들은 모두 때로는 혹독하고 고달픈 시간을 견뎌야만 했고, 결국 자신의 일을 끝까지 고수한 사람들이다. 당신이 어떤 경로를 선택해 부자가 되려고 마음먹었든 간에 만약 백만장자들이 하는 말이 옳다면, 당신도 그 길을 끝까지 고수해야 한다. '인내심은 필수 사항이다.'

이것을 근성Grit(심리학자인 앤절라 더크워스의 《그릿》에 따르면 절대 낙담하지 않고 끝까지 매달리는 끈기와 용기, 근성을 포함한 말이지만 여기서는 편의상 근성으로 통일한다. –옮긴이)이라 부르든 끈기라 부르든 혹은 옛날 식으로 불굴의 정신이라고 부르든 본질은 다르지 않다. 다시 말해, 상황이 힘들어질 때 강인한 사람은 하던 일을 멈추지 않는다. 혹은 처칠이 한 말을 인용해도 좋다.

"지옥을 걷고 있더라도 계속 전진하라."

이 조언은 자세히 살펴보면 두 가지 문제가 있다.

첫째, '정확히 얼마나 계속해야 하는가?' 우리가 어떤 일을 그만두는 이유는 대개 그 일이 '힘겹기' 때문이다. 만약 부자가 되는 게 쉬웠다면 아무도 포기하지 않았을 것이고, 우리 모두 백만장자가 되었을 것이다. 따라서 "꿋꿋이 버티세요."라는 한마디 조언만으로는 부족하다.

둘째, '때로는 포기하는 것이 올바른 결정'이라는 사실이다. 앞에서 인내심이 필수 사항이라고 했지만, 수많은 백만장자를 연구해본 결과 그

KEEP GOING!
STOP & NEXT
먹이

들의 세계에서는 '도중에 그만두는 것도 필수 사항이다.' 손실이 발생하는 사업을 계속 운영하며 부자가 되기를 기대할 수는 없다. 또 수지타산을 겨우 맞추는 투자 상품을 운용하면서 백만장자가 되기를 바랄 수는 없다. 때로는 포기해야 할 때가 있다.

이것이 바로 '딱따구리의 딜레마'다. 딱따구리는 한 나무를 몇 시간씩 쪼아대고도 아무 먹이를 얻지 못할 때도 있다. 그리고 겨우 먹이를 잡고 하루를 연명하기도 한다. 딱따구리에게 문제는 지금 공략하는 나무를 끝까지 고수해야 하는지, 아니면 포기하고 다른 나무를 찾아가야 하는지이다. '포기할 것인가', 아니면 '근성 있게 물고 늘어질 것인가?' 이것이 문제다.

부를 쌓는 일도 이와 크게 다르지 않다. 어느 길을 선택해야 하는지, 그리고 언제까지 그 길을 고수해야 하는지 아는 것이 관건이다. 백만장자가 되는 여정에서 인내심은 필수조건이다. 그러나 포기하는 것 역시 필수조건이다. 그렇다면 어떤 일을 언제까지 고수해야 하는지 어떻게 알 수 있을까? 다른 나무로 갈아타야 하는지, 아니면 그대로 있어야 하는지 어떻게 판단하는가?

우선 첫 번째 문제(언제 근성을 발휘해야 하는가?)를 다루려면 사람들이 일을 성급하게 포기하는 중요한 세 가지를 이유를 알아야 한다. 이는 실수, 두려움, 관성을 말한다. 그런 다음에 두 번째 문제, 그렇다면 언제 일을 '포기하고', 더 나은 환경(딱따구리라면 더 좋은 나무)을 찾아 떠나야 하는지 그 시기를 아는 방법에 관해 살펴보자.

포기하지 않고 계속 가야 할 때

부자가 되는 방법이 수없이 많은 만큼, 일을 그만두는 이유도 셀 수 없이 다양하다. 하지만 모두가 '타당한' 이유로 포기하는 것은 아니다. 잘못된 이유로 포기하는 사람이 훨씬 많다. 아니, 어쩌면 대다수일지도 모른다. 잘못된 이유로 포기하는 경우는 크게 세 가지로 나뉜다.

잘못된 이유로 포기하는 경우 1. 실수

2006년 무렵부터 데이비드의 사업은 급속도로 성장하기 시작했다. 부동산 호황기였던 만큼 사업은 엄청난 추진력을 확보했다. 한 해에 영업소 한 곳을 개점하던 그가 1년에 영업소를 '네 곳'이나 개점할 만큼 바빴다. 정신이 없었다. 매출이 천정부지로 치솟았다.

사업이 이렇게 고속성장하면 처리할 업무량은 상상하지 못할 만큼 늘어난다. 성장세가 가파르면 인력 공급이 그 속도를 따라가지 못한다. 모든 부서와 직급의 인재들을 찾아다니며 수시로 고용해야 하고, 끝없이 밀려드는 업무를 처리하고, 또 문제를 해결해야 한다. 사업이 급속도로 팽창하게 되면 시간은 모자라고 정보는 부족하게 느껴지지만, 동시에 의사결정 횟수는 늘어나고 무게감도 커진다.

이럴 때 우리는 십중팔구 실수를 범하게 된다.

데이비드의 경우 인력을 잘못 고용하고, 필요 이상으로 넓은 사무실을 임대하는 실수를 저질렀다. 얼마 가지 않아 거품이 꺼지고 부동산시장이 폭락할 때 지나치게 넓은 사무공간과 능력 없이 자리만 채우는 직원들에 얽매여 꼼짝할 수가 없었다. 회사 규모를 너무 성급하게, 또 너무 크게 확장한 것이다. 실제로 영업소 두 곳은 거의 개점하자마자 문을 닫아야 했다.

요즘 들어 '빨리 실패하기'라는 경영 전략이 사람들 입에서 자주 오르내린다. 이 전략에 사람들이 공감하는 이유는 이해하지만 '실수가 초래하는 결과가 얼마나 끔찍할 수 있는지'에 대해서는 간과하고 있다.

영업소 두 곳을 폐쇄하는 일은 데이비드에게 지독하게 쓰라린 경험이었다. 거래를 파기해야 했고 실패했음을 인정해야 했다. 많은 돈을 잃었다. 좋은 사람들을 해고해야 했던 것은 무엇보다 가슴 아픈 일이었다. 직원들은 그가 마련해준 일자리를 기반으로 자신의 미래를 한창 설계하고 있었다. 그런데 그 꿈을 날려버린 것이다. 그런 실수를 범하고도 자신은 멀쩡하다고 주장하는 사람이 있다면 그는 인간성을 상실했거나 거짓말을 하는 것이다. 실수는 실수다. 실수의 대가는 '가혹'하다.

지금은 지나간 일이므로, 데이비드는 그때의 경험을 감사한 마음으로 되돌아보고 있다. 그때 실패한 '덕분에' 꼭 필요한 사람들과 함께 사업을 해야 한다는 사실, 그리고 제때 사업에서 빠져나올 줄 알아야 한다는 교훈을 배웠다. 그러나 그는 당시 하는 일 자체에 의문을 품을 정도로 괴로웠다.

실수에는 그만큼 위험이 따른다. 실수는 그 자체로 괴로운 경험일 뿐 아니라, 거기서 아무런 교훈도 배우지 못하고 성급하게 포기해버릴 위험성도 있다. 만약 실수 때문에 그 일을 그만둔다면 당장 뭔가를 배울 기회를 놓치는 것이다. 또한, 앞으로도 그 경험에서 얻을 것은 아무것도 없다. 그만두는 순간 모든 여정은… 끝난다.

실수를 모두 방지할 수는 없다. 다만 실수를 저질렀을 때 미라클 모닝을 통해 고요한 장소에서 차분하게 실수를 되새겨볼 수 있다. 미라클 모닝을 실천하는 시간은 내가 저지른 실수를 성찰하며 교훈을 얻기에 가장 좋은 시간이다.

여기서 성찰이라 함은 실수에 대한 일종의 '사후 평가'로써 대체로 질문의 형태를 띤다. 아침마다 글을 쓰는 시간에 다음과 같은 질문을 통해 이렇게 실수한 경험을 되새겨보자.

"이런 실수를 저질렀다는 것은 내가 이 일을 진심으로 좋아하지 않는다는 뜻일까?"
"내가 이 일에 소질이 없다는 뜻일까?"
"내 사업이나 사업 계획에 문제가 있다는 뜻일까?"
"이 실수를 통해 내가 배울 점은 무엇일까?"
"미래에 똑같은 상황에 처하지 않도록 대비하는 방법은 무엇일까?"
"만약 똑같은 상황이 전개될 때 이를 알아차리는 방법은 무엇일까?"
"이번 실수와 똑같은 의사결정을 내리지 않도록 방지하는 방법은 무엇일까?"

이런 질문에 답을 하는 과정에서 실수와 관련해 가장 중요한 사실을 깨달을 수 있다. 즉 '실수는 돌이킬 수 없는 결함이 아니다.' 실수는 귀중한 교훈이다. 실수는 일을 그만둘 이유가 아니라 우리를 '개선할' 기회다. 우리는 수많은 실수를 거쳐서 다듬어진다. 부자들 중에 백만장자가 되기까지 실수를 저지르지 않은 사람은 거의 없다.

잘못된 이유로 포기하는 경우 2. 두려움

마음은 노예로서는 훌륭하지만 주인으로서는 끔찍하다는 말이 있다. 우리가 주인이 되어 마음을 지배할 때에는 놀라운 일을 해낸다. 반대로 마음에 지배당할 때는 걱정과 근심, 두려움에 굴복한 나머지 더 이상 자라지 못하고 생명력을 잃게 된다.

두려움과 근심은 부를 쌓는 일에서도 불리하게 작용한다. 오래전 데이비드가 한창 사업을 하면서 힘들어할 때, 한 친구가 이런 말을 했다.

"그러니까 자네는 말이야. 준비하고 조준하고, 또 준비하고 조준하는 식이야. 발사는 언제 할 거야?"

그의 말이 옳았다. 데이비드는 지나친 분석으로 오히려 다음 단계로 나아가지 못하는 장애를 겪을 때가 많았다. 혹시 실수를 저지를까 봐 선불리 결정을 내리지 못하고, 고민에 고민을 거듭했다(남 얘기 같지 않은가?). 제안을 거절당하거나 계획이 실패할까 봐 두려웠다. 그는 친구의 직언 덕분에 성장하려면 두려움에서 벗어나야 한다는 사실을 깨달았다.

여기서 발견한 해결책은 '두려운 생각이 들기 전에 일을 감행하자.'는 것이다. 예를 들어, 오늘 해야 하는 중요한 일이 있는데 그 일이 까다롭거나 겁나는 일(이를테면, 일면식 없는 고객을 상대하거나, 내가 일을 망쳐서 성난 고객을 상대하는 일)이라면 최대한 빨리 그 일을 해치우는 것만이 몸이 얼어붙어 이도저도 못하는 상황을 방지하는 유일한 길이다. 이 생각 저 생각을 하다 보면 마음의 노예가 되어 거기서 빠져나오는 것은 거의 불가능해진다. 그러므로 생각하지 말고 그냥 '하면 된다.'

사업을 하는 사람으로서 '수익을 올릴 최선의 방법은 무엇인가?'라고 자문해보면 그 대답은 자명하다. 바로 '가능성 있는 고객에게 전화를 하는 것이다.' 답이 나왔으면 그대로 '실행'하자. 더는 생각하지 말고 행동으로 옮기는 게 좋다. 불안한 마음이 들고 걱정스러워도 행동으로 옮겨야 한다.

두렵고 불확실한 상황에서도 해야 할 일을 실행하는 기술을 길러야 한다. 이는 분명 당신이 익혀야 할 '기술'이다. 미라클 모닝을 실천하는 아침은 이 기술을 배양하기에 가장 적합한 시간이다. 당신이 정한 방법과 순서대로 통제할 수 있는 고요한 아침 시간이라면 두려움과 불안감을 떨쳐낼 수 있다. 끊임없이 당신을 찾아와 걱정하고 두려워하는 목소리가 사실은 진실을 전하는 목소리가 아니라, 당신 마음에 침입해 성가시게 구는 이웃이라는 사실을 깨닫는 시간이다.

오랫동안 집중하는 것을 방해하고, 자꾸 그만두고 싶게 만드는 이웃이 있는가? 그럼 가볍게 무시해보자.

두렵고 불안한 감정이 생길 때 부를 쌓기 위해 자신이 하는 일 자체에 곧바로 의문을 품는 건 어리석은 태도다. 두려움을 느낀다고 해서 지금 걷는 길이 잘못된 길이라는 뜻은 아니다. 불안함을 느낀다고 해서 지금 하는 사업이 실패한다거나, 경제적으로 큰 타격을 입을 것이라고 생각할 필요는 없다. 두려움과 불안이 멈추라는 경고일 때도 있지만, 앞으로 나아가라는 강력한 신호일 때도 있다.

잘못된 이유로 포기하는 경우 3. 관성

매번 주저하며 앞으로 나아가지 못하는 사람은 두려움 속에서도 행동에 나서는 사람(이들의 선택이 절반은 틀리더라도)을 이기지 못한다. 계획을 세워놓고도 실행할 줄 모르는 사람들이 언제나 일을 그만두게 되는 이유는 단 하나, 바로 추진력 부족이다.

중요한 일이나 두려운 일들을 일단 실행에 옮겨야 그에 따른 성과를 눈으로 확인할 기회가 주어진다. 대담하게 일을 실행했을 때 시간이 흐르면서 그 일이 (경제적으로나 개인적으로) 어떤 성과를 내는지 보여주는 증거들이 차곡차곡 쌓인다.

대담한 행동력이 가져오는 '선순환'을 생각해보면, 수백만 달러를 벌어본 적이 있는 사람들이 그만한 돈을 잃더라도 다시 백만장자가 되는 이유를 알 수 있다. 그들에게는 목표를 세우고 대담하게 행동할 때 성과가 나온다는 증거와 경험이 있다. 실수를 저질러도 결국 그 실수를 바로잡을 수 있음을 알기에 그들은 다시 시작한다.

반면에 부를 쌓는 여정에 처음 나선 사람들은 실수가 이어지거나 성과가 더디게 나오면 악순환에 빠져들기도 한다. 성과가 더디게 나올수록 자신감은 줄어들고 걱정은 늘어난다. 걱정이 늘어날수록 더 주저하게 되고, 어느덧 멈춰 서게 된다.

자신의 이야기처럼 느껴지는가? 당신만 그런 게 아니다. 추진력이나 에너지는 밀물과 썰물 같아서 차오를 때가 있으면 빠질 때가 있다. 이때 중요한 것은 썰물 때의 여파를 최소화하는 것이다. 동기가 약해지고 위축될 때 일을 그만두어야 할 신호로 곧바로 받아들여서는 안 된다.

추진력을 잃지 않기 위해 아침 시간을 사용하는 방법을 살펴보자.

- **목표를 검토한다.** 자신이 지금 어디로 가고 있는지 목표를 점검하지 않아서 추진력을 잃기도 한다. 목표를 가끔씩 되새기는 일이 쉬워 보이지만, 시간이 지나면 자신도 모르는 사이에 목표를 놓치기 일쑤다. 일주일에 한 번씩 아침 시간을 이용해 목표를 검토한다. 주기적으로 목표들을 점검하고 진척 상황을 확인하지 않으면 목표를 향해 제대로 나아가고 있는지 알 도리가 없다. 또한 한 번씩 목표를 확인하면 진척 상황을 점검하는 동시에, 처음에 그 목표를 세웠던 동기를 상기하게 된다.
- **건강과 활력을 유지한다.** 체력이 뒷받침되지 않으면 추진력을 계속 유지하기 어렵다. 날마다 잘 먹어야 하고 날마다 몸을 움직여야 한다. 미라클 모닝 습관을 실천하면서 추진력을 확보해야 한다. 아침에 더 일찍 일어나면 몸이 더 피곤할 것이라고 속삭이는 유혹에 빠

지면 안 된다. 오히려 아침 시간은 정반대의 효과를 보장하는 도구다! 활력을 키우고 추진력을 다시 얻고 싶을 때마다 11장 '사람들이 간과하는 원칙 2. 에너지 엔지니어링'을 복습하기 바란다.

- **주변 환경을 관리한다.** 활력이란, 내 안에서 생성되기도 하지만 외부 자극에도 영향을 받는다. 외부 자극 중에 주변 사람들은 활력에 크게 영향을 미친다. 친구, 멘토, 직원, 동업자, 동료, 고객, 이들은 모두 활력에 영향을 미치며 우리의 추진력을 대폭 끌어올리기도 하고 끌어내리기도 한다. 정원을 가꾸듯이 인간관계를 관리해야 한다. 소중한 관계는 정성껏 보살피고, 우리를 좀먹고 추진력에 방해가 되는 관계는 쳐내야 한다.

  도움이 필요한 사람들은 미라클 모닝 커뮤니티에 방문해보자. 지속적으로 격려받을 수 있고, 진정성 있는 도움과 추진력을 발휘할 수 있는 훌륭한 자원을 얻을 수 있다. 흔들릴 때면 사랑하는 사람들을 가만히 안아보자. 그들은 언제나 우리에게 활력을 주는 존재다!

포기해야 할 때

2006년에 데이비드는 사업을 하나 시작했다가 백만 달러를 잃었다. 미국으로 막 넘어온 이주민들을 대상으로 영어를 가르치는 학원을 운영하는 사업이었다. 색다른 틈새시장이고, 전도유망한 사업 아이디어라고 생각했다. 가슴이 뛰었다. 하지만 몇 가지 문제가 있었다.

첫째, 시기가 좋지 않았다. 지나고 나서 보니 미국 부동산시장이 폭락하기 얼마 전이었다. 아무리 사업이 잘된다고 해도 경제가 뿌리째 흔들리는 상황에서는 곤란을 겪을 가능성이 크다.

머지않아 다가올 경제 위기보다 더 시급하고 심각한 문제는 사람을 잘못 고용해 경영을 맡긴 것이었다. 데이비드는 대상포진을 앓으며 혼자서 모든 일을 할 수 없음을 깨달았지만, 적절한 인재를 채용해 업무를 분담하는 일에는 미숙했다. 사람을 잘못 고용했고, 그 사람을 제대로 관리하지도 않았다. 결국 사업이 곤두박질치기 시작했다. 미처 인지하지도 못하는 사이에 사업은 망해버렸고, 백만 달러나 적자가 났다.

학원 사업의 경우 더 심각한 문제가 또 하나 있었다. 시장에 진입한 시기도 문제였고, 잘못된 인재 채용도 문제였다. 하지만 가장 큰 실수는 일찌감치 사업을 '포기하지 못한' 것이었다.

지금까지 '포기하지 않는' 법에 대해 강조해왔다. 끈기 있게 버티며 계획을 고수하고 부를 창출하는 방법에 대해 얘기했다. 그러나 실제로 사람들은 부를 얻기 위한 방편으로 불가피하게 일을 포기하기도 한다. 우리는 하는 일마다 매번 끝까지 고수할 필요는 없으며, 또 우리가 세운 계획마다 모두 열매를 맺을 가능성은 희박하다. 때로는 손실을 최소화하는 전략이 최선일 때가 있다.

사실 데이비드는 더 일찍 영어 학원 사업에서 빠져나올 기회가 한 번 있었다. 35만 달러의 적자가 났을 때 빠져나왔더라면 '비교적' 쉽게 그만둘 수 있었다. 하지만 사업을 정리하기는커녕 더욱 사업에 매진했다. 사업 계획을 그대로 고수한 채 65만 달러를 추가로 투자했다. 하지만 채 몇 개월을 넘기지 못하고 불길한 징후가 나타났고, 결국 학원 사업에서 손을 뗐다(엄밀하게 말하자면 줄곧 불길한 조짐을 '읽고' 있었다고 해야 옳다).

그는 돈을 잃고 뼈아픈 교훈을 배웠다. 아니, 최소한 교훈이라도 얻고 '싶었다'고 해야 할까. 그 일이 있고 나서 오랫동안 그때 입은 손실(그리고 관련 사항)에 대해 깊이 성찰했다. 어째서 더 빨리 손을 떼지 못했는지, 그리고 어떻게 하면 '그만둘 때를 아는 사람'이 될 수 있는지 고민했다.

포기 절차와 규칙

《두 번째 명함: 나와 꼭 맞는 일을 찾아내는 13가지 전략*Born for This: How to Find the Work You Were Meant to Do*》의 저자 크리스 길아보Chris Guillebeau는 간단한 질문 두 개를 이용해 그만둘 시기를 결정한다. 두 질문은 매우 단순하지만 사업, 인간관계, 직장처럼 중대한 사안을 놓고 그만둘 시기를 결정하는 데 무척 유용한 도구다.

두 개의 질문은 다음과 같다.

질문 1. 효용이 있는가?

질문 2. 재미가 있는가?

그 일은 효용이 있는가

우리 책에서 '효용이 있는가?'는 돈에 대한 질문이다. 이 책은 부자가 되는 법을 다루고 있기 때문이다. 만약 지금 하는 일이 백만장자가 되는 데 도움이 되지 않는다면 그만두어야 한다.

현재 당신이 하는 일을 고수한다면, 당신이 원하는 때에 또 원하는 만큼 부를 가져다줄 것인가? 당신은 이 질문에 대답해야 한다. 만약 그 대답이 '아니오'라면 변화를 시도하거나, 아니면 그 일을 그만둬야 한다.

당신은 어느 쪽을 선택하겠는가? 이를 위해서는 두 번째 질문에 답을 해야 한다.

그 일이 아직 재미있는가

돈이 인생의 전부는 아니다. 삶의 대부분을 부를 쌓는 데 보낸 어떤 사람도 "돈이 전부가 아니다."라고 말했다.

5장 '두 번째 수업: 당신은 백만장자다'에서 논의한 바에 따르면 돈을 버는 일과 심리는 떼려야 뗄 수 없는 관계다. 자신이 매우 싫어하는 일을 오랫동안 고수하는 방법은 백만장자에 도달하는 수단이 될 수 없다. 여기서 우리는 백만장자 공식을 구성하는 또 다른 요소, 즉 목적지까지 가는 과정에서 얻는 즐거움을 고려해야 한다.

지금 하는 일이 여전히 즐거운가? 현재 운영하는 사업이나 부업 혹은 투자하는 일이 즐거운가? 당신이 부를 창출하기 위해 하고 있는 그 일이 '재미있는가?'

이 두 질문에 대한 대답을 정리하면 다음의 네 가지 결과를 얻는다.

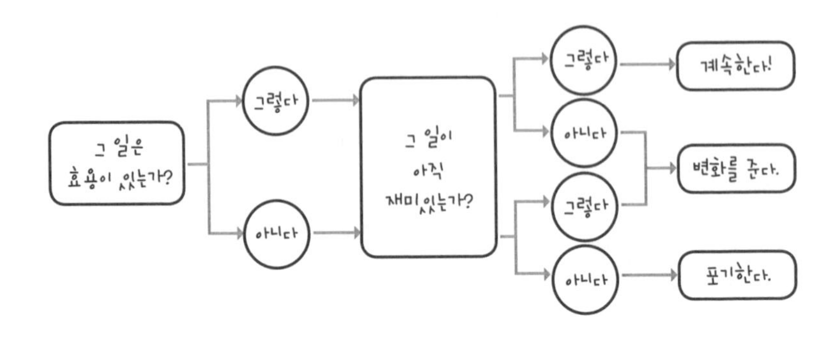

이 도표는 어떤 일의 포기 여부를 판단할 때 무척 유용하다. 도표를 보면 알겠지만 '일을 포기해야 하는 경우는 단 하나뿐이다.' 지금 하는 일이 효용이 없고, '게다가' 그 일을 좋아하지도 않는 경우다. 여기에 해당하지 않으면 근성을 발휘해 계획대로 일을 밀고 나가든가, 아니면 변화를 주어야 한다.

임대 부동산 사업을 예로 들어보자. 만약 손실이 발생하고 있으면 '그 일은 효용이 없다.' 하지만 최종 결정을 내리기 전에 '그 일이 재미있는지' 자문해봐야 한다.

만약 그 일에서 재미를 느끼지 '못한다면' 사업을 재고할 때다. 그러나 해당 부동산을 계속 소유하고 싶은 경우에는 사업에서 손을 떼기 전에 여러 가지 대안을 고려해볼 수 있다. 저당 조건을 변경해 비용을 줄일 방법이 있는가? 월세를 인상할 수 있는가? 해당 부동산을 개조해 부동산 가치를 높이고, 세입자를 늘릴 수 있는가?

이 원리는 사업에도 동일하게 적용된다. 단기적으로 손실이 발생하더라도 장기적 관점에서 회생 가능한 사업도 있다. 이렇게 자문해보자.

"예상되는 최선의 시나리오는 무엇인가? 실현 가능성이 가장 높은 시나리오는 무엇인가? 예상되는 최악의 시나리오는 무엇인가?"

개선 가능성이 있는 경우라면 좋아하는 일을 그만두고 싶지 않을 것이다. 그러나 현재 문제가 있고, 게다가 그 일을 좋아하지 않거나 문제를 수습할 가능성이 없다면 어떡해야 할까?

그렇다면 영리한 백만장자들이 하듯이 그 일을 '때려치우면' 된다.

잘못된 이유로 성급하게 일을 그만두는 경우도 있지만, 잘못된 이유로 무리하게 일을 고집하는 경우도 있다. 끈기 있게 물고 늘어지는 전략이 오히려 자신에게 해가 되기도 한다. 마땅히 포기해야 할 때 그만두지 못하는 이유는 다음 두 가지 때문이다.

- **매몰 비용 편향:** 앞에서 다뤘듯이 우리 뇌는 본질적으로 손실을 싫어한다. 실제로 우리는 뭔가를 얻을 때의 기쁨보다 뭔가를 잃을 때의 불쾌감을 훨씬 더 강하게 느낀다. 이런 이유로 우리는 이미 소유한 것들(손실이 발생하고 있는 사업이나 투자 상품)에 집착한다. 그만두어야 할 때 계속해서 자원을 쏟아 붓고, 포기해야 할 때 포기하지 못한다. 매몰 비용은 이미 사라지고 없는 것이다. 돈을 추가로 붓는다고 해서 이미 사라진 돈을 회수하지 못한다.

- **두려움:** 끝까지 고수해야 할 일을 두려움 때문에 그만두는 경우도 있지만, 마땅히 포기해야 할 일을 두려움 때문에 밀고 나가기도 한다. 실패자가 되는 게 두려워 혹은 창피를 당하는 게 두려워 손을 떼지 못하는 것이다. 일이 잘못되어 갈 때 두려움을 느끼는 건 지극히 정상이다. 그러나 우리가 최선의 결정을 내리지 못하거나, 최선의 행동을 취하지 못하도록 두려움이 방해할 때에는 이를 알아차려야 한다.

근성 있게 버티기 vs 그만두기

세상 사람들이 믿는 대로 '절대 포기하지 않는 것'만이 미덕은 아니다. 그렇다고 '손실을 최소화하라.'는 조언이 늘 옳은 것도 아니다. 실제 현실에서 이 두 조언을 적용할 때는 고려할 것도 훨씬 많고 복잡하다. 목표를 향해 나아가면서 근성 있게 버티는 전략과 포기하는 전략 사이에서 균형을 잡아야 한다. 백만장자 계획이 결실을 맺으려면 '버티기와 포기하기' 사이에서 긴장을 유지해야 한다.

"근성 있게 버티느냐, 아니면 포기하느냐 그것이 문제다."

여기서 미라클 모닝 습관이 빛을 발한다.

분주한 일상에 매몰되어 머릿속이 어수선할 때는 자신의 계획을 그대로 고수할지, 아니면 포기할지 결정내리기란 쉽지 않다. 결정을 내릴 생각조차 못하는 경우도 있고, 관련 사항을 숙고하지 못하거나 제대로 진단을 내리지 못할 가능성도 크다.

미라클 모닝은 생각할 여유를 찾을 수 있는 완벽한 시간이다. 이 시간에 인생 조감도를 그려보며 관련된 중요한 사항을 검토한 후 결정을 내릴 수 있다.

부를 쌓기 위해서는 끈기 있게 버티는 것이 필수 사항이다. 어려운 장애물을 만나고 괴로운 순간에 직면하더라도 자신의 계획을 고수하며 이를 극복할 줄 알아야 한다. 하지만 잘못된 선택에서 빠져나오는 것도 필수 사항이다. 반드시 손절매해야 하는 때가 있다.

백만장자가 되고 싶다면 언제 버티고, 언제 포기해야 하는지 그 차이를 알아야 한다.

tip

아침형 백만장자

트위터와 스퀘어의 최고경영자 잭 도시Jack Dorsey는 새벽 5시에 일어나 30분간 명상을 하고, 운동을 한 뒤 아침을 먹기 위해 그가 즐겨 찾는 커피숍으로 향한다.

"5시에 일어나서 30분간 명상을 해요. 7분 운동을 세 차례 반복하고, 커피를 마신 뒤 출근해요. 저녁 11시부터 새벽 5시까지 잠을 자는데, 암막 커튼이 도움이 됩니다. 무엇보다 명상과 운동이 중요해요!"

여섯 번째 수업: 쇼미더머니

–돈이 말해주는 것

"우리가 부를 지배한다면 우리는 부유하고 자유로울 것이다.
부가 우리를 지배한다면 우리는 매우 가난할 것이다."
— 에드먼드 버크Edmund Burke

지금 이 순간 당신이 무엇보다 알고 싶은 것은 돈일 것이다. 당연하다. 백만장자가 되는 법을 다루는 책인데, 우리는 8장이 지나도록 정작 돈 버는 얘기를 별로 하지 않았다.

그럴만한 이유가 있다. 당신이 백만장자가 되겠다는 목적을 이루었는지 여부를 판가름하는 확실한 잣대는 분명 돈이다. 돈은 하나의 척도다. 말하자면 백만장자 경기에서 점수를 얼마나 땄는지를 측정하는 도구이다. 그러나 흔히 그렇듯이 점수는 현재 경기가 어떻게 진행되고 있는지에 대해 알려줄 뿐이다.

우리는 지금까지 가치의 척도이자 저장 수단으로 쓰이는 것들을 확보하기 위해 반드시 알아야 하는 다섯 가지 원칙에 대해 이야기했다. 말하자면 본격적으로 경기에 들어가기 전에 갖춰야 하는 장비에 관해 살펴봤다. 부를 쌓기 전에 익혀야 하는 원칙들을 요약하면 다음과 같다.

- 부자가 되기로 '결심'한다.
- 날마다 당신의 가슴을 뛰게 하는 평생의 '비전'을 그린다.
- 목적지까지 안내할 '비행 계획'을 세운다.
- '지렛대' 효과를 이용해 자신의 시간과 에너지를 몇 배로 늘리는 법을 배운다.
- '근성'을 발휘할 때와 '포기할' 때를 아는 법을 배운다.

백만장자라면 이 다섯 가지 원칙을 실행하는 데 남다른 역량을 발휘한다. 이 다섯 가지 원칙은 모두 부를 쌓는 과정에서 제 역할을 하며, 부자가 되고 싶은 사람들이라면 몰라서는 안 될 원칙이다.

백만장자라면 '돈'이 없을 리 없다. 그렇다면 이제 당신 그리고 당신이 가지고 있는 돈에 대해 얘기할 때다. 이번 장에서 백만장자가 되기를 원하는 사람들이 반드시 이해하고 수용해야 하는 돈 버는 원리를 살펴보고자 한다.

돈 버는 원리 1. 부를 쌓는 일은 개인 재무관리에서 시작한다

흔히 백만장자라고 하면 대저택과 호화로운 생활, 대기업 CEO, 자산 및 주식 포트폴리오, 직함 앞에 '최고'라는 글자가 붙는 임원 등 거창한 것을 떠올리기 쉽다. 하지만 백만장자는 실제로 이보다 훨씬 소박하고 핵심적인 것에서 시작한다. 즉 우리 모두가 스스로 통제할 수 있는 개인 재무관리에서 시작한다.

소파 쿠션 밑이라든가, 어디에 있는지도 모르는 통장 안에서 백만 달러를 발견하는 기이한 일이 현실에서 일어날 가능성은 없다. 하지만 '현재' 당신의 재정 상태는 돈에 대한 습관과 태도를 보여주기 때문에 백만장자가 되는 여정에서 아주 중요하다.

백만 달러만 있으면 모든 게 훨씬 쉬워질 것이라고 생각하겠지만, 그렇지 않다. 백만 달러가 생긴다고 해서 우리가 다른 사람이 되지는 않는다. 예를 들어, 소득의 110퍼센트를 소비하는 사람이라면 몇백만 달러를 벌었을 때 그 돈의 110퍼센트를 소비할 것이다. 그만한 돈을 쓰기는 생각보다 쉽다.

'현재 소유한 재산을 관리하지 못하는 사람은 앞으로 더 많은 돈을 벌거나 모으지 못한다.' 현재 소득보다 덜 소비하며 살 수 있도록 어떻게든 생활방식을 바꿔야만 한다.

그러면 남는 돈으로 무엇을 하는가? '따로 모은다.' 재정 상태가 흑자가 되면 선택지가 늘어난다. 그 돈으로 투자할 수도 있다. 직장이나 사업과 관련된 의사결정을 할 때 더 나은 선택을 할 수 있다. 불안에 흔들리지 않고, 더 현명하게 운영할 수 있다. 개인의 재정을 적자 상태로 운영하면 삶을 변화시키기 어렵다. 당신도 알고 있겠지만, 당신의 삶은 변화가 필요하다.

우리의 부모님 세대들이 늘 말하는 '미래를 위해 저축하라.'는 단순한 이야기가 아니다. '현재' 당신이 소유한 것들을 효과적으로 관리하는 법에 대한 이야기다. 이를 통해 나쁜 습관을 끊는다면 보통 사람이 아니라 백만장자들처럼 의사결정하는 여유를 확보할 수 있다.

현재 당신 계좌에 이용 가능한 돈이 얼마나 되든지 그 돈의 10퍼센트를 지금 당장 별도로 저축하는 것부터 시작하라. 새로 계좌를 만들어 자동이체 되도록 설정한다. 그 계좌에 돈이 점점 쌓일수록 당신의 선택지는 많아진다.

내로라하는 부자들은 대부분 그들이 믿는 대의를 위해 소득의 일정액을 기부한다는 사실도 기억하자. 이런 습관을 기르기 위해 부자가 될 때까지 기다릴 필요는 없다. 토니 로빈스는 이렇게 말했다.

"10달러 중에서 1달러를 기부하지 못하는 사람은 1,000만 달러 중에서 100만 달러를 기부하지 못한다."

소득의 10퍼센트를 기부하면 월세를 내는 데 지장이 있는가? 그렇다면 5퍼센트도 좋고 2퍼센트도 좋다. 아니면 1퍼센트부터 시작해도 좋다. 여기서 핵심은 기부 금액이 아니라, 당신의 경제적 미래를 바꾸고 남은 인생을 좌우할 마음가짐과 습관을 기르는 데 있다.

돈이 붙는 속도를 올려라

MONEY

돈이 일하게 하라

남을 위해 기부할 때 더 풍족하게 돌아온다는 믿음을 잠재의식에 주입해야 한다. 남을 위해 기부하고도 남음이 있으며, 더 많은 소득이 들어오는 중이라고 믿어야 한다.

> "당신이 현재 소유한 돈을 관리할 수 없다면
> 더 많은 돈이 들어와도 효과적으로 관리할 수 없다."

돈 버는 원리 2. 돈이 붙는 속도를 올려야 한다

7장에서 우리는 백만장자의 셈법과 보통 사람들의 셈법에 근본적인 차이가 있음을 살펴보았다. 대부분의 사람은 덧셈 방식으로 일하고 저축하지만, 부자들은 배로 늘어나는 '곱셈' 방식을 좋아한다. 또한 우선순위를 설정하는 전략과 인적 자원을 지렛대로 활용해 시간을 곱셈 방식으로 사용하는 방법도 살펴봤다.

돈 역시 곱셈 방식으로 증식시켜야 한다. 돈에도 '속도'가 있다. 저축 예금에 들어간 돈은 늘어나는 속도가 매우 느리다. 몇 년이 지나도 돈이 크게 늘어나지 않는다. '느려터진 돈'이다.

사업을 운영해도 좋고, 부동산에 투자해도 좋다. 어떤 방식으로든 투자 대비 더 많은 수익을 창출하는 소득원을 찾아야 돈이 속도를 내기 시작한다. 돈이 붙는 속도가 빨라지는 만큼 더 빨리 부자가 된다.

돈이 일을 하도록 해야 한다. 백만장자가 되고 싶다면 돈을 지렛대로 활용하는 법을 배워야 한다.

"돈이 붙는 속도가 빨라질수록 더 빨리 백만장자가 된다."

돈 버는 원리 3. 리스크를 이해한다

돈이 늘어나는 속도가 빠를수록 대체로 리스크는 더 크다. 돈을 자동차라고 생각해보자. 느린 속도(이를테면 모든 사람이 지켜야 하는 제한속도)에서는 관련 사항을 관리하고 통제하기가 비교적 쉽다. 사고 위험도 낮다.

반면에 자동차의 속도를 높이면 리스크가 커진다. 법적 제한속도의 두 배쯤 빠른 속도에서 급선회한다면 리스크도 급증한다. 속도가 빠른 만큼 목적지에 더 빨리 도착하겠지만, 그 과정에서 많은 리스크를 감수해야 한다.

돈도 이와 다르지 않다. 돈이 늘어나는 속도가 빨라질수록 리스크는 더 커진다. 리스크가 커질수록 당신은 더 빨리 부자가 되겠지만, 그 과정에서 충돌 위험성도 그만큼 커진다.

저축 예금에 들어간 돈이라면 사실상 리스크가 전혀 없다. 하지만 이자율이 워낙 낮아서 돈의 속도는 거의 '마이너스'다. 경제성장률보다 더 느리게 성장한다. 이는 현금의 안전성을 확보하는 대신 치러야 하는 대가다.

반면에 벤처투자자는 실패 확률이 높은 리스크를 감수하는 대신 투자가 성공하면 수백 배가 넘게 수익을 올린다. 이처럼 리스크가 클수록 기대수익도 높아진다.

얼마나 많은 리스크를 감수해야 하는지에 대한 정답은 없다. 리스크 허용 한도는 개인마다 다르다. 다만 여기서 우리는 리스크와 수익률 사이에 상관관계가 있다는 사실, 그리고 리스크 없이 빠르게 부를 일구는 방법은 없다는 사실을 알아야 한다.

"부자가 되려면 리스크를 이해하고 이를 감수해야 한다."

돈 버는 원리 4. 소득원을 늘린다

다수의 소득원을 확보하는 것은 돈이 늘어나는 속도를 높이는 동시에 리스크를 관리하는 방법 중 하나다.

한 가지 사업으로 성공한 백만장자들은 십중팔구 해당 사업을 다각화해 하나 이상의 소득원을 확보한다. 예를 들어, 자동차 영업소에서는 자동차를 판매한다. 하지만 자동차 수리 및 관리 서비스, 법인 렌터카 서비스와 금융 지원도 제공한다. 레스토랑에서는 점심과 저녁을 제공하는 기본 서비스 외에 출장 서비스도 제공하고, 인기 메뉴를 냉동 포장해서 판매하기도 한다.

서비스 상품을 다양화하는 이유는 판매량을 늘림과 동시에 리스크를 줄이고, 새로운 수익 창출 모델을 개발하는 데 있다. 소득원이 많으면 부가 증가할 뿐 아니라, 달걀을 여러 바구니에 나눠 담아 분산 투자를 하는 것과 마찬가지로 리스크가 줄어든다.

컷코(미국 주방용품 전문회사 – 옮긴이) 영업사원으로 명예의 전당에 이름을 올린 나는 영업직을 그만두고 나의 꿈인 기업가로 전환하기 위해 전략을 세우기 시작했다. 그때 나이가 스물다섯이었다. 일단 회사에 계속 다니면서 영업사원과 영업팀들을 대상으로 영업 기술을 가르치는 코칭 사업(나의 첫 번째 추가 소득원)을 시작했다.

나는 정확히 다음에 요약한 단계별 공식대로 해마다 추가 소득원을 늘려나갔으며, 상당한 수익을 내는 9개의 소득원을 확보했다. 개인 및 그룹 코칭을 비롯해 집필, 강연, 유료로 운영되는 마스터마인드 그룹(목표를 공유하는 사람들끼리 경험과 지식을 나누며 문제 해결 방안을 논의 하는 모임 – 옮긴이) 활성화, 팟캐스트, 해외 출판, 《미라클 모닝》 시리즈 출판 및 체인 사업, 제휴 사업, 이벤트 생방송 진행 등이다.

소득원에는 능동적 소득원과 수동적 소득원 그리고 이 두 가지가 혼합된 소득원이 있다. 다시 말해, 당신이 좋아하는 일을 열심히 해서 벌어들이는 소득원(능동적)이 있고, 시간과 에너지를 많이 투자하지 않아도 돈이 들어오는 소득원(수동적)이 있다. 여러 분야에 걸쳐 소득원을 다각화해두면 어느 한 산업에 불황이 닥쳐 손실이 발생하더라도 다른 산업에 투자한 소득원으로 손해를 만회할 수도 있다. 그리고 또 다른 시장에 호황이 오면 큰 혜택을 누릴 수 있다.

소득원을 다각화하는 것은 수많은 방법 중 하나일 뿐이다(부동산을 매입하거나 주식시장에 투자하는 방법도 있고, 오프라인에서 매장을 운영하는 등 다양한 방법이 있다). 잠시 후에 추가 소득원을 개발하는 데 유용한 방법을 단계별로 간단하게 살펴보도록 하자.

먼저 소득원의 다각화를 우선순위로 삼아야 한다. 일정 시간(하루에 한 시간 혹은 일주일에 하루 혹은 토요일마다 몇 시간 등)을 따로 할애하여 추가 소득원을 개발해야 한다. 다달이 추가 소득이 들어오게 되면 경제적 안정을 확보하고, 궁극적으로는 가까운 미래에 경제적 자유를 누리게 된다.

새로운 소득원을 개발할 때마다 실행하는 방법은 다음과 같다. 이대로 적용해도 좋고 자신의 상황에 맞게 수정해도 좋다.

자신만의 고유한 가치를 파악한다

세상 모든 사람은 자신만의 재능과 능력, 경험, 가치를 지니고 있다. 이를 다른 사람들에게 제공해 이롭게 하고, 그 대가로 경제적 보상을 받을 수 있다. 다른 사람들이 가치 있게 여기고 기꺼이 돈을 지불하고 싶은 지식이나 경험, 능력, 해결책이 자신에게 있는지 혹은 그런 것들을 개발할 수 있는지 생각해보자.

당신에게는 상식에 불과한 정보일지라도 다른 사람에게는 그렇지 않을 수 있다는 사실을 기억하자. 차별화된 상품이나 서비스로 개발해 시장에 제공할 수 있는 것에는 어떤 것이 있는가? 몇 가지만 살펴보자.

첫째, 다른 사람들과 구별되는 독특한 성격과 개성을 지녔다면 당신의 정체성 자체가 차별화된 가치가 된다. 설령 당신이 제공하는 상품이나 서비스가 다른 상품과 비슷하거나 똑같아도 사람들은 당신의 독특한 개성에 높은 점수를 줄 것이다.

둘째, 정보나 지식도 차별화된 가치가 된다. 지식은 비교적 빠르게 늘릴 수 있는 자산이다. 토니 로빈스는 《머니: 부의 거인들이 밝히는 7단계 비밀*Money: Master the Game*》에서 이렇게 말했다.

"사람들이 성공하는 한 가지 이유는 그들이 다른 사람들이 모르는 지식을 지니고 있기 때문이다. 우리가 변호사나 의사에게 돈을 지불하는 이유는 우리에게 부족한 지식과 기술을 보유하고 있어서다."

특정 분야에 대한 지식을 쌓는 일은 당신의 가치를 키우는 효율적인 방법이다. 사람들은 자신에게 필요한 정보에 돈을 지불한다. 그러므로 당신이 아는 지식을 사람들에게 가르치거나 해당 지식을 활용해 서비스를 제공할 수 있다.

셋째, 포장하는 기술도 차별화된 가치가 된다. 나는 《미라클 모닝》을 집필하면서 시장에서 외면받을지 모른다는 불안감을 극복해야만 했다. 왜냐하면 다들 인정하듯이 아침 일찍 일어나는 습관을 새롭게 발명해낸 것이 아니기 때문이다. 이 책을 소비해줄 시장이 있을지조차 확신하지 못했다. 하지만 수십만 명의 독자가 커뮤니티에서 증언하고 있듯이, 이 책이 사람들에게 크나큰 반향을 일으켰던 이유는 정보를 '포장한' 방식에 있었다. 하루를 시작하는 습관을 바꿈으로써 누구나 삶을 변화시킬 수 있다고 설득하고, 쉽게 따라 할 수 있도록 단계별로 친절하게 그 방법을 제시하였기 때문이다.

잠재고객을 파악한다

자신이 어떤 고객층을 효과적으로 공략할 수 있는지 파악한다. 나는 영업사원으로서 기록적인 성과를 올린 결과, 동료 영업사원들을 고객층으로 설정하여 영업 기술을 가르치는 코칭 프로그램을 개발했다. 이제는 《미라클 모닝》 시리즈와 에버 블루프린트 라이브 이벤트Best Year Ever Blueprint live events(일종의 자기계발 세미나 – 옮긴이)를 통해 세계 시장을 폭넓게 공략하고 있다. 또한 초보 작가와 기성 작가들이 책을 통해 수익을 창출하도록 코치하는 사업도 하고 있다.

당신이 다른 사람들을 위해 제공할 수 있는 가치는 무엇인가? 다른 사람들이 겪는 문제를 해결하도록 도움을 줄 수 있는가? 당신이 제공한 가치와 해결책에 기꺼이 돈을 지불할 고객이 누구인지 파악해야 한다.

자생적인 커뮤니티를 구축한다

자수성가한 백만장자 댄 케네디Dan Kennedy로부터 기업가에게는 이메일 주소 목록이 몹시 귀중한 자산이라는 설명과 그 이유를 듣고 나서부터 나는 경제적으로 전환점을 맞게 되었다. 당시에 나의 이메일 주소 목록에는 가족과 친구들뿐이었다. 나는 이메일 주소 목록이 나타내는 가치를 이해한 뒤로 인맥을 구축하는 일을 우선순위로 삼았다.

댄의 충고를 충실히 따른 결과 10년 후 이메일 주소 목록에 10만 명이 넘는 사람의 이름을 올리게 되었다. 여기서 한 걸음 더 나아가 온라인 커뮤니티를 구축하고 회원들이 활발하게 교류하는 자생적인 커뮤니티를 만들고 성장시켰다.

페이스북에 있는 미라클 모닝 커뮤니티에는 현재 70여 개국에서 10만 명이 넘는 회원들이 미라클 모닝 체험담을 활발하게 나누며 성장하고 있다.

솔루션을 개발한다

커뮤니티 회원들이 그들에게 무엇이 필요한지 이야기하며 나누는 정보 안에 솔루션을 개발할 수 있는 기회가 있다. 솔루션의 형태는 다양하다. 유형의 상품이나 디지털 상품(책, 오디오나 동영상, 훈련 프로그램 혹은 소프트웨어)으로 개발해도 좋고, 무형의 서비스(애완견 미용, 아기 돌보기, 코칭, 컨설팅, 강연 혹은 훈련)로 개발해도 좋다.

솔루션 출시 계획을 수립한다

애플이 어떻게 제품을 출시하는지 생각해보자. 애플은 절대 매장 선반이나 홈페이지에 신제품을 그냥 던져두지 않는다. 애플은 신제품 공개 이벤트를 기획한다. 출시를 앞두고 몇 달 전부터 사람들에게 기대감을 증폭시켜 가장 먼저 신제품을 손에 넣기 위해 판매점 앞에서 며칠씩 노숙을 하며 줄을 서게 만든다. 애플처럼 해야 한다. 그 방법을 배우려는 사람들에게 딱 맞는 책이 있다. 제프 워커Jeff Walker의 《론치*Launch*》를 추천한다.

멘토를 찾는다

경험의 많고 적음에 따라 이 단계를 첫 단계로 삼아도 좋다. 알다시피 학습 기간을 최소화하고 원하는 성과를 최대한 빨리 얻어내려면 그 성과를 이미 성취한 사람을 찾아가서 그들의 전략을 따라 하는 방법이 효과적이다. 혼자서 모든 것을 해결하려고 애쓸 필요가 없다. 당신이 바라는 결과를 이미 성취한 사람을 찾아 그 일을 어떻게 해냈는지 알아내고, 그의 방식을 견본 삼아 필요에 맞게 수정하는 것이 좋다.

멘토에게 직접 개인 교습을 받는 방법도 있고, 온라인상에서 마스터마인드 모임에 가입해 관계를 맺거나, 개인 코치를 활용하는 방법도 있다. 당신이 지금 이 책을 읽고 있듯이 좋은 책을 읽는 것도 멘토의 지혜를 활용하는 방법이다.

"소득원을 다각화하면 리스크가 감소하고 부는 증가한다."

부동산으로 부를 구축한다

내가 미라클 모닝 브랜드와 관련 제품 및 서비스를 이용해 엄청난 부를 창출하는 동안 데이비드는 부동산을 통해 대부분의 부를 쌓았다. 가치를 창출해 돈을 벌고 부를 쌓을 방법은 수도 없이 많지만 부동산은 특별히 언급할 가치가 있다. 부동산은 데이비드의 주력 사업이기도 하거니와 부동산이 지닌 가장 좋은 점은 '누구나' 부를 창출하는 주력 사업으로 활용할 수 있다는 것이다. 그 이유는 다음과 같다.

첫째, 검증된 투자 방법이다. 다른 사업보다 부동산으로 백만장자가 된 사람들이 더 많다. 부동산 투자는 부를 쌓는 효과적인 방법으로 이미 오래전부터 입증되었다. 그리고 다른 사업과 달리 실질가치를 지닌 자산으로 지탱된다는 장점이 있다.

둘째, 진입장벽이 낮다. 부동산 재벌이나 거대한 콘도 건물을 떠올리며 부동산 투자를 거창하게만 생각하지 말기 바란다. 부동산 투자가 무엇보다 매력적인 점은 사람들이 생각하는 것과 달리 돈이 많지 않아도 이 사업을 시작할 수 있다는 사실이다. 어떤 사업은 시작하는 데만 수백만 달러가 필요하다. 하지만 부동산은 자신이 소유하고 있는 집으로 시작할 수 있다.

셋째, 단기 수익 모델이자 장기 수익 모델이다. 부동산은 임대소득이라는 형태로 단기 수익을 올릴 수 있다. 뿐만 아니라 향후 부동산시장이 성장해 가치가 올라가면 장기적으로 수익을 거둘 수 있다.

넷째, 수동적 소득이다. 기업가가 되어 하나의 사업체를 경영하려면 엄청난 노력이 소요된다. 사업 소득은 생산적 활동에 종사해서 얻는 '능동적' 소득이다. 하지만 부동산에서 얻는 소득은 이보다 훨씬 노동 강도가 약한 수동적 소득이다. 당신이 다른 일을 하는 동안 누군가 당신을 대신해 대출금을 갚아준다고 생각해보라. 그보다 만족스러운 일도 없을 것이다!

다섯째, 나이에 상관없고 특별한 기술이 필요 없다. 부동산은 모두에게 평등하다. 당신이 나이가 어리든 많든 혹은 사장이든 회사원이든 상관없다. 아직 대학에 다니는가? 동기생에게 세를 놓을 수 있다. 은퇴했는가? 잘됐다. 부동산을 관리하며 더 많은 수익을 올릴 수 있다.

많은 사람이 부자가 되는 방법으로 부동산을 선택하는 데는 이유가 있다. 접근이 용이하고, 경제적 효용이 있고, 특별한 기술이 필요하지 않기 때문이다. 만약 동기부여가 필요하다면 《인생에 승부를 걸 시간》(데이비드 오스본, 폴 모리스 공저)이나 로버트 기요사키의 《부자 아빠의 비즈니스 스쿨*Rich Dad's CASHFLOW Quadrant*》을 읽어보라.

부동산 투자에 겁먹을 필요가 없다. 작게 시작하자. 작게 시작한 부동산 투자가 시간이 지나면서 어느 정도까지 커질 수 있는지 알게 되면 깜짝 놀랄 것이다.

돈이 진짜 말해주는 것

백만장자가 되는 데 돈이 기여하는 역할에는 역설적인 측면이 있다. 이상하게도 돈은 중요하기도 하고 중요하지 않기도 하다. 백만장자가 되려면 돈에 대한 애착이 있어야 한다. 하지만 이 게임의 본질은 돈이 아니다. 이 게임에서 돈은 점수판에 기록되는 숫자일 뿐이다.

그러면 이 점수판에 기록되는 것은 정확히 무엇인가?

누구나 생각하는 정답을 말하자면 달러나 유로, 혹은 파운드, 원, 페소, 엔 등 각 국가에서 사용하는 통화일 것이다.

점수판에 기록되는 돈은 부가 무엇인지에 대해 기술적으로 정의하는 데는 도움이 된다. 하지만 당신을 백만장자로 만들어줄 돈을 '벌어들이는' 과정에서는 그리 도움이 되지 않는다.

그렇기 때문에 다른 관점에서 돈을 바라봐야 한다. 다른 질문을 던져야 한다. "나는 돈을 얼마나 가지고 있는가?" 혹은 "얼마나 많은 돈을 가질 수 있는가?"라는 질문보다는 '돈이 진짜로 말해주는 것'이 무엇인지 그 핵심을 이해할 수 있는 질문들을 던져야 한다.

돈은 '내가 얼마나 더 나아지고 있는지'를 측정하는 기준이다. 그런 점에서 본다면 돈이 얼마나 많은지, 얼마나 빨리 혹은 쉽게 벌었는지 묻는 것은 좋은 질문이 아니다. 다음과 같은 질문이 좋은 질문이다.

"부자가 되는 원칙을 제대로 배웠고, 또 실천하고 있는가?"
"기업가로서 내 역량은 얼마나 향상되었는가?"
"나는 이 세상에 이로운 가치를 얼마나 제공하고 있는가?"
"어떻게 하면 더 많은 가치를 제공할 수 있는가?"
"어떻게 하면 더 나은 사람이 될 수 있는가?"

이런 질문들에 대한 답변이 달라질 때 나의 소득도 달라진다. 내가 성장하면 나의 소득도 증가한다.

그렇다면 당신은 어디서 시작해야 할까? 당신도 이와 똑같은 질문을 해보지 않겠는가? 당신이 이 세상에 어떤 가치를 제공할 수 있는지 자문해보자. 부를 쌓기 위해서는 무엇을 배워야 하고, 어떻게 살아야 하고, 어떤 사람이 되어야 하는지 고민해야 한다. 세상은 언제쯤 내게 돈을 안겨줄 것인가에 대해 묻지 말고, 내가 그만한 돈을 얻을 자격을 갖추었는지 물어야 한다.

이런 질문에 아직도 분명한 답을 얻지 못했다면, 인생에서 가장 중요한 해답을 찾기 위해 시간을 활용해보자.

시작하자! 지금 시작하지 않으면 아마 2년 뒤에 오늘을 돌아보며 그때 시작했더라면 좋았을 것이라고 후회할 것이다.

그저 바라지만 말고, 그저 기다리지 말고, 지금 시작하자!

tip

아침형 백만장자

찰리 멍거(워런 버핏과 40여 년을 함께 한 유일한 동업자이자 평생지기 - 옮긴이)는 신출내기 변호사로 시간당 20달러를 벌고 있었다. 그는 생각했다. '나에게 가장 소중한 고객은 누구일까?' 찰리는 자기 자신이야말로 가장 소중한 고객이라고 결론 내렸다. 그래서 하루에 한 시간을 자신에게 팔기로 결심했다. 그는 아침 일찍 일어나 건설 사업이나 부동산 관련 일을 하며 자신에게 한 시간을 썼다. 모든 사람이 자기 자신의 고객이 되어야 한다. 자신을 위해 먼저 일하고, 그런 다음에 다른 사람들을 위해 일해야 한다. 자신을 위해 하루에 한 시간을 팔아야 한다.

—워런 버핏의 생애를 다룬 앨리스 슈뢰더Alice Schroeder의 《스노볼*The Snowball: Warren Buffett and the Business of Life*》 중에서

우리는 간과하고 부자는 꼭 지키는 부의 원칙

부자를 만드는 3가지 습관

1. 셀프리더십
2. 에너지 엔지니어링
3. 흔들림 없는 집중력

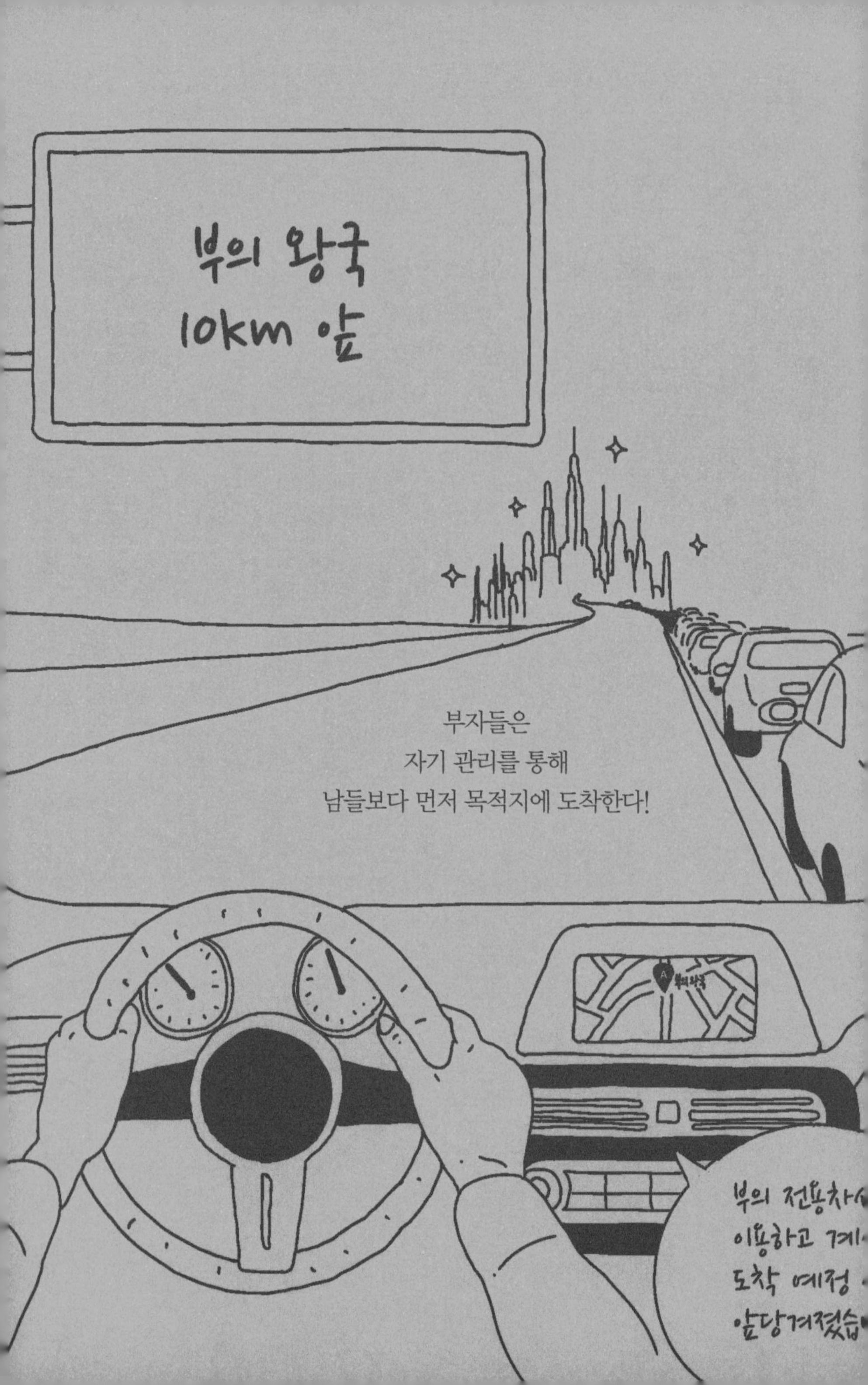

부자들은
자기 관리를 통해
남들보다 먼저 목적지에 도착한다!

부자의 습관 1. 셀프리더십

① 전적으로 자신이 책임을 진다.

② 체력 관리를 우선시하고 즐겁게 운동한다.

③ 자신의 세계를 체계화한다.

④ 꾸준히, 꾸준히, 꾸준히 정진한다.

부자의 습관 2. 에너지 엔지니어링

① 체력을 고려해 먹고 마신다.

② 제대로 잠을 자고 제때 일어난다.

③ 휴식하면서 에너지를 재충전한다.

부자의 습관 3. 흔들림 없는 집중력

① 집중력이 유지되는 장소를 찾는다.

② 주변을 정리정돈하고 심플하게 유지한다.

③ 훼방꾼들에게 방해받지 않도록 한다.

④ 1일 몰입 리스트를 작성하고 실행한다.

MIRACLE MORNING
MILLIONAIRES

3부

부자가 되기 위해 자신을 성장시키는 3가지 습관

principle of wealth

사람들이 간과하는 부의 원칙

10

사람들이 간과하는 원칙 1. 셀프리더십

-자기계발과 부의 관계

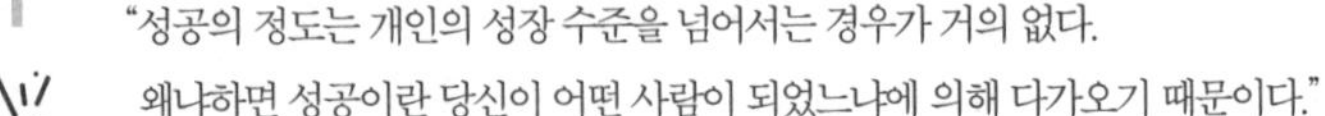

"성공의 정도는 개인의 성장 수준을 넘어서는 경우가 거의 없다.
왜냐하면 성공이란 당신이 어떤 사람이 되었느냐에 의해 다가오기 때문이다."
— 짐 론Jim Rohn

길을 가다 만나는 100명의 사람에게 백만장자가 되려면 무엇이 필요한지 물어보라. 대개는 '더 많은 돈'이 필요하다고 대답할 것이다. 열 살 초등학생이 모여 있는 교실에 가서 물어봐도 비슷한 대답을 들을 것이다. 이론적으로야 맞는 말이지만 백만장자가 되는 데 썩 도움이 되지는 않는다. 대부분의 사람은 돈을 더 많이 벌려면 더 많이 '일하는' 수밖에 없다고 믿기 때문이다.

노동이 중요하지 않다는 말이 아니다. 하지만 우리 사회에서는 돈을 더 많이 얻으려면 더 많이 일하는 '수밖에' 없다고 생각하는 분위기, 즉 노동이 소득을 창출하는 유일무이한 조건으로 생각하고 있다.

• 돈을 더 많이 벌기 원하는가?

⇨ 더 열심히 일하라. '더 많은' 시간을 투자하라.

• 섹스를 더 많이 하고 싶은가?

⇨ 근력 운동을 '더 많이' 하고, '더 많이' 걸어라.

• 더 많이 사랑받기 원하는가?

⇨ 자신보다 연인을 위해 '더 많은 것'을 주어라.

그런데 우리가 삶에서 원하는 것들을 더 많이 얻을 수 있는 진짜 비결은 무엇인가를 더 많이 '하는' 것이 아니라, 더 나은 사람이 '되는' 것이라면 어떨까?

실제로 이러한 철학을 바탕으로 미라클 모닝이 탄생했다. '삶의 어느 영역에서건' 당신의 성공은 언제나 '개인의 성장'에 달려 있다. 신념, 지식, 감성지능, 기량, 능력, 신념 등이 성장해야만 한다.

다시 말해, '더 많이 가지고 싶다면 먼저 더 나은 사람이 되어야 한다.'

미라클 모닝의 근본 원리는 당신이 하는 일보다 당신의 됨됨이가 훨씬 중요하다는 데 있다. 하지만 역설적이게도 당신이 날마다 하는 일이 당신의 됨됨이를 결정하기도 한다. 더 나은 사람이 되려면 자신의 시간과 에너지를 어떻게 소비하고 있는지 세심하게 성찰해야 한다.

백만장자들은 스스로 인지하든 인지하지 못하든 모두 '셀프리더'다. 백만장자가 된 이들은 자신이 더 나은 사람이 되어야 하고, 그러한 성장을 가능하게 하는 열쇠가 자신의 내면에 있음을 믿는다.

셀프리더십의 기본 원리를 설명하기에 앞서 '사고방식'이 얼마나 중요한 역할을 하는지에 대해 살펴보자. 사고방식은 효과적인 셀프리더십의 토대이며, 부를 창출하는 기반이 된다.

스스로 부여한 한계에 갇혀 있지 않은지 경계한다

자신도 모르는 사이에 자신을 제약하는 거짓된 신념에 붙들려 일과 일상에서 제 능력을 발휘하지 못하고 있지 않은가?

당신은 "내가 더 꼼꼼한 사람이었더라면 좋을 텐데."라고 되뇌며 스스로를 제한하고 있을지도 모른다. 당신도 꼼꼼하게 계획을 세우는 능력을 개발할 수 있다. 자신의 능력을 과소평가하는 태도는 실패를 상정하는 행위이자, 성공 가능성을 좌절시키는 행위다. 당신 스스로 만들어내지 않아도 인생에는 충분히 많은 장애물이 놓여 있다!

유능한 셀프리더들은 자신의 신념이나 생각을 면밀하게 살펴서 자신을 성장시키는 데 도움이 되지 않는 생각을 제거한다.

"시간이 부족해."라거나 "그런 일은 절대 할 수 없다."라고 자신을 제약하는 말들이 튀어나올 때마다 잠시 짬을 내서 긍정적인 관점에서 다시 질문을 설정해보자. 일정을 어떻게 조정하면 시간을 낼 수 있을까? 어떻게 하면 그 일을 해낼 수 있을까?

자신을 가두는 생각들을 제거하면 우리 안에 있는 창의성을 발휘해 해결책을 찾아낸다. 뜻이 있으면 길이 있다고 했다. 테니스 스타 마르티나

나브라틸로바Martina Navratilova는 이렇게 말했다.

"어떤 일에 참여하는 것과 그 일에 헌신하는 것의 차이는 햄과 달걀이랑 비슷해요. 닭은 알을 낳는 것으로 참여하고, 돼지는 자신의 몸을 헌신하죠."

뭔가를 이루려면 있는 힘을 다하는 것이 핵심이다.

어제의 나보다 오늘의 내가 더 낫다

《미라클 모닝》을 보면 우리는 대부분 백미러 증후군Rearview Mirror Syndrome을 겪고 있다. 자신의 과거 모습에 얽매여 현재와 미래의 성과를 제한하는 것이다.

"현재 당신의 자리는 과거의 당신이 만든 결과이지만, 당신이 앞으로 가려고 하는 자리는 전적으로 지금 이 순간부터 당신이 어떤 사람이 되려고 결심하느냐에 따라 달라진다."

이 사실을 잊으면 안 된다. 특히 백만장자가 되려는 사람에게 이런 마음가짐이 중요하다.

실수하지 않고 살 수는 없다. 하지만 당신에게는 상상 이상의 능력이 있다. 자신의 능력을 높이 평가하는 것을 부끄럽게 여기지 마라. 당신은 어떤 사람이든지 될 수 있고, 여기에는 아무런 제약도 없다. 당신이 저지르는 모든 실수는 뭔가를 배우고 또 성장하고, 더 나은 사람이 될 수 있는 기회이다.

미국 최대 규모의 보정 속옷 제조업체인 스팽스의 설립자 사라 블레이클리Sara Blakely는 자수성가한 최연소 억만장자다. 그녀는 한 인터뷰에서 자신이 성공한 이유를 부친으로부터 익힌 사고방식 덕분이라고 밝혔다.

"어렸을 때 아버지는 제게 실패를 권장하셨어요. 학교에서 집에 돌아와 식탁에 앉으면 아버지는 이렇게 물어보셨죠. '오늘 학교에서 뭐 실패한 것 있니?' 아무것도 없다고 하면 아버지는 실망하셨어요. 흥미로운 역발상이었죠. 제가 집에 돌아와서 학교에서 뭔가를 시도했다가 실패해서 아주 끔찍한 기분이라고 하면 아버지는 저와 손을 마주치며 기뻐하셨어요."

만약 우리가 스스로에게 실패를 허락하면 그 실수는 귀중한 교훈이 될 수 있다. 우리는 모두 실수를 한다. 누구도 인생 사용 설명서를 들고 세상에 태어나지는 않는다. 하지만 주변에는 인생을 살아가는 방식에 대해 달갑지 않은 조언을 하는 사람들이 늘 있기 마련이다.

통계에 귀 기울이지 마라! 자신의 선택을 믿어라. 확신이 없을 때는 질문에서 답을 찾고, 주변 사람들에게서는 지지와 응원을 얻는 게 좋다.

성공한 사람들은 모두 어떤 계기로든 어제의 나보다 오늘의 나를 긍정하기로 선택한 사람들이다. 이들은 과거의 경험에 근거해 자신을 제약하는 생각을 버리고, 무한한 가능성을 바탕으로 자신에 대해 새로운 신념을 쌓는다.

자신을 긍정하는 새로운 신념을 형성하려면 3장에서 살펴본 대로 성과 중심으로 확신의 말을 만들어 미라클 모닝 '확신의 말 4단계 과정'을 실천하는 것이 효과적이다. 확신의 말을 작성할 때는 당신이 꿈꾸는 성과와 그 성과가 당신에게 중요한 이유, 그 성과를 달성하기 위해 해야 할 일 그리고 그 일을 실천하는 시간까지 구체적으로 명시해 자신의 가능성을 상기하도록 한다.

적극적으로 지지와 격려를 구한다

자신이 남들보다 훨씬 못났다고 전제하면서 속으로 힘들어하고 괴로워하는 사람들이 많다. 그런데 백만장자를 꿈꾸는 사람에게는 자신을 지원하고 격려해줄 사람들이 반드시 있어야 한다.

셀프리더들은 자신의 꿈을 혼자서는 실현할 수 없음을 잘 알고 있다. 다들 알다시피 삶에 부대끼다 보면 에너지는 쉽게 고갈된다. 하지만 자신이 하는 일을 응원해주고 사기를 북돋워줄 사람이 있으면 힘들고 지칠 때 그들에게서 에너지를 받는다. 일이 힘들어질 때 쉽게 물러나는 성향이 있는 사람이라면 책임의식을 고취하고 격려해줄 사람이 필요하다. 우리는 모두 삶의 각기 다른 영역에서 자신을 격려해줄 사람이 필요하다. 훌륭한 셀프리더들은 이 사실을 인정하고 주변 사람들을 통해 자신을 격려하는 법을 알고 있다.

페이스북에 있는 미라클 모닝 커뮤니티는 당신에게 필요한 지지와 격려를 구하기에 적합한 장소다. 자신의 얘기를 하면 회원들은 응원하는 댓글을 달며 호응해준다.

비슷한 목표와 관심사를 지닌 사람들이 함께하는 모임에 가입하는 방법도 추천한다. 미트업 사이트www.Meetup.com를 이용하면 인근 지역에 어떤 모임이 있는지 검색 가능하다. 책임 파트너(당신이 스스로 약속한 일들을 제대로 실천하고 있는지 옆에서 지켜보며 목표를 이룰 때까지 주기적으로 지적하고 격려해주는 사람 - 옮긴이)를 구하는 방법도 좋다. 가능하면 비즈니스 코치나 인생 코치를 고용하는 방법도 적극 추천한다.

셀프리더십을 키우는 4가지 원칙

셀프리더십은 하나의 기술이며, 모든 기술은 원칙이라는 토대 위에 세워진다. 자신이 꿈꾸는 성공을 이루고 성장하려면 유능한 셀프리더가 되어야 한다. 학습 시간을 절반으로 단축하고 상위 1퍼센트에 도달하는 시간을 앞당기기 위해서 먼저 정상에 도달한 사람들의 행동과 특성을 모방하는 전략을 사용해보자.

수많은 백만장자가 오랜 세월 부를 축적하는 과정에서 사용한 효과적인 전략 중에서 당신이 셀프리더가 되는 데 크게 도움을 주는 네 가지 원칙을 소개한다.

셀프리더십 원칙 1. 전적으로 자신이 책임을 진다

뼈아픈 진실을 하나 얘기하겠다. 만약 당신의 삶이나 사업이 원하는 대로 풀리지 않는다면 그것은 전적으로 당신 탓이다. 이 사실을 빨리 인정할수록 더 빠르게 앞으로 나아갈 수 있다.

너무 매몰차게 들리는가? 성공한 사람들은 피해의식에 사로잡히는 경우가 거의 없다. 삶의 모든 측면에서 온전히 자신이 책임을 지는 자세야말로 그들이 성공한 비결 중 하나다. 그것이 사생활이든 직장생활이든, 좋은 일이든 나쁜 일이든, 자신이 한 일이든 다른 사람이 한 일이든 모두 자신의 책임으로 받아들인다.

피해의식이 있는 사람은 습관적으로 다른 사람을 탓하고 불평하는 데 시간과 에너지를 허비한다. 하지만 뭔가를 성취해내는 사람은 그들이 바라는 환경을 조성하고 성과를 만들어내기 위해 여념이 없다.

평범한 기업가들은 가망고객들이 이런 저런 이유로 제품을 구매하지 않는다며 핑곗거리를 찾거나, 영업 실적이 저조한 것은 직원들 잘못이라고 불만을 토로한다. 반면에 성공한 기업가들은 가망고객을 발굴하지 못하고, 더 나아가 직원들이 성과를 내도록 제대로 이끌지 못한 책임이 자신에게 있음을 인정한다. 사실 이들은 일하느라 너무 바빠서 불평할 시간도 없다.

인생의 모든 일에 자신이 100퍼센트 책임을 질 때 비로소 삶을 바꾸는 온전한 힘을 획득할 수 있다. 하지만 책임을 지는 행위와 '잘못'을 인정하는 행위는 다르다. 이 사실을 깨닫는 데서 결정적인 차이가 생긴다. 잘못을 인정한다는 말은 어떤 일이 누구의 탓인지 먼저 따져본다는 뜻이고, 책임을 진다는 말은 누가 문제를 수습하고 개선할지 결정한다는 뜻이다. 누구의 잘못인지 따지는 일은 별로 중요한 사안이 아니다. 당신이 주도적으로 문제를 개선하는 데 전념하는 것이 무엇보다 중요하다. 스스로 생각하고 그에 따라 행동할 때 우리는 힘을 얻고, 어느새 삶의 주인이 되어 결과를 통제할 수 있게 된다.

자신의 삶을 주도하는 사람은 누가 무엇을 잘못했는지, 누가 비난받아야 하는지 따질 시간이 없다. 서로 비난하고 책임을 전가하는 것은 쉽지만, 그런 일에 할애할 시간이 없다. 왜 목표 달성에 실패했는지 원인 제공자를 찾는 일은 다른 사람에게 맡겨두고, 당신은 좋든 나쁘든 결과를 받아들여야 한다. 좋은 결과라면 기뻐하고, 나쁜 결과라면 거기서 교훈을 얻으면 된다. 어느 쪽이 됐든, 무슨 일이 일어났든 그 문제에 어떻게 반응하고 해결할지는 당신의 선택에 달렸다.

특히 리더에게 스스로 책임지는 자세가 중요한 이유는 팀원들은 솔선수범하는 리더를 따르기 때문이다. 만약 리더가 문제가 있을 때마다 비난할 사람을 찾는다면 팀원들은 그런 리더를 존중할 리 없다. 아이들의 눈길은 늘 부모를 향한다. 팀원들도 늘 리더를 지켜본다. 부모가 아이들 앞에서 늘 좋은 모습을 보이려고 애쓰듯이, 팀원들에게 뭔가 가르침을 주고 싶다면 리더 자신이 강조하는 가치에 따라 먼저 모범을 보이는 것이 매우 중요하다.

셀프리더십을 키우려면 마음가짐을 바꿔야 한다. 지금부터 자신이 내린 모든 결정과 행동, 결과에 대해 주인의식과 책임감을 갖도록 하자. 불필요한 책임 공방을 하지 말고 한결같이 책임지는 자세가 필요하다. 누군가 실수로 일을 망치더라도 그 사람을 비난하기보다는 사고가 일어

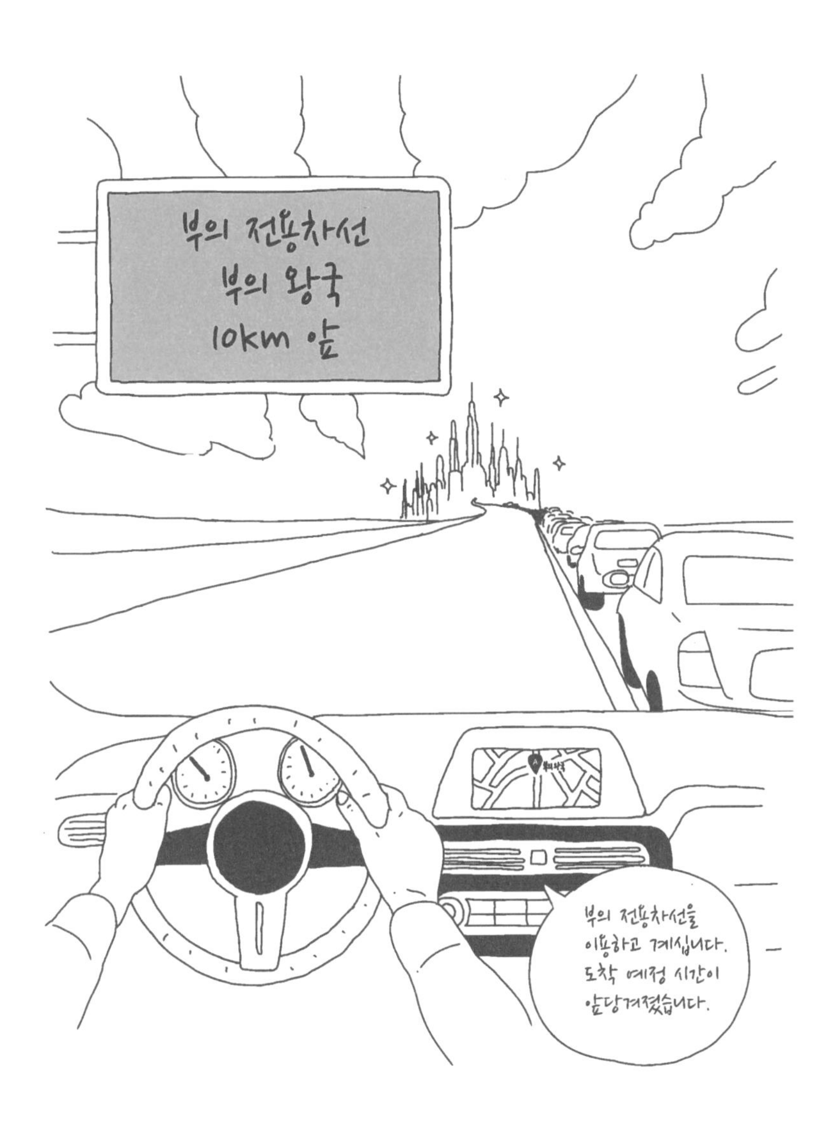
부의 전용차선
부의 왕국
10km 앞
부의 전용차선을
이용하고 계십니다.
도착 예정 시간이
앞당겨졌습니다.

나기 전에 당신이 미처 하지 못한 일(나아가 사고를 예방하기 위해 앞으로 할 수 있는 일)이 무엇인지 살펴보자. 이미 벌어진 일을 바꿀 수는 없지만, 다행히 그 이외의 일들은 모두 바꿀 수 있다.

이제 누가 운전대를 잡고 있는지, 그리고 모든 결과에 책임질 사람이 누구인지는 분명하다. 당신이 결정을 내리고, 후속 조치를 이행하고, 원하는 성과가 무엇인지 정의하고, 그 결과물을 얻는다. 이렇게 해서 얻는 결과물은 100퍼센트 당신의 책임이다.

기억하자. 당신이 가진 힘을 어디에 쓸 것인지 결정하고 통제하는 사람은 바로 당신이며, 당신이 성취할 수 있는 일에 한계는 없다.

셀프리더십 원칙 2. 체력 관리를 우선시하고 즐겁게 운동한다

1점부터 10점까지 점수를 준다면 당신의 건강 상태와 몸매는 몇 점인가? 체력은 어떤가? 몸은 튼튼한가? 기분이 울적할 때보다 '유쾌할' 때가 많은가?

하루 종일 활력을 느끼는가? 할 일을 모두 마치고도 생기가 넘치는가? 알람시계가 울리기 전에 잠에서 깨어나 중요한 일을 처리하고, 그날 해야 할 과제를 모두 이행하고, 돌발 사태까지 수습하고 나서도 지치거나 피곤하지 않은가?

세이버 습관 중 네 번째 단계로 운동에 관해 살펴봤다. 여기서 다시 운동 얘기를 해보자. 특히 기업가들의 경우 건강과 체력은 그들의 성공 여부를 결정하는 중요한 요소 중 하나다. 일반 사원들은 출퇴근 시간만큼 일하고 보수를 받지만, 기업가는 그렇지 않다. 기업가들은 자신이 일하는 시간 동안 이룬 성과에 따라 돈을 받는다. 백만장자가 되는 일은 에너지 소모가 심한 스포츠와 같다. 다른 선수들을 제치고 경쟁에서 이기려면 엄청난 체력이 필요하다.

그런 점에서 성과가 뛰어난 기업가들에게 필요한 세 가지 우선순위가 양질의 식사와 수면, 운동이라는 사실은 지극히 당연하다. 당신도 이 세 가지를 우선순위로 삼아야 한다. 다음 장에서 에너지 엔지니어링Energy engineering을 설명하며 세밀하게 살펴볼 것이지만, 일단 매일 운동하는 원칙을 세우는 것부터 시작하자. 당신이 즐겁게 할 수 있는 신체 활동을 찾는 것이 중요하다.

체력과 행복, 성공 사이에 상관관계가 있다는 사실은 부정할 수 없다. 성과가 뛰어난 기업가들 중에 체력이 형편없는 사람을 찾아보기 힘든 것은 결코 우연이 아니다. 이들은 대부분 매일 아침 헬스장에 가거나 러닝머신을 뛰는 시간을 정해두고 30~60분 정도 운동에 투자한다. 날마다 운동하는 것이 성공의 필수 요건임을 알기 때문이다.

세이버 습관에서는 날마다 5~10분 운동으로 하루를 시작할 것을 권하지만, 우리는 일주일에 최소 3번에서 5번 정도 30~60분을 운동에 더 투자할 것을 권장한다. 체력을 강화하면 성공에 필요한 활력과 자신감을 얻을 수 있기 때문이다.

기왕이면 즐기면서 할 수 있는 신체 활동을 찾는 게 좋다. 등산을 하며 자연을 즐기는 것도 좋고 원반던지기 놀이를 하는 것도 좋다. 텔레비전

앞에서 좋아하는 드라마를 보며 실내자전거를 타면 운동하고 있다는 사실을 잊을 수 있다. 따로 헬스장에 가지 않고 운동하는 방법도 좋다. 나는 웨이크보드와 농구를 좋아한다(둘 다 훌륭한 운동이다). 평일에는 둘 중에 하나를 즐기며 몸을 관리한다. 다음에 소개할 나의 기본 일정표를 보면 알겠지만 운동은 우선순위를 수행하는 일과 밀접하게 연계되어 있다.

당신이 좋아하는 신체 활동이 있다면 그것을 운동 삼아 날마다 할 수 있도록 일정에 포함해보자.

셀프리더십 원칙 3. 자신의 세계를 체계화한다

유능한 셀프리더들은 공적인 활동(일정 관리, 사후 관리, 주문 관리, 고객 감사카드 보내기)부터 사적인 활동(수면, 식사, 돈 관리, 자동차 관리, 집안 대소사)까지 거의 모든 일에 일정한 체계가 구축되어 있다. 이런 체계를 갖추면 삶이 수월해지고, 어떠한 일에든 당황하지 않고 대처할 수 있다.

자신의 세계를 체계화하기 위해 당장 실천할 수 있는 몇 가지 방법을 살펴보자.

- **자동화:** 우리 집에는 우유와 달걀, 빵이 필수품이다. 하지만 이것들이 떨어질 때마다 시간을 내서 식료품점에 들려야 하는 일이 꽤 성가셨다. 그래서 식료품을 주기적으로 배달해주는 서비스를 찾아 배달시키기로 했다. 달갑지 않은 일을 부득이하게 하고 있다면 자동화하는 방법을 모색해보자.

화장실 청소와 빨래가 정말 싫다면 그 일을 처리할 사람을 따로 고용할 수 있다. 비용을 지불하면 집안을 깔끔하게 유지하고 싶은 의욕이 생긴다는 이점도 있다. 가사도우미를 고용할 만큼 예산이 넉넉하지 않다면, 친구들과 서로 자신이 잘하는 분야의 일을 맞교환하는 등 다양한 방법을 구상해보자. 라이프 세이버 습관을 실천하면서 운동 삼아 매일 아침 조금씩 집안 청소를 하는 사람도 있다.

- **업무용 가방 챙겨두기:** 베스트셀러 《미라클 모닝》의 저자로 매주 국내와 세계 곳곳을 이동하며 청중에게 미라클 모닝 메시지를 전하는 나는 집에 있는 물건이든 사무실에 있는 물건이든 꼭 필요한 물건을 잊어버리고 챙기지 못하기 일쑤였다. 여행에 필요한 물건을 챙기는 일이 갈수록 번거롭고 효율성이 떨어질뿐더러 시간을 너무 잡아먹었다. 컴퓨터 충전기를 잊고 안 챙겨서 애플 매장이 어디 있는지 찾아내 99달러짜리 제품을 세 번이나 구매하고, 전화기 충전기나 면도기, 소매단추를 사려고 계산대 앞에서 줄 서기를 반복하던 어느 날 더 이상 이런 짓은 하지 말아야겠다고 마음먹었다. 그래서 여행 가방을 하나 장만해 그 안에 필요한 물품을 모두 챙겼다. 이제 출장갈 때면 그 가방만 들고 떠나면 된다. 그 가방에는 명함, 사업 안내책자, 책 몇 권, 각종 어댑터, 핸드폰과 컴퓨터에 사용하는 충전기 등 업무를 처리하는 데 필요한 모든 물품이 들어 있다. 심지어 옆방에 묵는 손님이 시끄러울 경우를 대비해 귀마개도 넣어두었다.

반복적으로 수행해야 하는 과제가 있을 때 혹은 준비가 미흡해 중요한 물건을 빠뜨리는 경우를 대비해 우리는 일정한 체계가 필요하다. 처음 가는 약속 장소에 시간 맞춰 도착하려고 집을 나섰다가 차에 기름이 부족하다는 사실을 알고 당황하게 되면 그다음부터는 더 여유 있게 시간을 두고 출발하자는 원칙을 세우게 된다.

일상을 체계적으로 관리하는 데 유용한 몇 가지 방법을 소개하면, 도시락이나 핸드백 혹은 서류 가방, 운동 가방은 전날 밤에 미리 챙겨둔다. 그리고 다음 날 입을 옷은 미리 골라 놓는다.

출장 업무에 대비해 사업 안내 책자와 카탈로그, 그 외에 필요한 용품들을 미리 한꺼번에 챙겨둔다. 여행 중에는 편의점이나 패스트푸드점에 들러 건강에 좋지 않은 음식을 사먹기 마련인데, 이를 예방하기 위해 건강한 음식(사과, 케일 칩, 당근 등)을 미리 챙겨둔다.

일을 효율적으로 하려면 우선 체계가 필요하다. 체계가 없는 삶을 사는 사람들은 필요 이상으로 스트레스를 받는 경우가 많다! 특히 백만장자로 살고 싶은 사람에게는 더더욱 체계가 필요하다.

- **기본 일정표 수립:** 집중력과 생산성, 소득을 극대화하는 비결 중 하나는 기본 일정표를 사용하는 것이다. 질서가 없으면 두서없이 이 일 저 일 헤매며 몇날 며칠을 보내면서 이렇다 할 진전 없이 시간을 허비하게 된다. 설령 일을 진척시켰다 해도 의외로 중요한 기회를 놓치기 일쑤다. 당신도 이런 경험이 있는가?

당신을 변화시켜 좋은 성과를 일관되게 창출하는 비결 하나를 공유하겠다(이미 알고 있는 얘기라면 다시 상기하는 기회로 삼기 바란다). 그것은 '일일 활동 계획과 주간 활동 계획을 명시한 기본 일정표'를 작성하는 것이다. 기본 일정표란, 우선순위가 높은 활동을 위주로 시간별로 미리 정해놓은 활동 계획이다. 사람들은 대개 기본 일정표대로 시간을 보낼 때 어떤 이점이 있는지 본능적으로 알고 있다. 그러나 이를 꾸준히 이용하며 효과를 보는 경우는 매우 드물다.

어른이 되면 정해진 시간표에서 벗어날 줄 알았는데, 어른이 되어서도 정해진 틀 속에서 살아야 하느냐고 반문하고 싶을 것이다. 그 심정은 충분히 이해한다. 하지만 기본 일정표를 지렛대로 적극 활용할수록 더 많은 자유 시간을 얻게 된다. (1시간에서 3시간까지) 일정 시간 단위로 하루를 나눠 그 시간에 해야 할 중요한 활동을 명시해 기본 일정표를 작성하면 일과 생활을 효율적으로 운용하는 데 도움이 된다.

일정을 융통성 있게 조율해서는 안 된다는 말이 아니다. 사실 일정을 '탄력적으로' 운용하기를 적극 권장한다. 가족과 함께하는 시간, 취미와 여가를 위한 시간도 일정표에 충분히 할애하기 바란다. 기분 내키는 대로 아무것이나 할 수 있는 '내 마음대로 하는 시간'을 포함해도 좋다. 필요하다면 특정 활동을 수행하는 시간을 포함해도 좋다.

여기서 중요한 사실은 분명한 목표 의식을 갖고 매주 매시간을 이용해야 한다는 것이다. '내 마음대로 하는 시간'을 정했다면, 이 또한 '계획'에 따른 자유 시간이어야 한다. 기본 일정표를 수립하고 이에 따라 시간을

할 엘로드의 기본 일정표

시간	월	화
오전 4:00	세이버 실천	세이버 실천
오전 5:00	글쓰기	글쓰기
오전 6:00	이메일 관리	이메일 관리
오전 7:00	아이들 등교시키기	아이들 등교시키기
오전 8:00	스태프 미팅	우선순위 1순위
오전 9:00	우선순위 1순위	웨이크보드
↓	↓	↓
오전 11:00	점심	점심
오후 12:00	농구	중요한 일
오후 1:00	우선순위	인터뷰
오후 2:00	우선순위	인터뷰
오후 3:00	우선순위	인터뷰
오후 4:00	우선순위	우선순위
오후 5:00	가족과 함께	가족과 함께
↓	↓	↓
오후 10:00	취침	취침

사용하는 전략은 생산성을 극대화하는 좋은 방법이다.

기본 일정표대로 하루를 보낸다면 잠자리에 들면서 도대체 오늘 하루의 시간을 어디에 썼는지 모르겠다고 자책할 필요도 없다. 자신의 의도대로 일분일초를 사용하기 때문에 계획되지 않는 일에 시간이 허투루 쓰이는 일은 없다.

내가 작성한 기본 일정표를 보자. 성공한 기업가로서 어찌 보면 훨씬

수	목	금	토/일
세이버 실천	세이버 실천	세이버 실천	세이버 실천
글쓰기	글쓰기	글쓰기	글쓰기
이메일 관리	이메일 관리	이메일 관리	↓
자녀 등교시키기	자녀 등교시키기	자녀 등교시키기	가족과 함께
우선순위 1순위	우선순위 1순위	우선순위 1순위	↓
↓	웨이크보드	↓	↓
↓	↓	↓	↓
점심	점심	점심	↓
농구	우선순위	농구	↓
고객과 통화	인터뷰	우선순위	↓
고객과 통화	인터뷰	우선순위	↓
고객과 통화	인터뷰	우선순위	↓
우선순위	우선순위	계획 수립	↓
가족과 함께	가족과 함께	밤 데이트	↓
↓	↓	↓	↓
취침	취침	^^;;	취침

(참고: 시간 단위로 활동 계획이 명시되어 있다.)

많은 자유를 누릴 수 있으며, 미리 정해놓은 일정표를 애써 지킬 필요도 없다고 생각할 것이다. 하지만 기본 일정표를 작성하는 것이야말로 하루를 최대한 활용하는 비결이다.

모든 사람과 마찬가지로 이 기본 일정표에도 이따금 변동 사항(중요한 행사, 강연 약속, 휴가 등)이 발생한다. 하지만 어디까지나 일시적인 변동일 뿐, 출장이나 여행을 마치고 돌아오는 즉시 나는 이 기본 일정표대로 시간을 사용한다.

기본 일정표를 이용하는 방법이 효과적인 주된 이유 중 하나는 일의 결과에 따라 들쑥날쑥 하는 감정을 되도록 배제하고, 하루 일과를 정해진 대로 수행할 수 있다는 것이다. 고객과의 만남이나 거래가 실패로 돌아갔을 때 기분이 상하고 집중력이 흐트러질 때가 있다. 그런 날은 남은 시간 내내 집중력과 생산력이 저조할 가능성이 높다. 만일 이럴 때 미리 작성한 기본 일정표가 있다면 어떨까? 그날 만나야 할 사람이 있고, 작성해야 할 서류가 있고, 통화할 일이 있다면 그 일정대로 시간을 사용하면서 나머지 시간을 알차게 보낼 수 있다.

하루를 지배해야 한다. 그저 운에 맡기거나 외부 영향에 휘둘려 즉흥적으로 하루를 보낸다면 생산성이 떨어질 수밖에 없다. 기본 일정표를 수립하자. 목표를 달성하기 위해 필요한 일을 수행하는 시간을 비롯해 가족과 여가, 취미를 위한 시간도 배정해야 한다. 그리고 어떤 일이 있어도 일정표대로 실천하자.

만일 당신의 의지만으로는 기본 일정표대로 시간을 활용하기 어렵다고 판단되면 책임 파트너나 코치와 기본 일정표를 공유하고 수시로 점검해달라고 부탁하자. 기본 일정표를 중심으로 체계를 구축하고 활동계획을 충실하게 이행하면 생산성과 성과를 상당 부분 통제할 수 있게 된다.

셀프리더십 원칙 4. 꾸준하게 정진한다

부자들만 아는 성공 비결은 없지만, 뻔하지 않은 비결이 하나 있다. 그것은 바로 '꾸준하게 실행하라.'이다. 어떤 성과(체력 단련부터 사업 확장, 가족과 함께 즐거운 시간 보내기 등)를 원하든 그 성과를 달성하려면 꾸준하게 실행해야 한다.

그러면 꾸준함을 어떻게 유지해야 할까? 다음 장에서 이에 대한 답을 찾는 데 필요한 통찰과 지침을 제공할 것이다. 그 전에 준비할 것이 있다. 비록 원하는 성과가 빨리 나오지 않더라도 꾸준히 밀고 나가는 마음가짐을 가져야 한다. 그리고 새로운 습관을 기르는 과정에서 저항감이 솟구치고 실망스러울 때 이에 맞서는 힘을 키워야 한다.

자신의 힘으로 부를 일군 사람들은 꾸준하고 집요하며 한결같다. 그들은 목표 달성에 필요한 일을 매일 빠짐없이 실행한다. 당신도 이들처럼 꾸준하고 집요해야 한다!

당신의 자존감은 안녕한가

미국의 극작가 어거스트 윌슨August Wilson은 이런 말을 했다.

"자기 자신의 어두운 면을 회피하지 말고, 깨달음과 용서로 자기 안의 어둠을 추방하자. 자기 안의 악마와 기꺼이 투쟁할 때 자기 안의 천사들이 노래할 것이다."

새로운 것에 도전할 용기를 내고 자기 자신을 신뢰하는 힘은 자존감에서 나온다. 자신을 자랑스럽게 여기는 자세는 매우 중요하다. 물론 자신의 부족한 점을 냉정하게 인정하고 이를 부단히 개선해나가야 한다. 하지만 동시에 자신의 장점을 대견하게 여기고 아주 사소한 승리일지라도 거리낌 없이 자축할 줄 알아야 한다.

살면서 실망하고, 기다리고 또 거부당하는 날들을 보내는 우리에게 자기 자신을 사랑하는 자세는 매우 중요하다. 만일 당신이 최선을 다해 살고 있다면 칭찬받을 자격이 있다. 일기장에 특별히 나 자신에게 사랑의 메시지를 적는 부분을 따로 마련해보자. 격려가 필요할 때마다 내 마음에 드는 내 모습이나 내가 나여서 고마운 점을 적는 것이다.

흔들리지 않는 자부심은 강력한 도구다. 비관적인 태도로는 (빠르게) 진전을 이루기 어렵다는 사실을 당신도 잘 알고 있을 것이다. 자신에 대해 올바른 마음가짐과 태도를 형성한 사람은 웬만한 난관이나 어려움에 직면해도 당황하지 않는다. 그저 차분하게 견디며 앞으로 나아갈 뿐이다. 자기 역량에 자신감을 갖고 중단 없이 꾸준하게 노력할 때 이런 행동이 습관으로 정착되고, 이 습관은 성공으로 귀결된다.

셀프리더십을 실행한다

셀프리더십을 기르면 자신의 삶을 주도적으로 이끄는 사람으로 변화한다. 이런 사람은 피해의식에서 벗어나 자신이 추구하는 가치와 신념 그리고 자신이 꿈꾸는 비전을 확실히 인지한 상태에서 인생을 살아가게 된다.

셀프리더십 실행 1단계

다음의 셀프리더십을 키우는 원칙 네 가지를 검토해 통합한다.

- **전적으로 자신이 책임을 진다.** 인생의 '모든 일'에 대해 스스로 책임을 지는 순간, 삶에서 어떤 일이든 바꿀 수 있는 힘을 획득하게 된다. 성공 여부는 100퍼센트 자기 자신에게 달렸다.
- **체력 관리를 우선시하고 즐겁게 운동한다.** 아직까지 체력 단련을 하지 않고 있다면 지금이라도 우선순위로 설정하자. 아침 운동 시간 외에 일주일에 최소 3번에서 5번은 30~60분 정도 운동 시간을 추가하자. 에너지를 증가시키는 건강한 음식에 대해서는 다음 장에서 살펴볼 것이다.
- **자신의 세계를 체계화한다.** 기본 일정표를 수립한다. 그리고 시간별로 일정 관리 시스템을 구축함으로써 일과 일상에서 구체적으로 어떤 효과를 누릴 수 있는지 파악하자. 하루 일과를 어떻게 처리할지 미리 정해두고 규칙적으로 결과를 산출하면 사실상 성공이 보장된 것이나 다름없다. 일정 관리 시스템을 구축했다면 자신이 세운 일정을 책임감 있게 준수하는지 주기적으로 보고하고 점검하는 장치를 도입하는 것이 무엇보다 중요하다. 동료나 코치 혹은 팀원들을 책임 파트너로 활용하고 리더로서 솔선수범하는 자세를 보인다.
- **꾸준하게 정진한다.** 사람들은 모두 체계가 필요하다. 자신이 바라는 목표와 추구하는 가치에 꾸준하게 정진하라. 새로운 일을 시도하는

경우에는 섣불리 포기하지 말고, 그 방법이 효과를 얻을 수 있을 만큼 충분한 시간을 투자해야 한다.

셀프리더십 실행 2단계

자신을 통제하는 역량을 키우고, 확신의 말과 시각화 기법을 이용해 올바른 자아상을 형성한다. 아침은 우리에게 가장 먼저 찾아오는 투자 기회다. 이 두 가지 기법을 자신의 상황에 맞게 수정해 아침에 실행하자. 이 기법이 효과를 발휘해 잠재의식이 바뀌려면 시간이 걸리기 때문에 일찍 시작할수록 더 빨리 성장하는 모습을 보게 될 것이다.

지금쯤이면 막대한 부를 창출하는 데 개인의 성장이 얼마나 중요한지 이해했을 것이다. 이 책을 계속 읽어나가면서(이 책을 반복해서 읽기를 권한다.) 개선할 부분이 어디이고, 개발하고 확장할 부분이 어디인지 파악해 그 부분에 초점을 맞추자. 예를 들어, 자존감을 높여 성공 추진력을 얻을 수 있다면 자존감을 높이는 방법을 실행해야 한다. 자존감을 키우고 높여줄 확신의 말을 작성해 반복적으로 읽는다. 그리고 매사에 자신 있게 행동하는 모습, 수준 높은 역량을 발휘하는 모습, 자신을 더욱 사랑하는 모습을 시각화한다.

자기를 계발하는 일이 너무 버겁게 느껴지는가? 작은 변화가 차곡차곡 쌓여 엄청난 위력을 발휘한다는 사실을 기억하자. 하루아침에 이 일을 모두 하라는 말이 아니다. 좋은 소식이 있다. 다음 장에서 우리는 신체와 정신, 감정이 에너지 생산이라는 관점에서 최적의 수준을 유지하도록 일상을 설계하는 방법을 단계별로 다룰 것이다. 이 방법대로 하면 날마다 고도의 사고력과 집중력 그리고 왕성한 실행력을 유지할 수 있다.

tip

아침형 백만장자

나는 아침에 일찍 기상하는 것 외에도 반드시 지키는 규칙이 하나 있다. 이메일을 확인하기 전에 반드시 한 가지 일을 정해 먼저 하는 것이다. 샤워를 먼저 하기도 하고, 장거리 달리기를 먼저 하기도 하고, 떠오르는 생각을 일기장에 적기도 한다. 대개는 글을 쓰는 편이다. 아침에 먼저 한두 시간 글을 쓰고 나서 나머지 일과를 시작한다(다음 날 할 일은 전날 밤에 미리 목록을 작성한다).

—라이언 홀리데이Ryan Holiday, 베스트셀러 작가이자 미디어 전략가

사람들이 간과하는 원칙 2. 에너지 엔지니어링

–부를 쌓는 여정을 완주하기 위한 에너지를 생산하고 유지하는 방법

"세상은 활력이 넘치는 사람들의 것이다."

— 랄프 왈도 에머슨Ralph Waldo Emerson

백만장자가 되는 일은 우리가 생산하는 에너지와 생사고락을 같이 한다고 해도 과언이 아니다. 어떤 일을 해서 돈을 벌고, 어떤 상품에 투자하고, 어떻게 사업을 키우든 간에 새로운 가치를 창출하는 일은 우리 신체와 정신 또 감정적으로 남는 에너지가 있어야 가능한 일이다.

문제는 이 에너지가 늘 공급되는 게 아니라는 점이다. 분명 그날 해결해야 할 과제가 있음에도 어떤 날에는 아침에 눈을 뜨면 아무 열정도 의욕도 느끼지 못할 때가 있다(당신도 틀림없이 이런 날들을 경험했을 것이다). 사업을 새로 시작하는 일도, 신생 기업을 운영하는 일도, 회사 규모를 키우는 일도 모두 신체적 · 정신적으로 많은 에너지가 소모된다.

일이 잘 풀리더라도 에너지 소모가 많다는 사실은 변하지 않는다. 상황이 불확실하고 일이 버거울 때 집중력을 유지하기란 결코 쉬운 일이 아니다. 일이 순조롭게 진행될 때도 열정과 계획, 끈기가 필요한데 하물며 일이 고되고 힘들 때라면 두말할 나위가 없다.

"부자가 되려면 엄청난 에너지가 필요하다."

다른 길은 없다. 최상의 사업 계획과 최고의 팀, 최상의 제품을 갖추었더라도 정작 그것들을 활용하려는 의욕이 부족하면 목표를 달성하기까지 어려운 길을 가게 된다. 당신이 소유한 자산을 최대한 활용하고 싶다면 에너지가 필요하다. 에너지는 많을수록 좋고, 일정한 수준의 에너지를 '꾸준히' 유지할수록 더 좋다.

"에너지는 연료다." 명쾌한 사고, 고도의 집중력, 주도적인 실행력을 유지해 날마다 놀라운 성과를 낼 수 있게 한다.

"에너지는 전염된다." 에너지는 마치 좋은 바이러스처럼 나로부터 퍼져나가 세상 사람들의 열정과 긍정적인 반응을 이끌어낸다.

"에너지는 모든 것의 근간이고, 우리가 바라는 성공을 좌우하는 요인이다."

그렇다면 우리가 해결해야 할 문제는 이것이다. '전략적 관점에서 신체적 · 정신적으로 또 감정적으로 높은 수준의 에너지를 유지하려면 일상을 어떻게 설계해야 하는가?' 우리가 필요할 때마다 끌어다 쓸 수 있는 지속 가능한 에너지는 어떻게 얻을 수 있는가?

에너지가 부족할 때 사람들은 대체로 카페인과 설탕, 기타 각성제를 섭취하여 에너지를 보충하려고 한다. 그러면 잠시 기운을 차려 일에 집중할 수 있게 된다. 당신도 경험상 이미 알고 있겠지만, 이는 어디까지나 반짝 효과일 뿐이다. 정작 절실한 순간에는 그 효과를 기대할 수 없다.

어느 광고에 등장하는 문구가 하나 떠오른다.

"데이비드, 더 좋은 방법이 있을 거야!"

사실, 더 좋은 방법이 있다. 당신이 지금껏 커피와 자신의 의지만으로 기운을 차리려고 애썼다면 놓치고 있는 사실이 있다. 에너지가 어떻게 생성되는지 이해한다면 에너지 생산을 최적화하는 방향으로 일상을 설계할 수 있다는 사실이다.

에너지 순환 과정

1년 365일 쉬지 않고 전력을 다해 달리는 것이 우리가 추구하는 목표가 아니라는 점을 이해할 필요가 있다. 끊임없이 에너지를 쏟아낼 수는 없다. 우리 몸이 생산하는 동력은 마치 밀물과 썰물처럼 차오를 때가 있으면 빠져나갈 때가 있다. 당신이 하루를 보내면서 에너지를 최고조로 끌어올리는 때가 언제인지 파악하고, 에너지가 빠져나가면 휴식을 취해 원기를 회복하고, 에너지를 재충전해야 한다.

화초들이 수분을 필요로 하듯 인간도 에너지를 정기적으로 보충해야 한다. 오랜 시간 전력을 다해 일할 수는 있다. 하지만 결국 몸도 마음도 영혼도 재충전해야 할 때가 온다. 인생은 에너지를 담는 그릇과 같다. 그릇을 적절히 관리하지 않으면 바닥에 구멍이 생긴다. 그러면 밑 빠진 독에 물 붓기처럼 뭔가를 아무리 열심히 해도 채우지 못한다.

일이 너무 버거워서 에너지가 소진되거나 신경이 곤두서는 지경에 이르도록 자신을 방치하지 말고, 그 전에 자동으로 에너지를 재충전하는 체계를 갖추는 것이 어떨까? 그렇게 하면 그릇에 구멍이 생기지 않도록 예방하고, 필요한 에너지를 가득 채울 수 있다.

에너지가 고갈된 상태로 계속 지내는 것은 있을 수 없고, 그 상태로 지낼 필요도 없다. 활력이 떨어지고 지친 상태에서 해야 할 일을 제때 처리하지 못하고, 몸이 엉망이 되어 불행한데도 그러려니 체념하며 지내서는 안 된다. 우리의 일상을 공학적으로 설계해 신체와 정신, 감정이 최적의 에너지를 지속적으로 생산하도록 바꾸는 몇 가지 방법이 있다.

에너지가 필요할 때마다 최대 용량을 이용할 수 있도록 에너지를 생산할 수 있는 세 가지 원칙을 살펴보자.

원칙 1. 체력을 고려해 먹고 마신다

지속 가능한 잉여 에너지를 생산하기 위해서는 먹고 마시는 것이 가장 중요한 역할을 한다고 해도 무방하다. 당신이 여느 사람과 별반 다르지 않다면 음식을 고를 때 제일 먼저 맛을 따질 것이고, 그다음으로 (혹시 고려한다면) 음식이 몸에 미치는 영향을 따질 것이다. 하지만 먹는 순간 우리 입을 즐겁게 하는 음식들은 하루를 지탱할 만한 에너지를 공급하기에 부족한 경우가 많다.

맛 좋은 음식을 먹는 것이 잘못은 아니지만, 세계 정상급 선수들처럼 체력을 유지하며 최고의 기량을 발휘하고 싶다면 '맛보다는 몸에 미칠 영향을 더 중요하게 고려해' 음식을 고르는 것이 좋다. 왜냐하면 당신이 선택하는 음식이야말로 에너지 생성에 미치는 영향력이 가장 크기 때문이다. 기름진 음식(예를 들어, 명절 음식)을 거하게 먹은 후에 얼마나 피곤한지 생각해보자. 음식을 과하게 먹고 나면 대개 눈꺼풀이 무거워지고 꾸벅꾸벅 졸리는 '식곤증'이 찾아오는데, 여기에는 그만한 이유가 있다.

다량의 설탕과 단순 탄수화물로 만든 가공 식품을 섭취하면 몸이 활성화되기보다 오히려 기운이 빠져나간다. 가공 식품은 '죽은' 음식으로 잠시 반짝 기운을 회복하게 하지만, 곧 피곤하고 무기력한 상태에 머물게 만든다. 반면에 과일이나 채소, 견과류 같은 자연 식품을 섭취하면 우리 몸을 건강하게 유지할 수 있다. 그리고 일정한 에너지를 생산하여 몸과 마음에 활력을 불어넣어 최상의 상태에서 실력을 발휘할 수 있게 한다.

당신이 섭취하는 모든 것은 건강과 체력에 보탬이 되거나, 해를 끼치거나 둘 중 하나다. 물을 마시는 것은 도움이 되지만, 데킬라 두 잔을 털어 넣는 것은 몸에 해롭다. 신선한 과일과 야채로 풍부한 식단은 체력에 많은 보탬이 되지만, 자동차 안에서 주문하고 계산하는 패스트푸드를 허겁지겁 먹어치우는 것은 건강에 도움이 되지 않는다. 좋은 음식을 고르는 일은 어려운 일이 아니며, 우리 삶을 최적화하는 단일 요소로는 가장 중요하다고 말할 수 있다. 이제까지 생각 없이 먹고 마셨다면 바보

같은 짓을 그만둘 때가 되었다.

아직까지 무슨 음식을 언제 먹을지, 무엇보다 왜 특정 음식을 먹는지 그 '이유'에 대해 전략적으로 접근하지 않았다면 지금이라도 활력을 최적화하는 방향으로 일상을 새로 설계할 때다.

내 몸을 고려한 식생활

이 시점에서 한 가지 궁금증이 생길 것이다.

"미라클 모닝을 실천하는 것은 좋은데 아침은 언제 먹어야 하는가?"

여기서 그 문제도 다루려고 한다. 그뿐 아니라 최고의 기량을 끌어내기 위해 '무엇'을 먹어야 하는지(이는 중요한 문제다.), 그리고 어떤 '기준(가장 중요하게 고려해야 할 문제다.)'으로 음식을 선택해야 하는지 그 방법에 대해서도 살펴보자.

- **식사 시간:** 음식을 소화시키는 과정은 에너지 소모가 많은 일이다. 음식의 수가 많을수록, 그리고 소화해야 할 음식이 많을수록 식후에 피로감을 느끼게 된다. 아침 식사는 미라클 모닝 과정을 모두 끝낸 뒤 한다. 그래야 음식물을 소화시키는 데 혈액이 몰리지 않고, 뇌로 혈액이 원활히 공급되어 맑은 정신으로 라이프 세이버를 실천할 수 있다.

  아침에 다른 사람들에 비해 허기를 강하게 느끼는 사람이 있다. 이런 경우에는 건강한 지방을 소량 섭취해 뇌에 연료를 공급하는 것이 좋다. 여러 연구 결과에 따르면 우리가 섭취하는 몇 종류의 지방이 뇌 기능과 기분을 안정되게 유지하는 데 크게 영향을 미치는 것으로 밝혀졌다. 클리블랜드 클리닉Cleveland Clinic의 영양사 겸 건강 관리사이자 미국영양사협회American Dietetic Association의 대변인 에이미 제이미슨 피토닉Amy Jamieson-Petonic은 이렇게 말했다.

"인간의 뇌는 약 60퍼센트가 지방으로 되어 있으며, 그 가운데 오메가3 같은 지방산은 음식으로 섭취해야 한다."

매일 아침 한 잔 가득 물을 마시고 난 후 건강한 지방을 섭취해보자. 코코넛 오일을 한 숟가락 먹거나, 아니면 유기농 커피와 중쇄지방산(MCT 오일)을 혼합해 마셔보자. 코코넛 오일 한 숟가락과 소량의 중쇄지방산에는 뇌에서 연료로 사용될 건강한 지방이 들어 있다.

카카오에는 건강에 좋은 성분이 많다. 항산화 물질의 보고(항산화 물질 함유량을 평가하는 기준인 항산화 지수ORAC에서 상위 20위에 든다.)일 뿐 아니라 혈압을 낮추는 효능도 있다. 가장 큰 장점은 뭐니 뭐니 해도 카카오가 주는 행복감이다! 카카오에 들어 있는 페닐에틸아민('사랑의 묘약'으로 알려진)은 우리의 기분을 좋게 하는 화학 물질로, 우리가 사랑에 빠졌을 때 똑같은 물질이 분비된다. 또한 페닐에틸아민은 천연 각성제로 인지 능력을 향상시킨다. 다시 말해, 카카오는 영양 효과 및 효능이 뛰어난 슈퍼푸드다.

만일 아침에 일어나 미라클 모닝을 실천하기 전에 식사를 꼭 해야 한다면 신선한 과일이나 스무디처럼 소화가 잘되는 가벼운 음식을 소량만 먹도록 하자(이 주제에 관해서는 곧 자세히 다룰 것이다).

- **음식을 고르는 기준:** 잠시 시간을 내서 당신이 어떤 '기준'으로 음식을 선택하는지 생각해보자. 식료품점에서 장을 볼 때 혹은 레스토랑에서 메뉴를 고를 때 어떤 기준으로 음식을 선택하는가? 순전히 맛을 기준으로 고르는가, 아니면 식감이나 편의성을 따지는가? 몸에 좋은 음식이나 체력을 고려해서 고르는가, 아니면 특별한 이유로 식단을 제한하고 있는가?

  대부분의 사람은 주로 '맛'을 기준으로 음식을 고르는데, 그 배경을 더 깊이 들여다보면 맛있게 여기는 음식 중에서도 정서적으로 애착을 느끼는 음식을 선택한다. 만약 사람들에게 왜 그 아이스크림을 먹는지, 왜 그 청량음료를 마시는지, 혹은 왜 그 가게에서 프라이드치킨을 사왔느냐고 물어본다면 아마 이런 대답이 돌아올 것이다.

  "음, 그 아이스크림을 좋아하니까! 그 음료수 맛을 좋아하니까! 그 프라이드치킨이 먹고 싶었으니까!"

  이 경우는 모두 음식의 맛에서 느끼는 즐거움에 근거해 음식을 선택한 것이다. 이렇게 대답하는 사람이라면 그 음식이 건강에 얼마나 보탬이 되는지, 또는 그 음식을 섭취했을 때 얼마나 많은 에너지를 얻는지에 대해 언급할 가능성은 높지 않다.

  날마다 최상의 컨디션에서 실력을 발휘하고 생산성을 극대화하고 싶다면, 그리고 아프지 않고 건강하게 살고 싶다면(누군들 그렇지 않으랴!) 당신이 음식을 고르는 기준을 재고해보는 것이 좋다. 거듭 말하건대 음식의 맛보다는 그 음식이 몸에 미칠 영향을 더 중요하게 고려해야 한다. 맛 좋은 음식은 잠시 우리에게 즐거움을 선사할 뿐이다. 하지만 건강과 체력에 좋은 음식은 남은 하루를, 궁극적으로는 인생을 지탱할 에너지를 선사한다.

건강과 에너지를 얻는 대신 맛없는 음식을 먹어야 한다는 말이 아니다. 우리는 음식을 먹으면서 맛과 에너지를 '모두' 얻을 수 있다. 그러나 활력이 충만한 상태에서 날마다 최상의 기량을 발휘하고 싶다면, 건강하게 장수하고 싶다면, 반드시 에너지 생산에 도움이 되는 건강한 음식을 선택해야 한다.

- **무엇을 먹을 것인가:** 이 주제를 얘기하기 전에 무엇을 '마실' 것인지에 대해 잠시 짚고 넘어가자. '알람이 울리면 바로 일어나는 5단계 과정' 중에서 4단계를 기억하는가? 잠자리에서 일어나 먼저 물을 한 잔 마시는 것이다. 그래야 밤 동안 몸에서 빠져나간 수분을 다시 채우고 에너지를 재충전할 수 있다.

  그러면 무엇을 먹을 것인가? 여러 연구 결과에 따르면 신선한 과일과 야채 같은 '살아 있는 음식'으로 풍부한 식단이 활력을 증진하고, 집중력과 정서적 건강을 향상하고, 몸을 건강하게 유지해 질병을 예방하는 것으로 나타났다.

미라클 모닝용 '슈퍼푸드 스무디Super-food smoothie'가 있다. 이 스무디에는 완전 단백질(필수 아미노산을 모두 함유한 단백질), 노화 억제 항산화제, 오메가

3 필수 지방산(면역력을 향상하고, 심장과 뇌의 기능을 활성화한다.) 그리고 비타민과 미네랄이 풍부하게 들어 있다. 몸에 필요한 영양분이 담긴 스무디를 시원한 유리잔에 가득 채워 마셔보자! 슈퍼푸드 스무디는 아침에 일어나 처음 먹기에 적합한 음식이다.

또한 미라클 모닝용 '슈퍼푸드'도 있다. 생리활성 물질인 파이토뉴트리먼트(식물영양소)가 함유된 카카오(초콜릿의 재료), 하루 종일 든든한 에너지를 제공하는 마카(안데스 산지에서 생산되는 식물로 호르몬 균형을 잡아주는 효능이 있다.) 그리고 면역력을 높여주고 식욕 억제 성분이 있는 치아시드Chia seed 등이다.

미라클 모닝용 슈퍼푸드 스무디는 든든한 에너지를 제공할 뿐 아니라 맛도 좋다. 아침에 일어나 이 스무디를 마시고 나면 자신의 실력을 120퍼센트 발휘할 것 같은 기분이 들 것이다.

미라클 모닝 사이트www.miraclemorning.com에 가면 이 스무디 조리법을 비롯해 여러 자료를 무료로 내려받을 수 있다. 스무디 조리법을 인쇄하여 주방의 블렌더 근처에 붙여두자. 이따금 블렌더 뚜껑을 닫는 것을 잊어버리고 건강음료를 만들다가 주방을 난장판으로 만들 수 있기 때문에 눈에 띄는 곳에 주의사항이 적힌 조리법을 붙여두는 것이 좋다.

"내가 먹는 음식이 곧 내 몸이다."

맞는 말이다. 내가 내 몸을 돌봐야 내 몸이 나를 돌본다.

음식을 대할 때 주로 자신에게 주는 보상이나 위안거리로 여기는 사람이 있지만, 음식은 내 몸을 움직이는 연료이다. 맛있고 건강한 음식을 먹어야 하는 이유는 그래야 하루 일과를 수행하고, 필요하다면 장시간 일할 수 있기 때문이다. 몸에 별로 좋지 않은 몇몇 음식도 즐길 수 있지만, 그런 음식은 저녁이나 주말처럼 최상의 컨디션을 유지할 필요가 없을 때 전략적으로 즐기는 것이 좋다.

먹는 음식에 따라 몸 상태가 어떻게 변하는지 세밀하게 주의를 기울인다면 보다 수월하게 먹는 음식을 선택할 수 있다. 예를 들어, 식사를 마칠 때마다 타이머를 60분 뒤로 설정하고, 타이머가 울리면 몸 상태를 진단한다. 더 기운이 솟게 만드는 음식이 있는가 하면, 그렇지 않은 음식이 있다는 사실을 깨닫는 데에는 그리 오래 걸리지 않는다. 스무디나 샐러드를 먹은 날, 그리고 고소한 냄새에 굴복해 피자라든가 치킨 샌드위치를 먹은 날에 몸에서 생산하는 에너지에 확실히 차이가 있음을 느낄 것이다. 전자의 경우는 에너지가 넘치지만, 후자의 경우는 에너지가 줄어든다.

우리 몸에 필요한 영양소를 공급해 일하고 싶은 만큼 오래 일하고, 놀고 싶은 만큼 오래 놀 수 있도록 에너지를 생산할 수 있다면 어떨까? 마땅히 받아야 하는 선물을 자신에게 선사하는 방법이 있다면 어떨까? 먹고 마시는 것을 신중하게 선택한다면 자신에게 튼튼하고 강인한 몸을 선물할 수 있다.

식사 때를 놓치거나 뒤늦게 생각이 나서 겨우 끼니를 해결하고, 그것도 배가 고파서 죽을 지경이 되어서야 자동차 안에서 주문해서 먹는 패스트푸드로 끼니를 해결한다면, 새로운 전략을 세울 때다.

다음과 같은 질문을 자신에게 던져보자.

"나는 음식의 맛보다 몸(특히 건강과 체력)에 미치는 영향력을 고려해 음식을 선택할 수 있을까?"

"내 몸에 수분이 부족해지지 않도록 물병을 가지고 다니며 수분을 공급할 수 있을까?"

"간식거리를 비롯해 건강한 식단을 직접 짜서 건강에 도움이 되지 않는 식사 습관을 고칠 수 있을까?"

당연히 당신은 이 일들을 할 수 있고, 그 이상도 해낼 수 있다. 당신이 어떤 음식을 먹고 마시는지 의식하고 신중하게 선택할 때 당신의 삶이 얼마나 좋아질지, 그리고 얼마나 활력이 넘칠지 떠올려보자.

"당신은 긍정적인 생각과 감정을 유지하게 된다."

체력이 떨어지면 기분이 저조해지는 반면, 체력이 좋아지면 생각이나 시야, 태도가 긍정적으로 변한다.

"정신력이 강해진다."

에너지가 부족하면 의지가 약해지고, '올바른' 길보다 '쉬운' 길을 선택할 가능성이 크다. 에너지가 넘치면 절제력도 커진다.

"더 오래 살 수 있다."

당신이 이끄는 직원들과 사랑하는 사람들에게 귀감이 된다. 당신이 활력 넘치게 살아가는 모습을 보고 주변 사람들도 당신과 똑같이 할 수 있다는 희망을 품게 된다.

더 건강해지고, 기분이 더 좋아지고, 더 오래 살게 된다.

보너스! 따로 노력하지 않아도 적정 체중을 유지하게 된다.

최고의 보너스! 당신이 긍정적인 에너지를 발산하고 건강한 몸을 유지하는 만큼 사업이 빠르게 성장하고, 매출이 늘고, 더 좋은 인재들을 많이 확보하고, 더 많은 돈을 벌게 된다.

음식도 중요하지만 하루 동안 적정한 양의 물을 마시는 것도 중요하다. 필요한 물을 충분히 공급받지 못해 수분이 부족해지면 탈수증에 걸려 몸이 정상적으로 기능할 수 없게 된다. 경미한 탈수증에도 우리 몸은 활력이 저하되고 쉽게 피곤함을 느끼게 된다.

'알람이 울리면 바로 일어나는 5단계 과정'을 그대로 실천하며 아침에 물 한 잔을 마시고 하루를 시작해보자. 거기서 그치지 말고 물병을 휴대하고 다니며 한두 시간마다 473밀리리터가량의 물을 마시는 습관을 기르는 게 좋다. 만일 때 맞춰 물을 마시기 어렵다면 물을 마실 시간을 알려주는 타이머를 이용하거나, 휴대전화 알람을 이용해 잊지 않고 물을 마시는 게 좋다. 알람을 들을 때마다 물병에 남은 물을 마시고, 다음에 또 마실 때를 대비해 물병을 채우도록 하자. 물병을 가득 채워서 다니면 필요할 때마다 수분을 보충할 수 있다.

식사 간격은 보통 서너 시간마다 소화가 잘되는 살아 있는 음식을 소량 섭취하는 것이 좋다. 기본 식단은 단백질과 야채로 구성한다. 혈당이 떨어지지 않도록 생과일과 견과류를 비롯해 살아 있는 음식으로 군것질을 한다. 고도의 생산성이 요구되는 시기에는 매우 바쁘게 일해야 하기 때문에 그런 날들을 대비해 내 몸에 가장 좋은 음식을 섭취한다.

하루 첫 끼부터 업무를 마칠 때까지 체력을 증진시키는 음식을 챙겨 먹고 규칙적으로 운동을 했다면, 저녁이나 주말에는 자유롭게 원하는 음식을 먹어도 된다. 먹고 싶은 음식을 항상 먹을 수는 없지만, 이때만큼은 먹어도 괜찮다. 하지만 모든 음식을 맛보되 적당한 선에서 만족하는 법을 배워야 한다.

음식은 연료다. 이 사실 하나만 기억하면 된다. 아침에 눈을 떠서 잠자리에 들 때까지 기분 좋고 활기차게 하루를 보낼 수 있도록 우리 몸에 최상의 연료를 공급하려고 노력해야 한다. 음식의 맛보다는 몸에 미치는 영향을 더 중요하게 고려하여 건강한 지방과 살아 있는 음식을 섭취해 고에너지의 연료를 우리 몸에 공급하는 것이 에너지 엔지니어링의 체계적인 활용을 위한 첫 단계다.

원칙 2. 성공하려면 잠을 자라

"더 많이 성취하려면 더 많이 자라."

사업을 하는 사람들에게는 직관에 어긋나는 소리로 들릴지도 모르겠다. 하지만 이렇게 조언하는 이유가 있다. 우리 몸이 정상적으로 기능하려면, 또 힘든 하루를 마친 뒤 에너지를 재충전하려면 매일 밤 충분히 잠을 자야 한다. 면역 기능과 신진대사, 기억력과 학습 능력 등 필수적인 신체 기능을 유지하는 데 수면은 중요한 역할을 한다. 우리는 잠을 자는 동안 몸을 회복하고, 치유하고, 휴식하고, 성장한다. 하지만 잠이 부족하면 차츰 기력이 고갈된다.

수면 vs 충분한 수면

잠은 얼마나 자야 충분할까? 당신이 그럭저럭 살아가는 데 필요한 수면 시간과 최상의 기량을 발휘하는 데 필요한 수면 시간 사이에는 큰 차이가 있다. 샌프란시스코 캘리포니아대학 연구진의 연구에 따르면 어떤 사람들은 특이한 유전자를 지니고 있어 하루에 6시간만 자고도 좋은 성과를 올리는 데 문제가 없다고 한다. 이 유전자를 지닌 사람들은 매우 희귀해서 전체 인구 중 3퍼센트가 되지 않는다. 바꿔 말하면 나머지 97퍼센트의 사람들은 6시간 수면으로는 부족하다는 말이다. 5~6시간만 자도 멀쩡하게 일할 수 있다고 생각하는 사람들은 많지만, 1~2시간 잠을 더 보충하면 컨디션이 더 좋아지고 더 많은 일을 해낼 수 있다.

잠을 더 자고도 더 많은 일을 해낼 수 있다는 말은 우리 직관에 상충한다. 이 말에 당신은 이렇게 생각할 것이다. '잠을 더 자면 더 많이 일할 수 있다고? 어떻게 그럴 수 있지?' 그러나 잠을 충분히 잘 때 과제 수행

능력이 향상된다는 사실을 뒷받침하는 연구는 많다. 충분한 수면을 취하면 과제를 더 빨리, 더 우수하게 처리할 뿐만 아니라 삶을 대하는 태도도 긍정적으로 바뀐다.

개인에게 필요한 수면 시간은 저마다 다르지만 연구 결과에 따르면 성인의 경우 평균적으로 대략 7~8시간 수면을 취해야 하루 일과를 감당하기에 충분한 에너지를 회복한다.

대부분의 사람이 하루에 8~10시간은 잠을 자야 한다고 생각하며 자랐다. 실제로는 이보다 더 적게 자도 괜찮을 때가 있고, 더 많이 자야 할 때도 있다. 수면 시간이 충분한지 아닌지 알아보는 제일 좋은 방법은 하루를 보내면서 몸 상태를 스스로 진단해보는 것이다. 만약 수면 시간이 충분하면 아침에 일어나서 잠자리에 들기까지 활력이 넘치고 각성 상태를 유지할 것이다. 반대로 수면 시간이 모자라면 아침나절이나 오후 중에, 혹은 시도 때도 없이 커피나 단 음식을 찾게 될 것이다.

대부분의 사람은 밤에 잠을 제대로 자지 못할 경우 집중력이나 판단력, 암기력이 감소한다. 대처 능력이 떨어져 가정에서나 일터에서 실수가 잦아지게 된다. 하지만 그저 바쁜 일정 탓이려니 생각할지도 모른다. 수면 시간이 부족할수록 이런 증상은 더욱 두드러진다.

긴장을 풀고 휴식하는 시간이 부족하면 정서에도 부정적인 영향을 미친다. 불안정하고 예민한 상태에서 기업가정신이 제대로 발휘될 리 만무하다! 밤에 숙면을 취하지 못하면 성격에도 부정적인 영향을 미쳐 퉁명스러워지고, 신경이 예민해지고, 다른 사람들에게 쉽게 짜증을 내는 경향을 보인다는 것은 과학적으로 밝혀진 사실이다. 인간에게 반드시 필요한 휴식을 놓치면 어느 틈에 성난 곰이 튀어나올지 모른다. 그렇게 되면 주변 사람은 물론, 자기 자신에게도 좋을 게 없다.

대부분의 성인은 잠자는 시간을 줄여서 일하는 시간을 더 많이 확보하려 한다. 마감 시간에 늦지 않으려고 분초를 다퉈가며 일할 때는 잠자는 시간도 아깝게 생각한다. 안타까운 일이지만 수면 시간이 부족하면 몸의 기능이 저하되어 바이러스가 몸에 쉽게 침투하거나 병에 걸릴 빌미를 제공하게 된다. 수면 부족에 시달리면 면역 체계가 제 기능을 하지 못해 질병에 쉽게 노출된다. 잠을 못 자는 날이 반복되면 몸이 아프게 되고, 며칠 혹은 몇 주를 일하지 못하게 되니 결국 잠을 줄여가며 일하는 방식으로는 사업을 성장시키지 못한다.

반면에 잠을 충분히 자게 되면 몸이 정상적으로 기능하고, 면역력이 증가하고, 성격도 원만해진다. 이렇게 몸도 마음도 건강한 상태야말로 더 많은 고객을 끌어 모으고 실적을 올리기에 좋은 상태다. 깊은 잠은 자기 안의 가능성과 매력을 활성화시키는 장치이다. 라이프 세이버 습관을 실천하며 숙면을 취하고 기분 좋은 상태를 유지한다면 사업 성과도 좋아질 것이다. 사람들은 행복해 보이는 기업가를 성공한 기업가로 생각하고 더 몰려들기 마련이다.

잠이 우리에게 주는 선물

우리가 수면으로 얼마나 많은 효과를 누리는지 체감하지 못하는 사람들도 있다. 우리가 꿈속을 행복하게 돌아다니는 동안 뇌는 우리를 대신해 부지런히 일하며 놀라운 능력을 발휘한다.

- **잠은 기억력을 증진시킨다.** 잠을 자는 동안 우리 뇌는 바쁘게 움직인다. 깨어 있는 동안 분비한 유해 물질을 청소하고, 깨어 있을 때의 기억을 '통합'하는 과정에서 새로 학습한 정보나 기술을 강화한다.
  수면 전문가 데이비드 래포포트 박사Dr. David Rapoport의 말을 들어보자. "새로운 것을 학습하려면 그것이 몸을 쓰는 것이든 머리를 쓰는 것이든 반복적인 연습을 통해 배우게 된다. 그런데 잠든 동안에도 뇌에서 특별한 작용이 일어나 새로운 정보를 습득한다."
  다시 말해, 스페인어나 테니스 스윙 기술, 창고에 새로 들어온 제품 사양 등 새로운 기술이나 정보를 익힐 때 잠을 잘 자야 학습 효과가 더 좋다는 뜻이다.
- **잠은 장수하는 데 좋은 영향을 준다.** 인과관계가 아직 분명하게 밝혀지지는 않았지만 잠을 너무 많이 자거나 너무 적게 자는 것은 수명 단축과 연관이 있다. 50세에서 79세 사이의 여성을 대상으로 2010년에 수행한 연구에 따르면, 수면 시간이 5시간 미만인 사람들은 6시간 30분 이상 잠을 자는 사람들보다 사망률이 더 높게 나타났다. 건강을 고려한다면 적절한 수면 시간을 지키는 것이 좋다.
- **잠은 창의성을 높인다.** 그림을 그리기 전에, 혹은 글을 쓰기 전에 숙면을 취하면 도움이 된다. 우리 뇌는 기억을 통합하고 강화하는 것 외에

도 기억을 재편하고 재구성하는데, 그 과정에서 창의성도 향상된다. 하버드대학과 보스턴대학 연구진이 밝힌 바에 따르면 잠을 자는 동안 우리의 뇌는 정서적 기억을 강화하는데, 이는 창의적인 발상에 도움을 주는 것으로 보인다.

- **잠은 적절한 체중을 유지하도록 돕는다.** 과체중인 사람은 에너지 대사 수준이 정상 체중인 사람들에 비해 떨어지는 편이다. 운동량을 늘리고 식단을 조절해 체중 감량을 계획하고 있다면, 더 일찍 잠자리에 드는 것을 계획에 포함시키는 게 좋다. 운동량을 늘린 만큼 에너지를 재충전하려면 충분한 휴식이 필요하기 때문이다.
  또 하나 좋은 소식이 있다. 시카고대학 연구진이 밝힌 바에 따르면 잠을 충분히 자면서 다이어트를 한 사람들이 잠이 부족한 (그래서 근육량이 감소한) 사람들에 비해 체지방 감소율이 최대 56퍼센트까지 높게 나타났다.
  실험 참가자들은 잠이 부족할수록 허기를 더 심하게 느꼈다. 뇌에서 수면과 신진대사를 관장하는 부위는 동일한데, 수면이 부족할 경우 식욕을 부추기는 특정한 호르몬 분비가 증가한다.
- **잠은 스트레스를 줄인다.** 건강과 관련해서 스트레스와 수면은 밀접한 관련이 있으며, 특히 심장 건강에 영향을 미친다. 잠을 충분히 자면 스트레스 수치가 감소하고, 적정한 혈압을 유지하는 데 도움이 된다. 또한 수면은 콜레스테롤 수치에도 영향을 미치는 것으로 알려졌다. 콜레스테롤 수치가 높을수록 심장질환에 걸릴 위험도 높아진다.

- **잠은 실수와 사고를 예방하는 데 도움이 된다.** 미국교통안전국National Highway Traffic Safety이 2009년에 발표한 교통사고 사망률 조사에 따르면 졸음운전에 의한 사고가 1위로 나타났다. 졸음운전이 음주운전보다 더 무섭다는 얘기다! 사람들은 졸음으로 인한 실수를 터무니없이 과소평가하는 경향이 있는데, 이로 인해 우리 사회에 초래되는 비용은 실로 엄청나다. 수면이 부족하면 반사 능력과 의사결정 능력이 현저히 떨어진다.

하룻밤 잠을 설친다면 음주한 사람처럼 운전 능력이 저하될 수 있다. 최고의 기업가가 되려는 사람이 수면 부족으로 집중력이 저하될 경우에 무슨 일이 일어날지 상상하는 것은 그리 어렵지 않다.

어떤 음식을 섭취할지 말지 결정하는 문제와 마찬가지로, 일관되고 효과적인 방식으로 수면을 취하는 문제는 최상의 컨디션을 유지하며 제 실력을 발휘하는 데 매우 중요하다. 밤사이 숙면을 하면 이튿날 사고력이 촉진되고 활력이 넘쳐 최고의 기량을 발휘할 수 있는 상태가 된다. 자신의 몸에 관심 있는 사람이라면 최상의 컨디션을 얻기 위해 몇 시간이나 잠을 자야 하는지, 또 수면의 질을 최적화하는 것이 왜 중요한지에 대해서 이미 알고 있을 것이다. 하지만 잠을 몇 시간이나 자는가 하는 문제보다 더 중요한 것은 당신이 어떤 마음가짐으로 아침을 맞느냐이다.

아침 기상에 관한 진실

흔히 "다시 알림 버튼을 누르면 지는 거야."라고 말한다. 이 말에는 우리가 생각하는 것보다 훨씬 심오한 의미가 있다. 알람이 울릴 때마다 다시 알림 버튼을 누르다가 '막판에야' (그러니까 약속 시간이 임박했거나, 하지 않으면 안 될 일이 있을 때, 혹은 돌봐야 할 사람이 있을 때) 일어나는 사람은 삶에 대한 저항감으로 하루를 시작하고 있음을 깨달아야 한다.

다시 알림 버튼을 누를 때마다 당신이 바라는 하루, 당신이 바라는 인생을 시작하고 창조하는 일에 저항하는 것이나 마찬가지다.

애리조나주 프레스컷 밸리와 플래그스태프에 있는 수면장애센터Sleep Disorders centers의 의료 책임자인 로버트 로젠버그Robert S. Rosenberg는 이렇게 설명했다.

"다시 알림 버튼을 짧은 간격으로 반복해서 설정하는 사람은 자기 자신에게 두 가지 해로운 일을 하고 있는 것이다. 첫째, 얼마 되지 않은 추가 수면 시간마저 쪼개 쓰는 셈이니 수면의 질이 형편없이 떨어진다. 둘째, 다시 알림 버튼을 누르면 새로운 수면 주기가 시작되는데, 수면을 제대로 마치기에는 턱없이 부족한 시간이다. 이런 경우에 몽롱한 상태가 하루 종일 지속되기도 한다."

반면에 뚜렷한 목적의식을 가지고 하루를 기대하는 마음으로 매일 아침 눈을 뜬다면 자신의 꿈대로 뛰어난 성취를 이룬 소수의 사람과 어깨를 나란히 하게 될 것이다.

무엇보다 행복해진다. 아침에 기상하는 방식을 바꾸면 모든 것이 바뀐다. 이 말을 신뢰하지 못하겠다면 세계적으로 유명한 아침형 인간들의 말을 믿어보라. 오프라 윈프리, 토니 로빈스, 빌 게이츠, 하워드 슐츠, 디팩 초프라, 웨인 다이어, 토머스 제퍼슨, 벤저민 프랭클린, 알베르트 아인슈타인, 아리스토텔레스 등 여기에 모두 거명하자면 끝이 없다.

매일 아침 진실한 소망(혹은 열정)을 품고 일어나는 법을 배우기만 해도 우리 삶을 송두리째 변화시킬 수 있다는 사실을 지금까지 우리에게 아무도 가르쳐주지 않았다.

당신이 막판까지 이불 속에서 꾸물거리다가 겨우 일어나 등교를 하거나 출근을 하고, 혹은 집에 돌아와서는 가족을 겨우 돌보고, 텔레비전 앞에서 졸다가 잠자리에 드는 사람이라면 이렇게 묻고 싶다.

"당신은 언제 자기를 계발할 것인가? 당신이 원하는, 그리고 당신이 당연히 누려야 할 건강과 부, 행복, 성공, 자유를 창출하기 위해서는 먼저 그만한 자격을 갖춰야 한다. 당신은 언제 자신의 삶을 살 것인가? 현실을 직시하지 않고 온갖 자극에 그저 기계적으로 반응하며 쳇바퀴처럼 돌아가는 삶에서 벗어나야 한다. 만약에 당신이 그토록 바라던 꿈이 마침내 현실(곧 삶)이 될 수 있다면 어떻게 하겠는가?"

아직 준비가 되지 않았다면 2장에서 소개한 '알람이 울리면 바로 일어나는 5단계 과정'부터 실천하자. 당신은 이를 통해 하루를 이기고, 삶을 이길 준비를 하게 된다. 만약 제시간에 잠자리에 드는 일이 어려우면 잠자리에 들기 한 시간 전에 '취침 시간 알림'을 정해두고 알람이 울리면 서서히 하던 일을 마무리하고 잠자리에 들 준비를 하자.

당신이 꿈꾸는 사람이 되기 위해서는 지금까지의 자신의 모습을 버리고, 당신이 바라는 삶을 위해 자신을 개선하기에 오늘보다 더 좋은 날은 없다. 당신이 늘 원하던 삶을 앞당기고, 창조하고, 유지할 수 있는 사람이 되는 방법을 지금 손에 들고 있는 책보다 더 잘 보여주는 책은 없다.

꼭 필요한 수면 시간은 어느 정도일까

적당한 수면 시간에 대해 전문가들이 제일 먼저 하는 말은 누구에게나 적용되는 정해진 수면 시간은 없다는 것이다. 이상적인 수면 시간은 사람마다 다르고, 나이, 유전자, 스트레스, 전반적인 건강 상태, 운동량, 식생활(마지막 끼니를 얼마나 늦게 챙겨 먹느냐를 비롯해) 등 수없이 많은 요인에 영향받는다.

주로 패스트푸드나 가공 식품 등 다량의 설탕이 함유된 음식을 섭취하게 되면 잠을 자는 동안 우리 몸은 에너지를 재충전하는 데 어려움을 겪는다. 몸에 들어온 독소를 해독하고 걸러내느라 밤새 일하기 때문이다. 반면에 앞서 설명했듯이 살아 있는 음식으로 이루어진 건강한 식생활을 하게 되면 우리 몸은 쉽게 에너지를 재충전하고 원기를 회복한다. 건강한 음식을 섭취하는 사람은 영양이 부족한 가공 식품을 먹는 사람보다 상쾌하고 활력이 넘치는 아침을 맞이한다. 때문에 설령 잠이 조금 부족해도 제 기량을 발휘할 수 있다.

잠을 너무 많이 자도 문제다. 미국국립수면재단National Sleep Foundation의 발표에 따르면, 과다 수면(9시간 이상)은 이환율(질병, 사고)과 사망률 증가에 영향을 미친다. 같은 연구에 따르면 우울증 같은 증상도 과도한 수면과 밀접하게 연관되어 있는 것으로 나타났다.

인간의 수면을 다룬 연구 중에서는 서로 상반되는 증거를 제시하는 연구와 전문가들이 많다. 뿐만 아니라 적정한 수면 시간은 개인마다 다르기 때문에 어느 하나만 옳다고 주장할 수는 없다. 그보다는 직접 경험한 사실 그리고 역사상 위대한 인물들의 수면 습관을 나름 연구하여 얻은 결과를 여기서 나누려고 한다. 약간 이론의 여지가 있는 부분도 있으니 참고하기 바란다.

활기찬 아침을 맞는 방법

《미라클 모닝》에서는 직접 수면 시간을 다양하게 실험한 후 깨달은 사실을 실천한 미라클 모닝 커뮤니티 회원들의 수많은 증언을 참고했다. 그 과정에서 수면이 생체리듬에 미치는 영향은 심리적 요인, 즉 자신이 몇 시간을 자야 이상이 없다고 생각하는지 그 '믿음'에 크게 영향받는다는 사실을 발견했다. 다시 말해, 우리가 아침에 일어났을 때 느끼는 기분(특히 중요한 차이점인데)은 전적으로 수면 시간에 따라 결정되는 게 아니라, 아침을 맞는 마음가짐에 따라 상당히 달라진다.

피로가 완전히 풀리려면 8시간은 자야 한다고 '믿는' 사람이 자정에 잠들어 아침 6시에 일어나야만 하는 상황이라면 아마 이렇게 투덜거릴 가능성이 높다. "에이, 8시간은 자야 하는데 오늘은 6시간밖에 못 자겠네. 아침에 꽤나 피곤하겠는걸." 그리고 다음 날 알람 소리에 눈을 떠보면 벌써 일어날 시간이다. 이때 무슨 생각이 제일 먼저 떠오를까? 바로 전날 밤 잠자리에 들기 전에 했던 혼잣말이다! “에이, 6시간밖에 못 잤어. 아, 피곤해.”

우리가 하는 말은 자기 충족적이고 자기 파괴적인 예언이 된다. ‘내일 일어나면 피곤하겠구나.’ 하고 혼잣말을 했다면 이튿날 아침에 정말로 피곤함을 느낀다. 적어도 8시간은 자야 피로가 풀린다고 믿는다면 그만큼 잠을 자지 못한 날에는 피로가 채 풀리지 않았다는 기분이 들게 된다. 그렇다면 이 생각을 바꾸면 어떨까?

우리의 정신과 육체는 불가분의 관계에 있다. 우리는 삶의 모든 영역에서 책임을 져야 한다. 몇 시간을 자든 매일 아침 활기 넘치게 일어나는 일 역시 우리 자신에게 달렸다.

그렇다면 ‘정말로’ 필요한 수면 시간은 어느 정도일까? 그것은 당신이 결정할 일이다. 쉽게 잠을 이루지 못하거나 밤에 자다 깨는 문제로 어려움을 겪는 사람들에게는 숀 스티븐슨의 책 《스마트 슬리핑: 건강한 잠이 인생을 바꾼다*Sleep Smarter: 21 Essential Strategies to Sleep Your Way to a Better Body, Better Health, and Bigger Success*》를 적극 추천한다. 건강한 수면에 접근하는 법을 체계적으로 다룬 책으로 이 분야에서 손꼽히는 책이다.

원칙 3. 쉬면서 에너지를 재충전한다

휴식이란 의식의 세계에서 일어나는 수면에 해당한다. 수면과 휴식을 혼동하는 사람들이 있는데 이 둘은 꽤 다르다. 예를 들어, 8시간 잠을 자더라도 깨어 있는 내내 쉬지도 않고 일한다면 사색에 잠길 시간도, 신체와 정신, 감정이 에너지를 재충전할 시간도 없을 것이다. 온종일 연이어 업무를 수행하며 바쁘게 일하다가 저녁을 후딱 먹어 치우고 밤늦게 눈을 붙이는 생활을 하고 있다면, 당신은 스스로에게 쉴 기회를 제공하지 않는 것이다.

주말에 아이들에게 축구나 배구 혹은 야구를 시키고, 이어서 미식축구 경기를 관람하거나, 교회에 가서 성가대에서 합창을 한 다음 친구의 생일 파티에 참석하는 식으로 주말을 보내고 있다면 득보다 해가 될 가능성이 더 크다. 각각의 활동은 유익할지 몰라도 빡빡하게 일정을 계획하면 당신은 아이들에게 에너지를 재충전할 기회를 제공하지 않는 것이다.

현대 사회는 우리에게 하루를 바쁘고 신나게 보내야 더 가치 있고 더 중요한 사람, 혹은 에너지가 넘치는 사람이라고 믿도록 강요한다. 사실 우리 안의 자아가 평온할 때 더 가치 있고 더 중요한 사람이 된다. 균형 잡힌 삶을 살기로 마음먹는다고 해도 현대 사회는 우리를 가만 내버려 두지 않는다. 항상 연락 가능한 상태에서 생산성 높은 노동자로 살아가야 하는 현대인은 신체적으로나 정신적, 감정적으로 쉽게 에너지가 고갈된다.

쉴 새 없이 일하는 대신, 나만의 성스러운 공간과 침묵하는 시간을 소중하게 생각하고 계획하는 삶은 어떤가? 의도적인 쉼을 통해 삶을 개선하고, 몸과 마음을 평안하게 하고, 기업가로 성공할 역량을 키우는 건 어떤가?

해야 할 일이 산더미같이 쌓여 있는데 휴식 시간까지 따로 일정에 넣어야 한다니 쉽게 납득이 가지 않을 것이다. 하지만 사실 잘 쉬는 사람이 업무 생산성도 높다.

휴식을 취하면 스트레스가 감소한다는 사실은 이미 여러 연구를 통해 입증되었다. 요가와 명상 같은 활동은 심장박동수와 혈압, 산소 소모량을 낮추는 반면에 고혈압, 관절염, 불면증, 우울증, 불임, 암 발생률, 불안감 등을 완화한다. 우리가 휴식으로 얻는 정신적 이점은 엄청나다. 분주한 삶의 속도를 늦추고, 조용한 시간을 보내는 것은 자기 안에 있는 지혜와 지식, 목소리에 귀 기울이는 삶을 의미한다. 하던 일을 멈추고 몸과 마음을 이완하고 휴식을 취하고 나면 편안하고 즐거운 마음으로 다시 세상과 관계를 맺을 수 있다.

궁금해할 사람들을 위해 덧붙이자면 충분히 쉬고 나면 생산성이 향상되고, 가족과 친구(동료와 직원, 고객을 비롯해)를 더 다정하게 대하고, 행복감도 올라간다. 농지를 끊임없이 경작해 수확하지 않고 땅을 쉬게 해 기운을 불어넣듯이 인간에게도 휴식이 필요하다. 우리 몸은 에너지를 재충전해야 하고, 이를 위해서는 아무것도 하지 않고 그냥 쉬는 게 제일 좋은 방법이다.

쉽게 휴식하는 방법

대부분의 사람은 휴식과 오락을 혼동한다. 휴식을 위해 등산을 하고, 정원을 가꾸고, 강도 높은 운동을 하고, 심지어 파티 같은 것을 즐긴다.

이런 시간들은 일을 쉬는 시간이라고 할 수는 있어도 휴식다운 휴식이라고 보기는 어렵다.

휴식이란, 정신이 맑고 또렷한 상태에서 경험하는 일종의 수면이다. 밤에 숙면하려면 반드시 몸과 마음이 휴식하는 단계를 거쳐야 한다. 휴식을 취하는 방법 역시 수면을 취하는 방법과 같다. 휴식하는 공간을 마련하고, 몸과 마음이 쉬도록 허용해야 한다. 당신을 비롯해 모든 살아 있는 유기체는 휴식이 필요하다. 휴식을 허용하지 않으면 결국 몸이 혹독한 대가를 치러야 한다. 몸에 필요한 휴식을 쉽게 제공하는 몇 가지 방법을 살펴보자.

- 매일 아침 세이버를 실천하여 5분가량 명상하거나 침묵하는 시간을 갖는다. 이 시간은 몸과 마음에 휴식을 제공하는 좋은 출발점이다.
- 일요일은 휴식을 취하는 날로 정한다. 일요일에 할 일이 많은 사람은 주중에 다른 날을 선택하자. 책을 읽거나 영화를 보면서 혼자만의 시간을 보내도 좋다. 그리고 가족과 함께 요리를 만들거나 아이들과 게임을 하는 등 가볍게 몸을 움직이며 즐거운 시간을 보내는 것도 좋다.
- 운전할 때는 조용한 환경을 조성한다. 라디오를 끄고 휴대전화는 안전한 곳에 넣어두자.
- 이어폰을 착용하지 말고 산책을 즐기자. 체중감량 같은 의도나 목표 없이 자연 속을 거닐며 산책하는 것이 좋다.

- 텔레비전을 끈다. 30분이나 한 시간 혹은 반나절 동안 침묵의 시간을 갖는다. 호흡하는 과정을 의식하며 들숨과 날숨 그리고 호흡 사이의 간격에 집중한다.
- 마음을 챙기며 차를 한 잔 마시거나, 영감을 주는 글을 읽거나, 일기를 쓰거나, 온욕을 하거나, 마사지를 받는다.
- 피정을 떠난다. 직원들이나 친구들, 교회 사람들, 당신이 속한 커뮤니티 회원들, 가족이나 배우자와 함께, 혹은 혼자 자연 속으로 피정을 떠나는 것이 좋다.
- 낮잠을 자는 것도 휴식을 취하고 원기를 회복하는 좋은 방법이다. 예를 들어, 일을 끝내고 집에 가기도 전에 에너지가 모두 바닥난 듯 기운이 없는 날이 있다. 그런 날에는 주저하지 말고 20~30분 만이라도 낮잠을 자는 것이 좋다. 낮잠은 수면 습관을 개선하는 데 도움이 되기도 한다.

일정표에 휴식 시간을 따로 정해두는 것이 좋다. 휴식 시간이라고 분명히 못을 박아야 그 시간을 확실히 챙길 수 있다.

휴식 습관

기업가는 최전선에서 치열하게 싸우는 사람들이다. 기업가는 자신을 돌보고 휴식하는 시간을 다른 중요한 약속과 마찬가지로 따로 일정에 포함시켜야 한다. 휴식 시간에 에너지를 재충전하면 거기에 투자한 시간 이상으로 보상을 받게 된다.

휴식하는 법은 따로 배우지 않았기 때문에 처음에는 휴식을 취하는 게 어색할 수도 있다. 만일 당신이 동기가 명확하고 에너지가 넘치는 기업가라면 휴식하는 시간을 우선순위로 삼아야 한다는 점을 잘 알고 있을 것이다.

다양한 마음챙김 명상 기법을 배워서 일상에서 실천한다면 심신과 영혼이 안식을 얻게 된다. 정오의 명상이나 요가 혹은 침묵의 시간은 휴식을 통해 평온에 머물게 하는 강력한 방법으로, 이를 습관이 되게 한다면 더욱 큰 효과를 얻을 수 있다.

매일 규칙적으로 휴식하며, 침묵의 시간을 가질수록 그 보상은 더욱 커진다. 한가한 시기에는 자주 휴식할 필요가 없겠지만 (엄청난 주문량을 채워야 하거나 마감 기한이 다가오는 등) 업무 강도가 세지는 시기에는 평소보다 더 자주 휴식과 침묵의 시간을 갖는 게 좋다.

운동을 하고, 건강한 음식을 먹고, 숙면을 취하고, 휴식 시간까지 꾸준히 챙긴다면 당신 자신은 물론이고, 당신이 하는 일도 올바른 방향으로 비약적으로 발전할 것이다. 이 세 가지 습관(더 효과적으로 먹고, 자고, 쉬기)을 처음 실천하는 동안에는 거북하게 느껴질 수 있다. 신체적으로나 정신적으로 변화에 대한 저항감을 경험할 수도 있다. 하지만 불편함을 벗어나고 싶은 이 충동을 제어하고 더 건강한 생활 습관을 꾸준히 실천해야 한다.

에너지 엔지니어링 실행하기

- **1단계:** 에너지를 고려해 먹고 마시는 습관을 기른다. 음식의 맛보다는 몸에 미치는 영향을 우선시한다. 아침에 일어나면 먼저 물을 한 잔 마시고, 건강한 지방을 섭취해 뇌에 연료를 공급한다. 매일 한 끼는 '살아 있는' 음식으로 만든 건강식을 섭취한다. 감자 칩을 간식으로 먹기보다는 케일 칩이나 신선한 유기농 과일을 먹는다. 물병을 휴대하여 수시로 수분을 보충한다.
- **2단계:** 성공하기 위해서는 취침 시간과 기상 시간을 정해놓고 날마다 제시간에 잠자리에 들고 아침에 눈을 떠야 한다. 미라클 모닝을 실천하기 위해 일어나는 시간을 기준으로 충분히 휴식을 취하려면 몇 시에 잠자리에 들어야 하는지 판단한다. 이렇게 정한 취침 시간을 몇 주간 꾸준히 유지하며 적응한다. 취침 시간을 알아서 지키기 어려운 경우에는 취침 한 시간 전에 알람을 맞춰놓고 서서히 일을 마무리하고 잠들 준비를 한다. 두어 주 후에는 취침 시간을 자유롭게 조정해가며 다음 날 자신의 몸 상태가 가장 좋아지는 취침 시간을 찾도록 하자.
- **3단계:** 휴식을 취하고 에너지를 재충전할 시간을 일정표에 넣는다. 명상이든 낮잠이든 산책이든 원기를 회복할 수 있는 즐거운 일이라면 어떤 것이든 좋다. 점심 때마다 두 시간 정도 휴식을 취하는 것도 좋다. 이 시간에 농구를 하거나 자신이 좋아하는 운동을 즐긴다. 자

신이 좋아하고 에너지를 재충전할 수 있는 운동을 즐기면 된다.

당신은 에너지 재충전을 위해 매일 어떤 활동을 할 생각인가? 미라클 모닝 습관 외에 정기적으로 휴식하고 재충전할 시간을 따로 계획해 일정에 포함하라. 그리고 에너지를 재충전할 계획을 세웠다면, 이제부터는 집중력에 대해 살펴보자.

tip

아침형 백만장자

《나는 4시간만 일한다*The 4-Hour Workweek*》의 저자 팀 페리스Tim Ferriss는 이부자리를 정리하고 10~20분간 명상을 하는 것으로 하루를 시작한다. 그런 뒤 짧게 가벼운 운동을 하고, 5~10분 동안 일기를 쓴다.

사람들이 간과하는 원칙 3. 흔들림 없는 집중력

–가장 중요한 일에 흔들림 없이 집중하며 생산성을 높이는 방법

"성공한 무술인은 날카로운 집중력을 지닌 보통 사람이다."

— 이소룡, 무술인 겸 배우

마라톤 경기에 참가하고, 초등학교 유소년 미식축구팀 코치를 맡고, 아들이 다니는 학교 점심 급식에 나가 자원 봉사를 하고, 부업으로 소설까지 쓰는 사람. 우리는 이런 사람을 한 번쯤 만나봤을 것이다. 또 '그런 사람'을 가까이 알고 지내는 사람도 있을 것이다. 어디 그뿐인가? 그 사람은 뛰어난 기업가로서 언론의 주목을 받고, 여러 차례 상을 받았을 뿐 아니라, 해마다 사업을 키우며 기대 이상의 실적을 올린다. 이처럼 당신이 아는 사람 중에는 도저히 믿기 어려울 정도로 엄청난 '생산성'을 발휘하는 사람이 틀림없이 있을 것이다.

혹은 '이런 사람'을 알고 있을지 모른다. 가치가 수백만 달러인 사업을 운영하는 기업가이지만 일하는 모습을 본 적이 없다. 이 사람은 항상, 그것도 주중에 골프를 치거나 호수에서 낚시를 즐긴다. 만날 때마다 최근에 휴가를 다녀왔거나 휴가를 떠날 준비를 하고 있다고 얘기한다. 이 사람은 건강하고, 항상 행복하다. 이 사람을 만나는 사람들은 모두 자신이 백만장자가 된 듯 귀한 사람으로 대접받는다.

당신은 어쩌면 이 두 가지 유형의 사람을 모두 알고 있을 것이다. 하지만 그들이 어떻게 해서 백만장자가 되었고, 그만한 생산성을 발휘하는지 그 이유는 알지 못할 것이다. 당신은 그들을 보면서 늘 운이 좋은 사람이라고 생각했을지도 모른다. 타고난 재능 덕분이라고 생각했을지도 모른다. 인맥이 좋아서, 타고난 개성이 특별해서, 아니면 금수저로 태어난 덕분이라고 생각할지도 모른다.

이 사람들이 백만장자가 되는 데에는 이런 요인들이 기여했을 수도 있다. 하지만 불가사의한 수준의 생산성을 발휘하는 사람들을 움직이는 원동력은 사실 '흔들림 없는 집중력'이다.

흔들림 없는 집중력이란, 우선순위가 가장 높은 일이 무엇인지 명확한 원칙을 세우고, 주변에서 벌어지는 일이나 자신의 기분에 좌우되지 않고 자리를 지키며, 자신이 생산한 에너지를 가장 중요한 일에 쏟는 능력이다. 남다른 성과를 올리는 사람들이 가진 비결 중 하나가 바로 흔들림 없는 집중력이다.

적은 시간으로 더 많은 성과를 올리려면 집중력이 필요하다. 우리가 7장 '네 번째 수업: 최고가 되어라'에서 설명한 우선순위 정하기와 마찬가지로 집중력은 시간을 효율적으로 활용하는 지렛대다. 집중력을 발휘한다고 해서 당신이 초인으로 변하지는 않는다. 하지만 초인적으로 보이는 성과를 달성할 수는 있다. 이것이 가능한 이유는 매우 단순하다.

- **흔들림 없이 집중할 때 일을 더 효과적으로 처리한다.** 여기서 효과적이라 함은 많은 일을 처리하거나 일을 몹시 빠르게 처리한다는 뜻이 아니다. 그보다는 목적에 '합당하게' 일을 처리해 당신이 정한 인생 목표를 실현할 수 있는 추진력을 만들어낸다는 뜻이다.
- **흔들림 없이 집중할 때 일을 더 효율적으로 처리한다.** 여기서 효율적이라 함은 시간, 에너지, 자본 등 최소한의 자원으로 많은 일을 처리하는 것을 뜻한다. 목표에서 벗어나 엉뚱한 데 마음을 빼앗길 때마다 당신은 자원(특히 시간)을 허비하게 된다. 목표를 추구하는 과정에서 항상 요구되는 자원이 시간인 만큼 집중력이 흐트러질 때마다 당신은 시간이라는 귀중한 자원을 손해 보는 셈이다.
- **흔들림 없이 집중할 때 생산성이 향상된다.** '바쁘게' 일한다고 해서 생산성이 높은 것은 아니다. 사실 바쁘게 일하는 사람일수록 경제적으로 어려운 처지에 있는 사람일 가능성이 높다. 우리는 분주한 삶(이메일 확인, 세차 혹은 이번 달 일정을 몇 번이고 재조정하는 일처럼 별 성과도 없는 활동으로 바쁘게 지내는 삶)을 생산적인 삶으로 혼동할 때가 많다. 분명한 비전을 세우고, 가장 중요한 일을 파악해 시간 대비 가장 성과가 좋은 일을 일관되게 실행해야 한다. 그러면 바쁘기만 한 사람이 아니라

생산성이 높은 사람이 될 것이다.

다음에 설명한 단계에 따라 흔들림 없이 집중하는 법을 익힌다면 세상에서 가장 생산성이 높은 사람들과 어깨를 겨루게 될 것이다.

효율성과 생산성이 결합할 때 당신은 '훨씬' 더 많은 일을 성취할 수 있다. 당신이 목표에 집중하는 힘을 장점으로 키운다면, 미처 활용하지 못한 잠재력을 최대한 발휘해서 삶을 크게 개선할 수 있다. 집중력이 흐트러지면 여러 영역에 에너지가 분산되어 전반적으로 평범한 성과를 거두는 데 그친다.

우리는 앞서 미라클 모닝 습관을 통해 잠재력을 실현하는 방법을 살펴봤다. 그러면 흔들림 없는 집중력으로 미라클 모닝 습관을 실행하는 네 가지 단계를 살펴보자.

흔들림 없는 집중력을 유지하는 최상의 환경을 찾는다

'흔들림 없이 집중하기 좋은 환경'을 찾는 작업부터 시작하자. 남는 침실도 좋고, 뒷마당도 좋다. 허름한 공간이어도 상관없다. 집중하기 위해서 날마다 찾아갈 공간이 필요하다.

이렇게 해야 하는 이유는 간단하다. 예를 들어, 당신이 작업하는 데 필요한 장비가 자동차 트렁크에서부터 주방 카운터까지 집안 여기저기 흩어져 있으면 효과적으로 일할 수 없는 원리와 같다. 하지만 더 중요한 이유는 집중하기 좋은 장소가 있어야 집중하는 습관이 자리 잡기 때문이다. 매일 같은 시간에 똑같은 책상에 앉아서 업무에 몰입하면 나중에는 그 책상 앞에 앉는 순간부터 업무에 집중할 수 있게 된다.

장거리 출장을 자주 다니는 사람이라면 자동차나 호텔방, 우연히 들어선 커피숍 혹은 책상 대용으로 이용한 여행 가방도 집중하기에 좋은 공간이 될 수 있다. 출장 가방을 꾸리는 방법과 이동 중에 일하는 방법을 익힌다면 사무실에서 일하는 것처럼 똑같이 집중력을 발휘할 수 있다. 집중할 준비가 되어 있고, 일하는 데 필요한 장비만 갖추고 있다면 어디에서든 일할 수 있다.

집중을 방해하는 잡동사니들을 치운다

잡동사니는 집중을 방해하는 훼방꾼이다. 이번 단계에서 우리는 이 잡동사니를 정리하는 문제를 다룰 것이다. 곤도 마리에Kondo Marie의《인생이 빛나는 정리의 마법*The Life-Changing Magic of Tidying Up*》이 지난 10년간 논픽션 부문에서 베스트셀러 자리를 놓치지 않는 데에는 그만한 이유가 있다. 물리적 공간과 정신적 공간을 깨끗이 정리해 마음의 평안과 삶의 의욕을 고취하도록 도와주기 때문이다.

잡동사니에는 정신적 잡동사니와 물리적 잡동사니의 두 종류가 있다. 정신적으로도 정리가 필요하고 물리적으로도 정리가 필요하다. 우리 머릿속은 이런 여러 가지 생각으로 어수선할 때가 많다.

'누님 생일이 곧 다가오니까 생일 선물과 카드를 준비하는 게 좋겠어. 지난번에 만찬에 초대받았는데 식사에 초대해주신 분께 감사의 편지를

보내야겠어. 오늘 퇴근하기 전에 새로운 고객에게 답장 이메일을 꼭 보내야 해.'

우리 주변에는 잡동사니들이 쌓여 있다. 들춰보지도 않는 서류더미와 오래된 잡지, 덕지덕지 붙여놓은 스티커 메모지, 쟁여놓은 옷가지들, 차고에 널린 온갖 잡동사니. 게다가 살다 보면 온갖 장신구며 장식품, 각종 상품권이나 교환권 등이 점점 공간을 차지한다.

종류가 어찌 되었든 잡동사니는 우리 생각을 방해하는 자욱한 안개와 같다. 목표에 집중하기 위해서는 우선 '시야를 확보'해야 한다. 머릿속을 차지한 잡생각을 제거해야 선명한 사고가 가능해지고, 쓸데없는 생각을 정리해야 많은 것을 기억해야 하는 스트레스에서 해방될 수 있다. 머릿속을 정리한 뒤에는 주변에서 걸리적거리는 물건들을 정리하자.

자욱한 머릿속 안개를 깨끗하게 걷어내고 집중력을 높이는 단계를 알아보자.

- **할 일을 정해 목록을 만든다.** 우리 머릿속에는 정리되지 않은 수많은 정보가 들어 있다. 사람들은 대개 스티커 메모지에 당장 할 일들을 적어 자신의 책상이나 컴퓨터 모니터, 플래너, 주방 카운터, 냉장고 등에 덕지덕지 붙여놓는다. 우선 이 스티커 메모지에 적혀 있는 일들을 한군데에 기록하고 메모지들은 모두 정리하자. 일기장도 좋고 휴대전화도 좋다. 주로 이용하는 도구 하나에 목록을 만들어 할 일을 정리하면 그만큼 뇌의 저장 공간을 확보할 수 있다. 기분이 한결

나아지지 않았는가? 잡동사니를 정리하는 작업은 이제 시작이다.

- **근무 공간을 깨끗이 정리한다.** 반나절이나 하루, 날을 잡아서 잔뜩 쌓인 서류 뭉치와 서류철, 개봉하지 않은 우편물들을 정리해보자. 무슨 말인지 잘 알 것이다. 필요하지 않은 것들은 버리거나 파쇄기에 넣어 처리한다. 중요한 서류는 스캔하거나 서류철로 만들어 정리한다. 직접 관리해야 하는 정보는 일기장에 적어두고, 남들에게 맡겨 정리할 수 없는 것들은 따로 일정을 잡아 직접 정리한다.
- **삶에서 불필요한 잡동사니들을 치운다.** 서랍과 벽장, 캐비닛 혹은 당신이 보기에 차분하고 정돈된 느낌을 주지 않는 모든 공간을 가능한 한 깨끗이 비우고 정리하자. 자동차 내부와 트렁크도 예외가 아니다. 이 작업은 몇 시간 만에 끝나기도 하고, 며칠이 걸리기도 한다. 날마다 짬을 내서 꾸준히 정리한다. "이걸 다 정리하려면 일주일은 걸리겠다."라고 말하면 부담감 때문에 시작도 못 한다.
  아무 서랍이나 하나 골라 거기서부터 시작하자. 조금씩 치워나가다 보면 어느덧 깔끔하게 정리된 모습에 깜짝 놀라게 될 것이다. 이를 위해서는 스티브 스콧S.J. Scott과 배리 데이븐포트Barrie Davenport가 함께 쓴 책《10분 동안 정리하기*10-Minute Declutter: The Stress-Free Habit for Simplifying Your Home*》를 추천한다.

물리적 공간과 머릿속을 정리하고 나면 상상 이상으로 집중력을 발휘할 수 있게 된다. 불필요한 일에 신경을 쓰지 않고, '중요한 사안'에만 에너지를 쏟을 수 있다.

훼방꾼으로부터 자신을 보호하자

나는 사업을 운영하는 것 외에도 이 책을 집필하고 있으며, 또 결혼해서 아이들을 키우고 있다. 당연히 모두들 그렇겠지만 나에게도 시간이 매우 중요하다.

주의를 딴 데 빼앗기지 않고 당면한 문제에 집중하기 위해서는 휴대전화를 '방해 금지' 모드로 설정해두면 좋다. 이렇게 하면 걸려오는 전화나 문자 혹은 이메일이나 소셜미디어의 알림을 모두 차단할 수 있다. 이런 간단한 조치만으로도 현재 하는 일에 주의를 집중하고 생산성을 크게 높일 수 있다. 다른 사람의 일정에 휘둘리지 말고, 자신의 일정에 따라 정해진 시간에 이메일이나 전화에 답신할 것을 권한다.

알림이나 경고 메시지, 소셜미디어 업데이트 소식을 비롯해 동료나 직원, 나아가 고객을 상담하는 일에도 동일한 방침과 전략을 적용한다. '방해 금지' 방침은 휴대전화에만 적용되는 게 아니다. 함께 일하는 동료들에게도 당신에게 연락해도 좋은 시간대와 그렇지 않은 시간대를 알리도록 하자.

흔들림 없는 집중력을 얻기 위한 발판을 구축한다

집중하기에 좋은 장소를 찾아 물리적 공간과 정신적 공간을 차지한 잡동사니들을 정리했다면, 머릿속 안개가 걷히며 눈에 띄게 집중력이 향상되는 경험을 했을 것이다.

이제 집중력을 한 차원 더 끌어올릴 때다. 집중력을 높이기 위해 다음 세 가지 질문을 던져보자.

"효과가 있으니 '계속해야 하는 일과 더 많이 해야 하는 일'은 무엇인가?"

"성과를 높이기 위해 새로 '시작해야 하는 일'은 무엇인가?"

"다음 단계로 도약하기 위해 당장 '그만둬야 하는 일'은 무엇인가?"

만일 이 세 가지 질문에 답을 찾고 그대로 실행한다면, 전에는 불가능하다고 생각하던 수준으로 생산성을 끌어올릴 수 있다. 각각의 질문을 자세히 들여다보자.

'계속' 해야 하는 일과 '더 많이' 해야 하는 일은 무엇인가

솔직히 모든 전술과 전략이 똑같이 효과가 있는 것은 아니다. 효과가 훨씬 좋은 전술이 있는가 하면, 효과가 떨어지는 전술도 있다. 한동안 효과를 내다가 이후에는 효과가 줄어드는 전략이 있고, 오히려 사태를 악화시키는 전략도 있다.

자신이 세운 목표를 달성하는 데 효과가 있는 일들을 하고 있는 사람들은 지금 다루는 주제를 읽으면서 자주 고개를 끄덕일 것이다.

지금 하는 일 중에서 효과를 보는 일이 있으면 목록으로 정리한다. '방해 금지' 모드로 이미 효과를 보는 사람도 있을 것이고, 날마다 운동을 하면서 체력이 강화되는 효과를 보는 사람도 있을 것이다. '효과가 있는 일' 목록을 만들어 그런 일들을 기록하자.

앞으로 계속해야 할 일을 결정할 때는 당신의 성공 가능성을 높이는 일들을 선택해야 한다. 당신이 현재 하는 일들이 성공 확률을 높이는 데 밀접하게 관계된 일인지 점검해야 한다. 파레토 원칙에서 유래한 80 대 20 법칙을 생각해보자. 우리가 거둔 성과의 약 80퍼센트는 우리가 기울인 노력 가운데 20퍼센트가 이루어낸 성과다.

당신이 하는 일 중에서 결과의 80퍼센트를 결정짓는 20퍼센트에 속하는 일은 무엇인가? 그냥 당신이 '좋아하는' 일을 계속하면 좋겠지만 현실에서는 그렇게 간단하지 않다. 앞으로 계속할 일은 당면한 사업과 직접적으로 관련이 있을 뿐 아니라, 수익이 발생하는 일이어야 한다.

12장을 마무리하면서 목표 달성에 효과가 있는 일을 정리해 일기장에 기록하는 시간을 갖도록 하자(당신이 이 책을 보면서 시작한 라이프 세이버 활동이 그 안에 포함되었으면 하는 바람이다). 이 목록에 오른 활동들은 그보다 더 효과적인 활동으로 대체되기 전까지는 모두 '계속해야 하는 일'이다.

'계속해야 하는 일' 목록에 있는 활동이라고 해도 '더 많이 해야 하는 일'이 확실한지(다시 말해, 그 일에 투자하는 시간을 늘리면 그만큼 성과가 더 나오는 일인지) 솔직하게 판단해야 한다. 해야 하는 일이라고 생각해서 목록에 넣었지만 중요한 목표를 달성하는 데 별다른 진전이 없다면 그 일은 목록에서 제거한다.

완벽함을 실현하는 것이 목표가 아니다. 너무 많은 일을 목록에 올려 자신을 혹사시키면 결국 생산성을 떨어뜨리고 중요한 일에 집중하는 데 오히려 방해가 된다.

효과가 있는 일은 계속하되, 당신이 성취하고 싶은 목표와 수준에 따라 효과가 있는 일을 '더 많이' 하는 게 좋다.

새로 '시작'해야 하는 일은 무엇인가

일단 어떤 일이 효과가 있는지 파악하고 어떤 일을 더 많이 해야 할지 결정했다면, 성공을 앞당기기 위해 새로 시작할 일이 있는지 판단할 때다.

새로운 시작은 항상 어려운 법이므로, 당신이 마중물로 삼아도 좋은 몇 가지 지침을 소개하려 한다.

- 6장 '세 번째 수업: 비행 계획'에서 설명한 대로 부를 창출하기 위한 목표와 계획을 검토한다.
- 매일, 매주 자신의 재정 상태와 회사의 재정 상태를 모두 파악한다.
- 규칙적으로 운동한다.
- 체력을 보강하고 활력을 충전하는 데 좋은 음식을 먹는다.
- 에너지 엔지니어링에서 설명한 대로 좋은 수면 습관과 휴식 습관을 기른다.

- 자신의 소득이나 회사의 수익에 도움이 될 걸 알면서도 아직 '하고 있지 않은 일'이 있는지 생각해보라.
- 비서든 가상 비서든 인턴이든 고용 계획을 미리 세운다. 중요한 일에 집중하기 위해 인적 자원을 활용하는 것은 비용이 아니라 '투자'다.
- 기본 일정표를 작성하자. '10장 사람들이 간과하는 원칙 1. 셀프리더십'에서 설명한 대로 이상적인 주간 계획을 세우자. 꾸준히 반복해야 할 일을 시간대별로 배정한다.

한꺼번에 너무 많은 일을 하려고 하면 안 된다. 로마는 하루아침에 이루어지지 않았다. 58가지나 되는 일을 파악하고 내일까지 그 일을 전부 실행할 필요는 없다. 미라클 모닝 습관 중에서 글쓰기를 꾸준히 실천하면 당신이 하고 싶은 일을 기록에 남길 수 있다는 장점이 있다. 그런 다음 한 번에 한두 가지씩 실천해보고 효과가 있으면 습관이 될 때까지 계속한다. 조금씩 자신을 개선해나가다 보면 어느 순간 비약적으로 발전한 자신을 만나게 될 것이다.

'그만둬야' 하는 일은 무엇인가

새로 시작해야 할 일들을 목록으로 정리하긴 했는데, 그 일을 실행에 옮길 시간은 어떻게 확보해야 하는지 궁금할 것이다. 그런 사람들에게는 이번 단계에서 하는 작업이 특히 마음에 들 것이다. 이제 그동안 당신이 했던 일 중 효과가 없는 일들을 제거해 시간을 벌어야 한다.

당신이 날마다 하는 일들 중에는 당장 손을 떼도 아쉽지 않은 일이 분명히 있을 것이다. 다른 사람에게 위임해도 좋은 일이 있고, 차라리 그만두는 편이 바람직한 일도 있을 것이다.

다음에 제시하는 일들은 당장 그만두는 게 어떨까?

- 먹고 나면 몸이 피곤해지고, 오히려 생명과 열정을 갉아먹는데도 건강하지 않은 음식을 섭취한다.
- 불필요한 집안일을 직접 한다.
- 문자나 이메일에 즉시 답장한다.
- 걸려오는 전화를 모두 받는다(음성사서함을 이용하거나 자신의 일정에 맞춰 통화를 한다).
- 소셜미디어에 글을 올리거나 읽으며 시간을 보낸다.
- 몇 시간씩 텔레비전을 시청한다.
- 자신의 힘으로 바꾸지 못할 일을 두고 심하게 자책하거나 걱정한다.
- 공과금 정리, 집안 청소, 일주일에 몇 번씩 장보기 등 반복적인 집안일을 직접 한다.

간단하지만 단번에 집중력을 향상시키는 방법이 하나 있다.

"훈련된 물개처럼 전자음에 반응하지 마라."

문자나 이메일, 소셜미디어의 알림이 울릴 때마다 즉각 확인하고 답을 해야 하는 이유가 있는가? 그렇지 않을 것이다. 휴대전화나 태블릿, 컴퓨터 환경설정에 들어가서 알림 기능을 끄자.

기술이란 어디까지나 우리를 이롭게 하는 수단일 뿐이며, 당신은 지금 당장 그 기술을 통제할 수 있다. 문자 메시지나 이메일을 얼마나 자주 확인할지는 '당신'이 결정할 수 있고, 또 당연히 그래야 한다. 전화나 문자 메시지 혹은 이메일에 즉시 대답하지 않으면 생사를 다투는 일에 종사하고 있는가? 솔직해지자. 우리는 대부분 그런 일을 하고 있지 않다. 중요한 사람들이나 자녀를 제외하고는 24시간 365일 연락이 닿을 필요는 없다. 요즘 휴대전화에는 가족 등 특정한 그룹을 설정해 그 외의 사람들에게 오는 전화는 벨소리가 들리지 않도록 설정하는 기능이 있다.

할 일을 시간별로 계획해 현재 진행 상황이나 긴급하게 처리할 일이 무엇인지 파악한다. 그리고 기본 일정표나 앞으로 할 일에 어떤 일을 추가할지 또는 어떤 일을 제거하거나 무시해도 좋은지 구분하는 방법도 집중력을 높이는 데 효과적이다.

흔들림 없는 집중력에 대한 마지막 당부

근육과 마찬가지로 집중력을 강화하려면 시간이 걸리지만, 집중력과 부를 쌓는 일은 불가분의 관계에 있다. 대부분의 백만장자는 모두 집중력을 개발하고 또 강화했다. 집중력에 문제가 있는 경우에는 이를 향상하기 위한 기법을 익혔을 뿐만 아니라, 집중력이 떨어지거나 산만해지지 않도록 곁에서 도와줄 사람들을 고용했다.

흔들림 없이 집중하는 방법을 익히려면 근육 강화 훈련과 마찬가지로 당신이 마음먹은 일을 꾸준히 실천해나가야 한다. 나아질 기미가 보이지 않고 마음이 흔들려도 쉽게 포기하지 말고 계속 노력해야 한다. 그러면 차츰 자신감이 붙을 것이다. 집중하는 법을 배우는 데 시간이 오래 걸리겠지만, 매일 노력하는 만큼 당신은 앞으로 나아가게 될 것이다.

목표에 집중할 줄 아는 사람으로 '되어가는' 과정이 무엇보다 중요하다. 그 첫걸음은 흔들림 없이 목표에 집중하는 자기 자신을 상상해보는 것부터 시작한다. 확신의 말을 작성할 때 확고한 집중력에 대한 다짐과 맹세를 기록하고, 집중력을 키우기 위해 실행할 과제를 추가한다.

중요하고 의미 있는 일에 실제로 매일 집중하는 시간이 얼마나 적은지 확인하고 나면 대부분의 사람은 충격을 받는다. 오늘 당장에라도, 아니면 내일부터라도 계획을 세워 '가장 중요한 과제' 하나에 60분 동안 온전히 집중해보자. 자신이 60분 동안 얼마나 생산적으로 변할 수 있는지 깜짝 놀랄 뿐만 아니라, 거기에서 느껴지는 성취감은 매우 클 것이다.

지금쯤이면 목표를 달성하기 위해 어떤 영역에 집중해야 하고, 또 어떤 일을 해야 하는지 파악했을 것이다. 흔들림 없는 집중력을 발휘하는 행동 지침을 다시 한번 숙지하고 나서 다음 단계로 넘어가자. 다음 장에서 우리는 부를 창출하는 기술을 가다듬고, 라이프 세이버 습관과 결합해 새로운 방식으로 훈련하는 법을 배울 것이다. 흔들림 없는 집중력이 중요한 이유 그리고 확고한 집중력을 기르는 방법과 단계를 지금까지 살펴봤는데, 그 내용을 기억하며 다음 지침을 실행에 옮겨보자.

흔들림 없는 집중력을 발휘하는 행동 지침

- **1단계:** 흔들림 없이 집중하기에 좋은 장소를 선택하거나 조성한다. 카페 같은 공공장소에서 일할 때 집중이 잘되는 사람들은 스타벅스 등에서 일하는 시간을 일정표에 넣는다. 만약 재택근무를 하는 경우에는 다음 2~3단계를 점검하자.
- **2단계:** 물리적 공간과 정신적 공간을 차지하고 있는 잡동사니를 정리한다. 반나절 정도의 시간을 내서 업무 공간을 정리정돈하는 작업부터 시작한다. 그러고 나서 복잡한 머릿속도 깨끗이 정리하자. 머릿속을 차지하고 있는 별로 중요하지 않은 정보들을 정리한다. 이를 위해 컴퓨터나 휴대전화 혹은 일기장을 정해 당신이 할 일들을 한군데에 기록한다.
- **3단계:** 주의를 산만하게 하는 요소로부터 자신을 보호한다. 알림 기능을 꺼두거나 방해 금지 모드를 설정하고, 또 동료나 지인들에게 자신이 업무에 집중하는 시간을 알려서 방해받지 않도록 환경을 조성한다.
- **4단계:** 집중해야 할 일들을 목록으로 작성한다. 일기장이나 휴대전화 혹은 컴퓨터에 다음과 같은 세 가지 목록을 작성한다.

- 계속해야 하는 일(더 많이 해야 할 일)
- 새로 시작해야 하는 일
- 그만둬야 하는 일

일단 머릿속에 떠오르는 대로 모두 적어보자. 목록을 검토하면서 자신이 직접 하지 않아도 되는 일이 무엇인지, 자동화하거나 외주를 주거나 위임할 수 있는 일인지를 판단하자.

사업을 성장시키고 소득을 늘리는 데 크게 기여하는 활동에 얼마나 많은 시간을 사용하고 있는가? 당신이 하는 일을 성과 중심으로 점검하면서 어떻게 시간을 활용하고 있는지 완전히 파악한다. 그런 후 성과를 내는 일에 당신이 사용하는 시간의 약 80퍼센트를 할당해 시간 단위로 일정표를 수립한다. 그리고 나머지 일은 다른 사람들에게 위임한다.

이제 일상생활이나 업무에서 라이프 세이버 기법을 어떤 자세로 적용해야 하는지 알게 되었다. 이제는 삶의 전 영역에서 긍정적인 변화를 가져올 때다. 목표가 백만장자든 아니든 매일 아침 시간을 정해놓고 '사람들이 간과하는 원칙'에서 배운 원칙들을 실천한다면 성과를 거두게 될 것이다.

지금부터는 백만장자를 결정짓는 속성이 무엇이고, 이런 속성들을 당신의 삶 속에서 실천하는 데 아침 시간이 어떻게 도움이 되는지 자세히 살펴보도록 하자.

tip

아침형 백만장자

미국의 피트니스 브랜드인 온잇Onnit의 최고경영자 오브리 마커스Aubrey Marcus는 매일 아침 눈을 뜨면 물을 마시고, 햇빛을 쐬고, 운동을 하며 20분을 보낸다.

그의 책 《하루를 지배하는 자가 인생을 지배한다*Own the Day, Own Your Life*》에서 설명한 대로 마커스는 모닝 미네랄 칵테일을 마시며 밤사이에 잃어버린 수분과 미네랄을 보충한다. 이 음료는 정수기 물 350ml에 소금 3g, 레몬 4분의 1개를 즙을 내어 만든다.

다음으로 그는 하루 주기의 리듬을 맞추기 위해 햇볕을 쬐거나, 아니면 발키스의 휴먼 차저Valkee's Human Charger 같은 장치로부터 나오는 청색광을 쐰다.

마지막으로 단 1분이라도 몸을 움직여 체내 시스템을 깨움으로써 최고의 기량으로 하루를 지배할 준비를 한다.

미라클 모닝 30일 과정

–한 달 안에 습관을 형성하는 3단계 전략

"'인생은 짧다.'는 말은 진부하기 짝이 없지만 이것보다 더 좋은 말을 못 찾겠다. 평범하게 지내기에도 불행하게 지내기에도 우리에게 주어진 생은 짧다. 그런 삶은 무의미할뿐더러 고통스럽다."
— 세스 고딘, 〈뉴욕타임스〉 선정 베스트셀러 작가

악마가 당신 옆에서 반론을 재기한다. 미라클 모닝을 실천한다고 해서 겨우 30일 만에 당신 일상과 일이 바뀔까? 그렇게 빨리 유의미한 변화를 일으키는 게 가능할까?

이에 대해 이렇게 재반론하겠다. 미라클 모닝을 실천한 수천 명의 사람들이 이미 30일 만에 변화를 경험했다. 그들이 효과를 보았다면 당신도 효과를 볼 수 있다. 분명 효과를 볼 것이다.

새로운 습관을 기르는 일도, 기존의 습관을 고치는 일도 일단 익숙해지기까지 적응 시간이 필요하다. 아무런 수고도 기울이지 않고 하루아침에 습관을 기르거나 바꿀 수 있을 것이라고 기대하면 안 된다.

미라클 모닝과 라이프 세이버 단계를 꾸준히 실천하면 습관으로 빠르게 자리 잡을 것이고, 이 습관이 당신의 삶을 바꿔놓을 것이다. 아침을 장악하면 그날 하루를 장악한다는 사실을 명심하라.

처음 며칠 동안은 습관을 바꾸느라 견디기 힘들겠지만, 이는 한시적이다. 새 습관을 형성하는 데 얼마나 걸리는지 그 기간에 대한 논란이 많지만, 내게는 수십만 명의 미라클 모닝 실천가가 들려준 증언이 있다. 다시 알림 버튼을 누르고 싶은 욕구를 이겨내고 아침마다 미라클 모닝을 실천하는 사람들이 말하는 효과적인 3단계 전략은 다음과 같다.

이론의 여지는 있지만 30일 만에 새로운 습관을 형성하는 가장 단순하고 효과적인 전략으로, 새로운 습관을 형성하기 위한 마음가짐과 로드맵을 제공한다.

1단계: 견디기 힘든 단계(1일 차부터 10일 차까지)

새로운 습관을 기르려면 처음에는 더욱 분발하는 노력이 필요하다. 아침 일찍 일어나는 습관도 예외는 아니다. 1단계에서는 오랜 세월 몸에 밴 아침 습관에 저항해야 한다. 여기에는 상당한 의지력이 필요하다.

1단계에서는 정신력이 문제다. 미리 조언하자면 정신력이 승패를 가를 것이다! 알람이 울려도 일어나지 못하고 날마다 귀중한 아침 시간을 날려버린 습관 때문에 당신 안에 있는 엄청난 잠재력이 실현되지 못하고 있음은 누구보다 당신이 더 잘 알 것이다. 그러니 새 습관이 몸에 밸 때까지 꾹 참고 견뎌야 한다.

1단계에서 당신은 기존의 나쁜 습관과 자신을 제약하는 신념에 맞서 싸우게 된다. 이 과정에서 자신이 어떤 사람이고, 어떤 가능성을 지니고 있는지 발견할 것이다. 당신이 꿈꾸는 비전을 실현하기 위해서라면 1단계가 힘들어도 꿋꿋하게 버티며 견뎌야 한다. 이 말을 믿어도 좋다. 수많은 아침형 인간이 '당신이 이 일을 해낼 수 있다.'고 확신한다.

5일째가 되면 자신이 도저히 이 일을 해낼 수 없을 거라는 생각이 들 것이다. 새로운 습관을 익혀 진정한 아침형 인간으로 거듭나려면 아직도 25일이나 이 일을 해야 한다는 게 두려울 것이다. 하지만 5일째라면 1단계 중 이미 절반이나 통과한 시점이다. 잘 해내고 있는 것이다. 처음에 느끼는 저항감은 오래지 않아 사라질 것이다. 끈기 있게 버티는 것은 당신의 몫이다. 당신은 조만간 꿈꾸던 사람으로 거듭나 원하던 결과를 거머쥐게 될 것이다!

2단계: 불편한 단계(11일 차부터 20일 차까지)

2단계에 진입한 것을 환영한다. 당신의 몸과 마음은 이제 아침 일찍 일어나는 습관에 적응하기 시작한다. 아침 일찍 일어나기가 조금씩 쉽게 느껴지겠지만, 아직 습관으로 정착한 단계는 아니다. 당신답지 않은 행동으로 생각되고 부자연스럽게 느껴지는 단계다.

이 시점에서 가장 견디기 힘든 유혹이 하나 있다. 바로 주말만큼은 아침 일찍 일어나는 일을 면제해주고 싶은 마음이 든다는 것이다. 하지만 토요일과 일요일에 늦잠을 자도 좋다고 허락하고 나면 돌아오는 월요일에 일찍 일어나기가 더욱 힘들어질 뿐이다. 특히 새로 습관을 길들이기 시작한 지 얼마 되지 않은 시점에는 더욱 그렇다.

미라클 모닝 커뮤니티에 자주 올라오는 질문이 하나 있다.

"미라클 모닝을 실천하려면 일주일에 며칠이나 아침 일찍 일어나야 하나요?"

이에 대해 일관되고 가장 많이 올라오는 답변은 다음과 같다.

"주말에는 미라클 모닝을 건너뛰려고 한 적이 있어요. 그런데 토요일과 일요일에 늦잠을 자보니까 생산적으로 쓸 수 있는 아침 시간을 그냥 허비한 기분이 드는 거예요. 그래서 지금은 일주일 내내 아침 일찍 일어나고 있어요."

이런저런 조언에 부담감을 느낄 필요는 없다. 자신에게 맞는 방식을 선택하고 '조금씩' 습관으로 완성해가면 된다.

2단계에서 제일 중요한 사실은 1단계를 통과했다는 점이다. 가장 힘든 시기를 통과했으니 계속 앞으로 나아가면 된다. 하루 이틀 아침 기상을 거르다가 다시 1단계로 되돌아갈 필요가 있겠는가? 그럴 필요가 전혀 없다. 그러니 굳건히 버텨야 한다.

3단계: 멈추기 힘든 단계(20일 차부터 30일 차까지)

아침 일찍 일어나는 것이 습관이 되고 어느 정도 자신에게 맞는 옷을 입은 것처럼 느껴지는 단계다. 당신의 몸과 마음이 새로운 생활방식에 익숙해진다. 이 3단계의 10일은 새로운 습관을 당신의 평생 습관으로 굳혀야 하는 중요한 시기다.

미라클 모닝을 실천하는 과정에서 당신은 습관이 만들어지는 이 3단계에 대해 나름의 관점을 얻게 된다. 이 책에 소개한 아침형 백만장자들의 여러 가지 습관과 비교해 당신에게 구체적으로 어떤 습관이 도움이 되는지 스스로 파악하고 채택할 수 있다.

지금까지 당신은 30일 만에 성공적으로 새로운 습관을 기를 수 있는 매우 간단하고도 효과적인 전략을 배웠다. 당신은 30일간의 미라클 모닝 도전을 완수하는 데 필요한 마음가짐과 방법론을 알게 되었다. 이제 이 도전을 시작해서 끝까지 매진하기만 하면 된다.

자신에게 보상을 주는 방법을 생각하자

'미라클 모닝 30일 과정'은 인생의 모든 영역에서 당신이 성공을 거두기 위해 기반을 다지는 과정이다. 매일 아침 일찍 일어나 미라클 모닝을 실천한다면 고도의 자기 통제력(자신이 목표한 과제를 성실하게 완수하는 데 반드시 필요한 능력), 명료함(가장 중요한 일에 일관되게 집중하면서 생기는 힘) 그리고 자기 계발(성공을 좌우하는 가장 중요한 요소)을 달성할 수 있다. 30일에 걸쳐 다져 놓은 기반은 당신이 성장하는 데 필요한 양분이 될 것이다. 그리고 그만한 자격을 갖춘 사람으로 성장해야만 일과 일상에서, 또 경제적으로 엄청난 수준의 성공을 거둘 수 있다.

미라클 모닝이라는 새로운 개념을 접한 후 (약간은 떨리는 마음으로) 기대에 차서 '한번 해본' 미라클 모닝이 평생 습관이 된다면, 이 습관 덕분에 당신은 늘 바랐던 인생을 실현하는 역량을 갖춘 사람으로 변신할 것이다. 당신은 자신의 가능성을 맘껏 실현하며, 지금까지 경험해보지 못한 수준으로 삶이 달라지는 경험을 할 것이다.

미라클 모닝 습관을 성공적으로 배양하는 것 외에도 당신은 (안팎으로) 삶을 개선하는 데 필요한 사고방식을 기르게 된다. 침묵의 시간, 확신의 말, 시각화, 운동, 독서, 글쓰기를 포함한 라이프 세이버를 매일 실천함으로써 몸과 마음, 감정과 영혼이 누리는 크나큰 혜택이 무엇인지 알게 될 것이다. 스트레스가 감소하고, 안정적으로 자신의 일에 집중하고, 행복하고 신나는 삶을 살게 될 것이다. 원대한 목표와 꿈(특히 오랫동안 미루기만 했던 꿈)을 향해 나아갈 에너지와 동기, 명료함이 활성화될 것이다.

삶을 개선할 역량과 자격을 갖춘 사람으로 거듭난 이후에야 비로소 당신의 삶이 바뀐다는 사실을 기억하라. 그것이 이 30일간의 도전이 목표로 삼고 있는 것이다. 새로운 삶이 시작되려면, 먼저 새로운 당신으로 태어나야 한다.

당신은 해낼 수 있다!

30일 동안 이 도전을 완수하지 못할까 봐 걱정되고 긴장되고 망설여지는가? 괜찮다. 이는 지극히 정상적인 반응이다. 과거에 아침 일찍 일어나려다 실패한 경험이 있을수록 더 긴장될 것이다. 하지만 실제로 이런 반응은 정상일뿐더러 아주 좋은 신호이기도 하다! 이 도전에 헌신할 마음이 있음을 보여주는 신호이기 때문이다. 그러므로 긴장할 이유가 없다.

이렇게 시작해보자.

1단계: '인생을 바꾸는 30일간의 미라클 모닝' 패스트 스타트 키트

미라클 모닝 사이트www.miraclemorning.com에 방문해서 '인생을 바꾸는 30일간의 미라클 모닝'을 위한 '패스트 스타트 키트'를 내려받자. 그리고 운동, 확신의 말, 일일 점검 목록, 점검표 항목을 작성하자. 이것은 30일간의 미라클 모닝 도전을 쉽게 시작해서 끝까지 완수하도록 돕기 위해 고안한 도구다. 잠시 시간을 내서 작성해보자.

2단계: 첫 번째 미라클 모닝 계획을 세운다

아직까지 미라클 모닝을 시작하지 않았다면 가능한 한 빨리 (일정을 잡고) 첫 번째 미라클 모닝에 도전하기 바란다. 시작은 빠를수록 좋다. 언제 시작할지 결정하고 일정표에 포함시킨다. 앞서 얘기했지만, 잠에서 깨면 그 즉시 침실을 벗어나 좀 더 눈을 붙이고 싶은 유혹에서 완전히 벗어나도록 하자. 다른 식구들이 모두 잠들어 있는 동안 거실에 있는 소파에 앉아 매일 미라클 모닝을 실천할 수도 있다. 집안을 벗어나 마당이나 인근 공원에서 자연을 호흡하며 미라클 모닝을 실천하는 사람들도 있다. 당신이 가장 편하게 느끼는 장소에서 하면 된다. 다른 사람의 방해를 받지 않는 게 무엇보다 중요하다.

3단계: '패스트 스타트 키트'의 첫 과제를 실천한다

'인생을 바꾸는 30일간의 미라클 모닝' 패스트 스타트 키트의 서문을 읽고 그 안에 담긴 지침에 따라 과제를 실천한다. 살면서 시간을 투자할 만한 가치가 있는 일이라면 대개 그렇듯 '인생을 바꾸는 30일간의 미라클 모닝'을 성공적으로 마치기 위해서도 약간의 준비 과정이 필요하다. 이 패스트 스타트 키트에 맨 처음 나오는 과제에 답을 하는 과정이 중요하다(되도록 한 시간이 넘지 않도록 한다).

미라클 모닝은 항상 준비 과정에서부터 시작한다. 일기장이나 운동복을 비롯해 전날 밤에 필요한 도구는 물론, 마음의 준비도 해야 한다. 2장에서 설명한 '알람이 울리면 바로 일어나는 5단계 과정'도 이 준비 과정에 포함된다.

3.1단계: 책임 파트너를 구한다

해야 할 일을 보고하고 설명하는 책무성과 성공 사이에 상관관계가 있음을 보여주는 연구 결과는 매우 많다. 사람들은 대부분 뭔가를 책임지는 것에 거부감을 느끼는 경향이 있다. 따라서 자신에게 적용하는 기준보다 높은 기준을 요구하고, 책임감 있게 이행하도록 점검해주는 사람이 있으면 매우 유익하다. 책임 파트너가 곁에서 응원해준다면 큰 도움을 얻을 것이다. 자신에게 영향력을 미치는 집단에 속한 누군가(가족, 친구, 동료 등)에게 부탁해 '인생을 바꾸는 30일간의 미라클 모닝'을 함께하자고 권해보자(필수 사항은 아니다).

당신이 책임감 있게 미라클 모닝 과정을 이행하도록 점검해주고 응원해주는 사람이 있으면 이 과정을 완수할 가능성이 높아진다. 뿐만 아니라 그 과정이 더 재미있다! 어떤 일에 흥이 나서 직접 그 일을 해보기로 마음먹었더라도 흥분은 가라앉기 마련이고, 혼자서 끝까지 그 일에 매진하는 데는 한계가 있다. 하지만 당신과 같은 마음으로 그 일에 재미를 느끼고 매진하려는 사람(친구, 가족, 동료)과 함께라면 한계를 극복하는 데 훨씬 도움이 된다.

오늘 가족이나 지인들에게 전화를 걸거나 문자 메시지나 이메일을 보내어 '인생을 바꾸는 30일간의 미라클 모닝'에 함께 도전해보자고 초대하자. 미라클 모닝 사이트 링크를 보내면 필요한 정보를 쉽고 빠르게 전달할 수 있다. 그러면 해당 링크에서 미라클 모닝 패스트 스타트 키트를 비롯해 다음과 같은 자료를 무료로 이용할 수 있다.

• 미라클 모닝 동영상 훈련

- 미라클 모닝 오디오 훈련
- 《미라클 모닝》 두 챕터 분량의 내용

책임 파트너 관계를 맺는 일은 당신과 마찬가지로 자신의 인생을 한 차원 끌어올리는 도전에 헌신하고 싶은 사람과 한 팀을 이루는 일이며, 따로 비용이 들지 않는다. 두 사람은 과제 이행 여부를 서로 점검하고, 응원하고, 지원하는 관계를 형성한다.

- **주의 사항:** 책임 파트너를 찾을 때까지 기다릴 필요는 없다. '인생을 바꾸는 30일간의 미라클 모닝'을 실천하면서 찾아도 좋다. 함께할 동료를 구하든 못 구하든 당장 일정을 잡고 내일 아침부터 시작하기 바란다. 기다리지 마라. 며칠이라도 미라클 모닝을 직접 경험하고 나면 다른 사람들을 초대하기가 훨씬 쉬워진다.

  당신이 먼저 시작한다면 하루라도 빨리 친구나 가족 혹은 동료를 설득하고 싶어질 것이다. 그들에게 미라클 모닝 사이트에 들어가 무료로 패스트 스타트 키트를 받아보라고 권유해보라. 직접 체험해본다면, 한 시간도 안 되어 그들은 당신의 책임 파트너가 되고 싶은 마음이 생길 것이다. 뿐만 아니라 자신들의 인생을 한 차원 높이고 싶은 의욕도 생길 것이다.

당신의 인생을 한 차원 높일 준비가 되었는가

일과 일상에서 한 차원 도약한 삶은 어떤 모습일까? 그 목표에 도달하려면 삶의 어느 부분을 바꿔야 하는가? 당신의 삶에 큰 변화를 가져오기 위해 하루씩 딱 30일의 시간을 자신에게 선물하자. 당신의 과거가 어떤 모습이었든 현재를 바꾸면 미래는 바뀐다.

현재의 나와 미래의 나를 바꾸는 교환
–아침은 모두에게 평등하다

"모든 성공담은 끊임없는 적응과 수정 그리고 변화의 이야기다."
— 리처드 브랜슨, 버진 그룹The Virgin Group의 창립자

데이비드가 '미라클 모닝'을 실천하기 전의 모습을 떠올려보면 다음과 같다.

- 부유하지 않았다.
- 목표 지향적이지 않았다.
- 선제적으로 대응하지 않았다.
- 체계적이지 않았다.
- 생산적이지 않았다.
- 일찍 일어나지 않았다.

열거하자면 이보다 훨씬 많지만 요지는 간단하다. 젊은 시절의 그는 백만장자가 될 만한 이상적인 조건을 하나도 갖추지 못했다. 젊은 시절을 떠올리면 헛웃음이 나오다가도 지금 180도로 달라진 그의 모습을 보면 그저 놀랍기만 하다. 그 시절의 그와 지금의 그가 똑같은 사람이라는 게 믿기지 않는다.

과거에 데이비드는 아침에 알람이 울기 전에는 도통 일어날 생각이 없었다. 해가 중천에 뜨기 전에는 어림도 없는 일이었다. 그 당시 그는 아침 일찍 일어나 곧바로 라이프 세이버를 실천한다는 것은 상상도 하지 못할 일이다.

그 시절의 그는 엄청난 부자가 될 가능성은 전혀 없어 보였다. 그런데 그가 해냈다. 부자가 되었을 뿐 아니라 오늘 아침에도 라이프 세이버를 실천했다.

현실 진단

혹시 궁금해할 사람들을 위해 미리 말해두지만 데이비드는 미라클 모닝 습관을 1년 365일 철저하게 실천한 것은 아니다. 그는 아침형 인간을 대표하는 달인도, 영적 지도자도 아니다. 그저 자기 자신을 발전시키는 일에 관심이 많은 사람일 뿐이다.

미라클 모닝 습관을 '이상적'으로 지키는 기간은 1년에 100일 남짓이다. 나머지 기간에는 약간씩 변형하여, 말하자면 약식으로 미라클 모닝 습관을 지킨다. 일이 생기면 딱히 시간 구분 없는 날들을 보내기도 한다. 어쨌든 집에 들어가 잠자리에 든 것만도 다행한 일이라고 생각한다. 그런 날에는 '일상은 망가지기 쉽다.'는 교훈을 다시 한번 뼈저리게 실감하게 된다.

아침 시간을 장악하지 못하면 그날 하루를 장악하지 못할 때가 많다. 아침부터 일이 꼬이기 시작하면 문제가 점점 커진다. 기분도 에너지도 요동을 친다. 고요하고 통제된 공간에서 하루를 내 뜻대로 시작할 때 느끼던 평정심은 온 데 간 데 없이 사라지고, 하루 일과를 좇아가느라 정신이 없다.

하루를 허비한 기분이 들면 영 찜찜하다. 그런데 하루를 완전히 장악하는 날이 1년에 며칠이나 될까? 잘은 모르지만 내가 바라는 수준보다 훨씬 적을 것이다. 아침부터 계획이 틀어진 날에는 눈을 감고 '내일 아침은 다를 거야.'라고 다짐한다.

그러면 어떻게 되는 줄 아는가? 보통은 정말로 그렇게 된다. '일상(아침 시간이나 인생)은 망가지기 쉽다.'는 교훈을 떠올리는 것만으로도 다시 미라클 모닝을 실천하며 최상의 상태를 회복하는 데 충분한 자극이 된다.

'완벽하지 않아도 된다.' 아니, 완벽하려고 노력하지 않아도 된다. 그저 전보다 조금 더 나아지려고 노력하면 충분하다. 미라클 모닝의 질과 양을 끊임없이 향상하려면 매일 조금씩 앞으로 나아가면 된다. 그러면 복리 이자로 불어나듯 엄청나게 변한 자신과 마주할 것이다.

부를 향한 여정

지금까지 한 말의 요지를 다시 강조하면, '그저 아침 일찍 일어나는 것만으로는 백만장자가 되지 못한다.' 평생 일찍 일어나서 부지런히 일하고 있지만, 아직도 자기 집을 소유하지 못한 사람들이 부지기수다. 은행에 예금계좌를 개설한다고 부자가 되지 않듯이, 아침 일찍 일어나는 것만으로 부자가 되지는 않는다.

하지만 미라클 모닝은 효과가 있다. 라이프 세이버도 효과가 있다. 이 책에서 제시한 부자가 되기 위한 사고방식을 개발하는 전략은 효과가 있다. 그것들은 모두 효과가 있다.

그 이유는 다음과 같다.

부자가 되는 과정은 기나긴 여정이다. 진부한 표현이지만 맞는 말이다. 하루아침에 부자가 되는 사람은 극히 드물며, 그렇게 부자가 된 사람들은 고통을 치르는 경우도 많다. 지속 가능한 방식으로 즐길 수 있는 부는 기나긴 여정, 즉 오랜 과정을 거쳐 성취된다.

그 여정 중간중간에 뚜렷한 이정표들이 놓이게 된다. 이를테면 사업을 시작한다든지, 부동산을 매입한다든지, 돈을 관리하는 법과 자본을 지렛대로 활용하는 법을 배운다든지 등의 일들이다. 이런 이정표들은 그보다는 고차원에서 일어나는 변화를 상징한다. 바로 '개인의 성장'을 보여주는 지표다.

내면이 성장하지 않고 자수성가한 백만장자는 없다. 그들은 모두 당신이 이제 막 시작한 여정, 그러니까 부족한 점들을 배우며 자기를 계발하는 여정을 지나온 사람들이다. 청년 시절의 나와 지금의 나는 동일한 사람이다. 다만 지금의 내가 그때보다 '더 나은' 사람이다.

지난 시간을 돌아보면 부를 쌓는 여정을 시작한 이래로 줄곧 일종의 교환을 해왔다고 생각한다. 즉 과거의 나(일을 미루기 일쑤인 늦잠꾸러기)를 새로운 나로 맞교환한 거래이다. 과거의 나와 현재의 나는 같은 사람이지만, 내면은 상위 모델로 교환했다. 옛날의 나는 지금보다 훨씬 부족한 게 많은 사람이었다. 아침 시간 덕분에 나는 부족한 점들을 배워나갈 수 있었고, 더 나은 나를 위해 부족한 나를 버릴 수 있었다.

미라클 모닝이 효과가 있는 이유는 당신에게 '더 나은 나를 창조할' 시간과 절차를 제시하기 때문이다. 이 과정을 통해 당신은 '현재'의 나와 앞으로 '가능한' 나를 맞교환하는 것이다.

아침은 만인에게 평등하다. 우리는 저마다 서로 다른 장점을 지니고 있다. 우리가 지닌 재능, 배경, 유리한 점, 불리한 점은 각기 다르다. 하지만 매일 우리에게 아침 시간이 주어진다는 점에서는 모두가 동일하다.

아침 시간은 내가 꿈꾸던 삶을 실현하는 데 유용한 토대가 될 수 있다. 하지만 그저 꿈만 꾸며 시간을 보내는 것도 당신 자유다. 선택은 어디까지나 당신 몫이다.

내일 아침이 당신을 기다린다. 어떤 선택을 할 것인가?

기적의 공식

"인생을 사는 방법은 딱 두 가지다.

하나는 기적은 없는 것처럼 사는 삶이다.

다른 하나는 모든 것이 기적인 것처럼 사는 삶이다."

—알베르트 아인슈타인의 말로 추정됨

지금까지 당신은 아침 일찍 일어나는 법, 하루 종일 활력을 유지하는 법, 집중력을 발휘하는 법 그리고 백만장자의 원칙을 배웠다. 그리고 당신에게도 이렇게 살 수 있는 힘이 있음을 깨달았다. 지금 설명할 공식까지 삶의 모든 영역에 적용한다면 당신은 훨씬 멀리 도약할 것이며, 보통 사람들과는 차별되는 비범한 삶을 살게 될 것이다.

이 도약을 준비하는 당신에게 유용한 도구가 하나 더 있다. 바로 기적의 공식이다. 기적의 공식은 내가 영업사원이자 친구, 배우자, 부모로서 내 안에 있는 잠재력을 모두 실현하는 데 이용한 기본 전략이다. 이는 삶의 목적을 다루는 방식과 관련이 있다. 나의 멘토 중 한 분인 댄 카세타Dan Casetta는 이렇게 말했다.

"목표를 세우는 목적은 그 목표를 달성하는 데 있지 않다. 진짜 목적은 목표를 달성하건 못 하건 그 목표를 달성할 만한 사람으로 성장하는 데에 있다. 목표를 달성하기 위해 마지막 순간까지 자신이 가진 모든 것을 쏟아낸 다음 (결과와 상관없이) 어떤 사람이 되어 있느냐가 가장 중요하다."

실패할 확률이 높음에도 불구하고 불가능해 보이는 목표에 끝까지 매달리는 사람은 흔들리지 않고 목표에 집중하며, 목적의식을 갖고 성실하게 살아가는 사람이 될 것이다. 거대하고 야심 찬 목표를 품은 사람은 자신이 어떤 사람인지 발견하는 과정을 거쳐야 한다!

두 가지 결정

모든 위대한 도전이 그렇지만 목표를 달성하려면 여러 결정을 내려야만 한다. 언제까지 목표를 이루겠다는 기한을 정해야 하고, '기한까지 목표를 이루려면 어떤 결정을 내리고 어떤 일에 헌신해야 하는가?'라고 자문하며 목표 달성 방안을 구상해야 한다.

우리가 이루고 싶은 목표가 무엇이든 가장 크게 영향을 미치는 결정은 언제나 두 가지다. 그리고 이 두 가지 결정이 기적의 공식을 구성한다.

첫 번째 결정: 확고한 믿음

영업사원으로 일할 때 불가능해 보이는 매출 목표에 도전한 적이 있다. 개인적인 경험이지만 이때 얻은 깨달음은 누구에게나 적용되는 이야기이다. 그때 나는 힘든 시간을 보냈다. 두려움이 찾아왔고, 과연 내가 할 수 있을까 의심스러웠다. 하지만 목표에 대해 생각하면서 중요한 깨달음을 하나 얻었다. '불가능해 보이는 목표를 성취하려면 결과에 상관없이 날마다 확고한 믿음을 가져야 한다.'는 것이다.

목표를 향해 나아가다 보면 내가 해낼 수 있을지 스스로를 의심하는 순간이 찾아올 것이다. 그리고 목표가 까마득히 멀어져 도저히 이르지 못할 것이라는 절망스러운 시간이 찾아올 것이다. 이런 때야말로 고개를 내미는 의심을 제압하고, 자신에 대한 믿음을 굳건히 지켜내야 한다.

힘겨운 순간에 흔들림 없이 믿음을 유지하기 위해서 다음 기적의 주문을 소리 내어 반복한다.

"나는 어떤 일이 있어도 _______ 할 것이다. 다른 길은 없다."

자신에 대한 믿음을 굳건히 지켜나가는 일은 누구나 하는 일이 아니다. 대부분의 사람은 그렇게 하지 못한다. 바라는 목표가 까마득히 멀어 보일 때 보통 사람들은 목표에 도달할 수 있다는 믿음을 포기한다. 점수가 뒤져 있는데 경기를 몇 초 남겨두지 않은 절체절명의 순간에 자유투 기회가 오면 마이클 조던 같은 뛰어난 선수는 주저하지 않고 동료들에게 이렇게 말한다.

"내게 공을 줘."

결승골을 넣는 데 실수할까 봐 겁을 내던 선수들이 안도의 한숨을 내쉬는 동안, 마이클 조던은 자신이 내린 결정에서 추진력을 얻는다. 골을 넣지 못할지라도 자신에 대한 믿음을 절대 버리지 않겠다는 결정이 그의 의지를 뒷받침한다(마이클 조던이 결승골을 놓친 것은 26번이나 되지만 기회가 왔을 때 자신이 골을 넣을 수 있다는 믿음은 한 번도 흔들리지 않았다).

비범한 성공을 거둔 사람들이 첫 번째로 결단한 일도 이와 같다. 그리고 이는 당신이 내려야 할 결단이기도 하다.

목표를 향해 열심히 달려가지만 결과가 기대에 미치지 못할 때 가장 먼저 우리 눈앞에서 사라지는 것은 무엇일까? 원하는 결과를 얻을 수 있다는 믿음이다. 그리고 스스로 부정적인 진단을 내린다.

"실적이 저조해. 목표를 이루지 못할 것 같아."

이렇게 말할 때마다 자신에 대한 믿음이 약해진다.

결과가 만족스럽지 않다면 그 결과를 받아들일 필요가 없다. 당신은 반드시 목표를 달성한다는 확고한 믿음을 변함없이 지킬 것을 결정할 수 있고, 당신에게는 그럴만한 능력이 있다. 부를 쌓는 과정에서도 확고한 믿음을 유지하는 것은 매우 중요하다. 우리의 통제를 벗어나는 일이 많기 때문이다. 직장 일이나 사업이 뜻대로 풀리지 않으면 자신에 대한 믿음이 흔들린다. 앞이 캄캄한 순간에는 모든 일이 잘될 거라고 자신을 다독이기가 쉽지 않다. 30일간 달성해야 하는 매출 목표건, 30년을 목표로 키우는 사업이건 그 여정이 끝날 때까지는 모든 것이 가능하다는 믿음을 몇 번이고 되새겨야 한다.

부를 쌓기 위해 당신이 해야 하는 일은 자신의 분야에서 높은 성취를 이룬 사람들이 하는 일과 크게 다르지 않다. 이 둘의 유사점은 분명하다. 만약 당신이 이 유사점을 영영 보지 못한다면 이 여정에서 오르막이 아니라 내리막을 걷게 될 것이다.

세계 정상급 스포츠 선수들은 자신이 모든 공격을 성공시킬 수 있다는 믿음이 굳건하다. 그 믿음(당신도 품어야 할 그 믿음)은 확률에 근거하지 않는다. 그 믿음은 전혀 다른 곳에서 비롯한다. 대부분의 영업사원은 이른바 평균의 법칙을 토대로 영업을 한다. 하지만 우리가 여기서 이야기하는 것은 기적의 법칙이다. 슛을 연이어 실패할 때에도 자신이 월드클래스 선수임을 잊지 않는다.

"다음번에는 무슨 일이 있어도 슛을 성공시킬 거야. 다른 길은 없어."

그 슛마저 실패하더라도 그들의 믿음은 흔들리지 않는다. 기적의 주문을 다시 외울 뿐이다.

"어떤 일이 있어도 나는 ________ 할 것이다. 다른 길은 없다."

(빈 칸에 당신의 목표를 넣어서 읽어 보자.)

그런 후 자신의 신념을 굽히지 않고 스스로 다짐한 일을 실행한다.

정상급 농구 선수일지라도 처음 3쿼터 동안 이렇다 할 활약을 하지 못하고 전에 없이 고전을 펼치기도 한다. 하지만 4쿼터에 들어가 팀이 그의 능력을 절실히 필요로 하는 순간이 오면 제 실력을 발휘하기 시작한다. 그는 항상 공을 달라고 말하며, 자신의 능력을 절대로 의심하지 않는다. 그리고 그는 4쿼터에서만 처음 3쿼터 동안 냈던 점수의 세 배를

득점한다.

왜일까? 그들은 전광판이나 통계 시트(선수 개인의 실적을 적은 기록판 – 옮긴이)에 적힌 점수가 어떻건 자신의 재능과 기술, 능력에 대해 확고한 믿음을 지키고 있기 때문이다.

그들은 확고한 믿음을 지킬 뿐 아니라, 기적의 공식을 이루는 두 번째 항목, 곧 비범한 노력을 여기에 결합한다.

두 번째 결정: 비범한 노력

자신에 대한 믿음이 사라지면 자연히 노력도 그 뒤를 따라 사라진다. 목표를 이루는 게 불가능하다면 굳이 힘들게 노력할 이유가 없지 않겠는가. 자신을 의심하기 시작하면 원대한 목표를 달성하는 문제는 고사하고, 빚은 어떻게 갚을지 사업의 수지타산을 어떻게 맞출지 하는 생각부터 하게 된다.

나 역시 자신감을 잃고 의기소침한 적이 한두 번이 아니다.

"한다고 되겠어?'

당신도 비슷한 경험을 한 적이 있을 것이다.

"내가 어떻게 해볼 도리가 없어. 재정 상태가 악화되고 있잖아."

꿈꾸는 삶을 현실로 만들려면 비범한 노력이 필요하다. 그 목표를 세울 때 당신의 마음과 정신을 사로잡았던 비전을 떠올리며, 처음 세웠던 목표에 흔들림 없이 집중해야 한다.

당신이 목표를 실현했다고 가정하고 역순으로 계획을 재설계해보자.

"만일 이달 말까지 이 목표를 달성한다면, 그전까지 나는 어떤 일들을 완수했을까? 꼭 해야 하는 일들은 무엇이었을까?"

이 질문에 대한 답이 무엇이든 성과가 어떻게 나오든 일관되고 끈기 있게 최종 목표를 향해 나아가야 한다. 마지막에는 월계관을 쓸 것이라고 믿어야 한다. 경기 종료가 선언될 때까지는 확고한 믿음을 갖고 비범한 노력을 기울여야 한다. 이는 기적을 일으킬 기회를 창출하는 유일한 길이다.

만약 보통 사람들처럼 (우리 안의 본능이 시키는 대로) 행동한다면 당신의 삶도 보통 수준에 머물고 말 것이다. 보통 사람의 삶을 살기로 선택하지 마라! 기억하라. 당신의 생각과 행동이 결과를 만들어낸다. 당신이 하는 말과 행동은 자기 충족적 예언이다. 그러므로 아무렇게나 생각해서 행동하지 말고 지혜롭게 통제해야 한다.

당신이 이루고 싶은 일이 있을 때 사용할 수 있는 무기를 소개하려 한다. 가정에서나 직장에서나 당신이 바라는 목표를 확실히 실현하도록 도와줄 전략이다.

기적의 공식

'확고한 믿음+비범한 노력=기적'

이 공식을 따르는 일은 생각만큼 어렵지 않다. 확고한 믿음을 지키는 비결은 믿음이 하나의 사고방식이자 전략이라는 사실을 인정하는 데 있다. 믿음은 변치 않고 항상 제자리에 있는 물건이 아니라, 언제든 흐트러지고 사라질 수 있다. 모든 거래를 성사시키는 영업사원은 없다. 모든 슛을 성공시키는 선수도 없다. 사업에서든 직장에서든 (혹은 집에서든) 모든 싸움에서 이길 수는 없다. 그렇기 때문에 단기 성과에 흔들리지 말고, 굳건하게 자신에 대한 믿음을 지키며 비범한 노력을 계속해야 한다.

이 기적의 공식을 실행하고, 자신에 대한 의심이 가득한 상황에서도 확고한 믿음을 유지하는 열쇠는 다음 기적의 주문을 외치는 것이다.

"어떤 일이 있어도 나는 ________ 할 것이다. 다른 길은 없다."

목표를 정했다면 미라클 모닝 형식을 적용한다. 매일 아침 (어쩌면 매일 밤) 확신의 말을 읽는다. 아이들을 학교에 데려다줄 때, 사무실에 출근할 때, 러닝머신을 뛰고 있을 때, 샤워할 때, 식료품점에서 계산 순서를 기다릴 때, 다시 말해 어디를 가든지 기회가 있을 때마다 기적의 주문을 읊는다.

기적의 주문을 읊으면서 자신에 대한 믿음을 강화하고, 실수하거나 넘어졌을 때 기적의 주문을 외우며 다시 도전할 용기를 얻도록 하자.

보너스 수업

멘토인 댄 카세타는 목표를 세우는 목적은 그 목표를 달성하는 데 있지 않다고 말했다. 목표를 이루려면 먼저 그 목표를 획득할 만한 자격을 갖추어야 한다. 목표를 이루지 못할 때도 있겠지만, 확고한 믿음을 지키며 끝까지 비범한 노력을 기울이는 사람이 될 수는 있다. 그런 사람이 되면 놀라운 목표를 달성할 수 있게 된다. 당신이 부모라면 이는 자녀들에게 줄 수 있는 소중한 교훈이다!

목표를 이루는 것 자체가 중요한 경우는 사실 별로 없다. 하지만 목표를 이룰 만한 사람이 되면 자신이 원하는 목표를 이루게 된다. 정상급 스포츠 선수들은 매번 경기에 이기는가? 그렇지 않다. 하지만 대부분의 경우에는 승리를 거둔다. 당신도 대부분의 경우 원하는 것을 획득할 수 있게 된다.

당신이 아침 일찍 일어나 라이프 세이버를 실천하고, 목적의식을 품고 열정적으로 하루를 살고, 체계를 세우고, 목표에 집중하고, 재무 관리의 달인이 된다 해도 확고한 믿음과 비범한 노력을 결합하지 않으면 당신이 꿈꾸는 성공을 이루지 못할 것이다.

기적의 공식을 반복하면 인간의 이해를 벗어나는 힘에 접근할 수 있으며, 신이나 우주 또는 이끌림의 법칙으로 불리는 에너지를 이용할 수 있다. 이 에너지가 어떻게 작동하는지는 모른다. 하지만 기적의 공식이 효과가 있다는 것은 알고 있다.

여기까지 책을 읽었다면 당신은 그 무엇보다도 성공을 간절히 원할 것이다. 기적의 공식을 포함해 이 책에서 다룬 백만장자가 되기 위한 여정을 끝까지 완수하기 바란다. 당신은 성공할 자격이 있다. 그리고 당신이 성공하기를 바란다!

기적의 공식 실행하기

1. 기적의 공식을 적은 종이를 날마다 볼 수 있는 곳에 붙여놓는다.
   확고한 믿음+비범한 노력=기적

2. 부를 축적하기 위한 여정에서 가장 중점을 둬야 하는 목표가 무엇인지 파악한다. 어떤 일에 매진해야 당신이 바라는 이상적인 삶을 실현할 확률이 가장 높은가?

3. 기적의 주문을 작성한다.
   "어떤 일이 있어도 나는 ____________ 할 것이다. 다른 길은 없다."
   (당신의 목표를 빈 칸에 넣어보자.)

목표 달성도 중요하지만 이 과정에서 어떤 사람이 되느냐가 더 중요하다. 목표를 향해 매진하는 과정에서 당신은 자신감이 커질 것이다. 그리고 어떤 결과가 나오든 곧이어 또 다른 목표를 향해 도전하는 사람, 마지막 결승선에 도달할 때까지 전력을 다하는 사람이 될 것이다.

책을 독파한 독자들에게 경배를!

축하한다! 당신은 방금 이 책을 독파했다. 소수의 사람만 해내는 일이다. 이 책을 다 읽었다는 사실로 미루어볼 때 당신이 어떤 사람인지 짐작이 간다. 당신은 보통 사람들보다 더 많은 것을 갈망한다. 더 나은 사람이 되고 싶고, 더 많은 일을 하고 싶고, 세상에 더 많이 기여하며, 더 많은 돈을 벌고 싶어 한다.

당신은 라이프 세이버를 일과 일상에 결합해 삶을 개선할 기회를 얻었으며, 궁극적으로 이전에 꿈꾸지 못했던 최고 등급의 삶을 경험할 가능성을 갖게 되었다. 비범한 성취를 이룬 사람들처럼 라이프 세이버를 습관화한다면 당신이 깨닫지 못하는 사이에 헤아릴 수 없이 많은 혜택을 누리게 될 것이다.

5년 후 당신의 가정과 사업, 인간관계, 소득이 어떻게 달라질지는 순전히 당신이 어떤 사람이 되느냐에 달렸다. 날마다 일찍 일어나 자기 안의 가능성을 최대한 발휘하는 데 시간을 투자하는 일은 당신 결정에 달렸다. 지금 이 순간을 놓치지 말고, 미래에 대한 비전을 그려보자. 그리고 이 책에서 배운 지식을 이용해 그 비전을 현실로 만들자.

이 책을 완독한 후부터 쓰기 시작한 일기를 시간이 흐른 뒤 다시 집어 드는 순간을 상상해보자. 일기장을 들춰보면서 당신이 몇 년 전에 직접 적은 목표들을 발견한다. 당시에는 감히 입 밖으로 꺼내지도 못했던 담대한 꿈이다. 그리고 돌아보니 당신은 그 꿈대로 살고 있다.

당신은 지금 산자락에 서 있지만, 어렵지 않게 정상에 오를 수 있다. 당신이 할 일은 아침 일찍 일어나 라이프 세이버 원칙을 매일 실천하는 것이다. 그렇게 한 달이 지나고, 몇 년이 지나면 당신은 가족과 일에서도 지금까지 경험해보지 못한 차원의 성공을 거두게 될 것이다.

미라클 모닝 습관과 백만장자 수업에서 배운 원칙을 결합해 이를 꾸준히 실천하고, 잊지 않고 기적의 공식으로 끝을 맺는다면 꿈을 현실로 만들 수 있다.

경이로운 성과를 내는 사람들은 처음부터 그렇게 타고난 게 아니다. 그들은 자신이 원하는 모든 것을 현실로 만들기 위해 자기를 계발하고, 필요한 기술을 배우는 일에 평생을 헌신한 사람들이다.

장담컨대, 당신도 그들 가운데 한 사람이 될 수 있다.

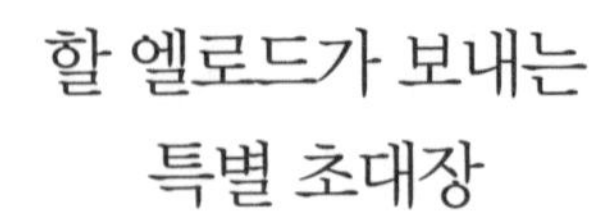

할 엘로드가 보내는 특별 초대장

《미라클 모닝》의 저자로서 나는 독자들이 함께 어울리는 온라인 커뮤니티를 만들어야 한다는 책임감을 느꼈다. 회원들이 서로 격려하고, 유용한 방법론을 공유하고, 서로 지원하고, 책 내용을 토론하고, 동영상을 게시하고, 책임 파트너를 구하고, 다양한 스무디 조리법과 운동 방법을 공유할 수 있는 커뮤니티가 되기를 바랐다.

하지만 미라클 모닝 커뮤니티가 세계에서 손꼽힐 만큼 활발하게 서로를 지원하며, 긍정적으로 발전하는 온라인 커뮤니티가 될 것이라고는 솔직히 상상하지 못했다. 나는 회원들이 보여주는 기량과 됨됨이에 늘 놀라고 감탄한다. 현재 70개국 이상의 나라에서 참여하고 있으며, 회원 수는 날마다 늘어나는 추세다.

페이스북 미라클 모닝 커뮤니티www.MyTMMCommunity.com에 초대한다. 이미 미라클 모닝을 실천하고 있는 15만 명이 넘는 사람들과 하나로 연결될 수 있다. 미라클 모닝을 막 시작한 사람들도 많지만, 오랜 세월 이 습관을 유지해온 사람들이 더 많다. 이들은 기꺼이 조언과 격려의 말을 공유하며 당신의 빠른 성장을 돕기 위해 길잡이를 자처할 것이다.

나는 커뮤니티를 정기적으로 방문하고 대화에 참여하기도 하는데, 그곳에서 당신을 만나게 되기를 기대한다! 소셜미디어에서 개인적으로 나와 연락하고 싶다면 내 트위터 계정@HalElrod이나 페이스북 계정Facebook.com/YoPalHal에서 친구를 맺으면 된다.

조만간 만나도록 하자!